AtV

Dr. Dorothee Schmitz-Köster, geboren 1950, Studium der Germanistik, Philosophie und Sozialwissenschaften in Bonn, arbeitet seit 19 Jahren als Buch-Autorin und Hörfunk-Journalistin.

Jüngste Buchveröffentlichung: »Deutsche Mutter, bist Du bereit«. Alltag im Lebensborn (5. Auflage Berlin 2004).

Vom Krieg erzählte der Vater meist lustige, spannende Geschichten, erinnert sich die Tochter. Von Juni 1940 bis Oktober 1942 war er in Norwegen, danach ein Jahr lang in den Niederlanden stationiert. Die letzten 16 Monate kämpfte er an der Ostfront, in einer Elite-Division.

Wie viele ehemalige Wehrmachtssoldaten erklärte der Vater immer wieder, der Krieg sei »die schönste Zeit« seines Lebens gewesen, da sei er »herumgekommen und habe etwas erlebt«. Der Tochter war diese Perspektive unbegreiflich – und so führten die beiden jahrelang heftige Debatten. Wenige Jahre vor seinem Tod übergab ihr der Vater rund 1000 Feldpostbriefe, die er mit seiner Mutter gewechselt hatte. Diese Briefe zeichnen ein genaues Bild seines Alltags in Norwegen, dem Land, das er ins Herz geschlossen hatte. Sie erzählen von Patrouillen und Skitouren, vom Weihnachtsfest in einer norwegischen Familie und von der grandiosen Landschaft. Sie zeigen seinen Wunsch nach Bewährung, seinen Drang nach Abenteuer, seine Verblendung durch die nationalsozialistische Ideologie. Ängste und Sorgen äußert vor allem seine Mutter, die 1944 wegen der Bombenangriffe auf Köln nach Mitteldeutschland flüchtete.

Irritiert, ja entsetzt über die Kriegsbegeisterung und über die Strategie, Terror und Tod auszublenden, hat Dorothee Schmitz-Köster lange über den Krieg in Norwegen recherchiert. Sie hat die Orte besucht, an denen ihr Vater als Soldat war, seine norwegische Freundin getroffen, Historiker befragt. So lotet sie den privaten und zeitgeschichtlichen Kontext aus – und die späteren Debatten um Schuld und Verstrickung der »ganz normalen Deutschen«.

Dorothee Schmitz-Köster

Der Krieg meines Vaters

Als deutscher Soldat in Norwegen

Aufbau Taschenbuch Verlag

Mit 43 Fotos und Faksimile

ISBN 3-7466-8114-6

1. Auflage 2004

Umschlaggestaltung Torsten Lemme
unter Verwendung eines Fotos
aus dem Privatarchiv der Autorin
Druck und Binden Druckerei C. H. Beck, Nördlingen
Printed in Germany

www.aufbau-taschenbuch.de

Inhalt

Anhang

Danksagung

Für Informationen und Unterstützung,
für Offenheit, Verständnis und Geduld danke ich

Peter Asmussen
Sigvor Bakke-Seeck
Lars Borgersrud
Milli D.
Marlies Ehl
Ragnhild F.
Christel Hildebrandt
Elna J.
Reidar und Gudrun L.
Lutz Metten
Cilly Mertel
Kåre Olsen
Elinor Schmitz
Ulrike Schmitz-Hübner
Kåre Olav Solhjell
Friedrich Traphagen
Anke und Gisela W.

Erste Erkundung

1099 Briefe und ein Auftrag

Kurz vor seinem 80. Geburtstag passierte es: Mein Vater bekam einen Herzinfarkt. Ein paar Wochen später war er wieder auf den Beinen, aber etwas hatte sich verändert. Er achtete mehr auf sich – und er begann mit großer Sorgfalt, seine Papiere zu ordnen, wegzuwerfen, weiterzugeben. »Willst du die Briefe haben?« fragte er mich. »Sonst gehen sie ins Altpapier.« Ich wollte die Briefe, denn ich wußte, sie stammten aus der Kriegszeit. Beim nächsten Besuch bekam ich fünf dicke Mappen überreicht, die Deckel ordentlich beschriftet, der Inhalt nach Datum sortiert, gelocht und abgeheftet.

Schon beim ersten Durchblättern begriff ich, welchen Schatz ich bekommen hatte. In den Mappen steckte der Briefwechsel zwischen meinem Vater und seiner Mutter, meiner Großmutter Anna – aus der Zeit des Arbeitsdienstes (1935), des Wehrdienstes (1935–1937), des Kriegsdienstes (August 1939 bis Mai 1945) und aus der englischen Kriegsgefangenschaft (1945). Mehr als tausend handgeschriebene Briefe, manchmal nur ein kurzer Gruß, in der Regel seitenlange Berichte, die von Ereignissen, Beziehungen, Ansichten und Gefühlen erzählten. Ein komplexes Bild von der Zeit und vom Innenleben der Familie.

»Wie kommt es, daß der komplette Briefwechsel noch existiert«, wollte ich von meinem Vater wissen. Er habe die empfangene Post regelmäßig mit nach Hause genommen, wenn er Heimaturlaub bekam. Und die Großmutter habe sie dann in ihre Sammlung einsortiert und abgeheftet. »Nur zwischen Januar 1944 und April 1945 gibt es eine Lücke«, erklärte er weiter und zeigte auf den Deckel der fünften Mappe. »Der Briefwechsel und Photos der Einsatzzeit wurden in Liebenwerda vor Einmarsch der Russen vernichtet«, war da feinsäuberlich notiert. 1944 war die Großmutter nach Mitteldeutschland geflüchtet und hatte einen Teil der Korrespondenz mitgenommen. Als dann die Rote Armee anrückte, war ihr der Besitz von Feldpost-Briefen zu riskant.[1]

Zu Hause begann ich mich einzulesen, in die Handschriften und vor allem in die Sütterlinschrift, die mein Vater manchmal benutzte. Obwohl ich nur langsam vorankam, war bald klar: Das Herzstück der Sammlung waren die Briefe aus Norwegen, wo mein Vater von Juni 1940 bis Oktober 1942 als Soldat stationiert war. Darin gab es Schilderungen des Soldatenalltags, romantische Landschaftsbeschreibungen, kleine Skizzen vom Leben der Norwegerinnen und Norweger, mit denen mein Vater zu tun hatte. Gelegentlich politisierte und philosophierte er, ließ sich über eine Hitler-Rede aus oder über das »Germanentum« der Norweger. Natürlich ging es auch um praktische Dinge: um den Kauf und Weiterverkauf von Fuchspelzen, um die in Aussicht gestellte Beförderung, um den nächsten Heimaturlaub … Nach ein paar Stunden hatte ich genug. Was mir an NS-Ideologie in den Blick gekommen war, erschreckte mich und vertrieb meine Neugier weiterzulesen. Aber die Sache ließ mir keine Ruhe. Warum hatte mein Vater mir die Briefe gegeben, ausgerechnet mir, mit der er immer über Politik gestritten hatte? Er wußte genau, daß ich sie irgendwann lesen würde. Wollte er mir zeigen, was er als junger Mann, als Soldat gedacht und gefühlt und getan hatte? War dies also ein Versuch der Rechtfertigung – oder war dies ein Auftrag?

Ein Jahr später nahm ich einen neuen Anlauf. Ich wollte mich ein paar Tage um meinen Vater kümmern, weil meine Mutter ins Krankenhaus mußte. Vielleicht war das eine Gelegenheit, die Briefe zu lesen, nachzufragen und über Norwegen und den Krieg zu sprechen. Es funktionierte tatsächlich.

Zunächst half mir mein Vater nur, die eine oder andere Passage zu entziffern. Ihm machten Handschriften und Sütterlin keine Mühe. Wenig später saßen wir da und lasen gemeinsam. Dann holte er das große Fotoalbum[2] heraus, das auf knapp hundert Seiten seine Soldatenjahre in Norwegen dokumentiert, und stellte Zusammenhänge her. Und je länger wir lasen und schauten, desto mehr erklärte und ergänzte er.

Ich war beeindruckt von der Begeisterung, mit der er von Norwegen sprach, und von seinem Gedächtnis. Und verblüfft registrierte ich, daß ich die NS-Ideologie in den Briefen ertragen konnte, wenn ich ihm gegenübersaß, Fragen stellte und Antworten bekam. Denn mein Vater nutzte die Situation seinerseits, um Verdrängtes, Unausgesprochenes auszusprechen.

Trotzdem legte ich nach dieser Begegnung die Briefe noch einmal beiseite. Stattdessen fing ich an, über den Lebensborn[3] zu arbeiten, ein Thema, das mich bis heute beschäftigt. Allzu weit entfernte ich mich damit allerdings nicht von der Geschichte meines Vaters. Denn auch der Lebensborn konfrontierte mich mit den »Mitmachern«: mit Frauen und Männern, die zwar nicht unmittelbar in Verbrechen verstrickt waren, aber auch keine Berührungsängste gegenüber dem Nationalsozialismus hatten, die seine Gedanken- und Gefühlswelt übernahmen, sich durch ihn aufgewertet sahen und aufgehoben fühlten, die von ihm profitierten. Und die von sich selbst in der Regel sagten, sie seien keine Nationalsozialisten.

Inzwischen ist mir klar geworden, warum ich noch einmal ausgewichen bin: Ich mußte warten, bis mein Vater gestorben war. Denn die Beschäftigung mit seiner Vergangenheit war und ist riskant. Sie kann zu Entdeckungen führen, die schrecklich sind – oder nur peinlich. Sie kann ihn bloßstellen und mich beschämen. Sie kann verletzen und wehtun. Sie kann wie Verrat aussehen und im schlimmsten Fall zum Verlust der Liebe führen.

Seit zwei Jahren liegen die Mappen mit den Feldpostbriefen auf meinem Schreibtisch. Seitdem recherchiere ich über die Besatzungsjahre in Norwegen und über den Alltag, den mein Vater dort erlebt hat, als deutscher Soldat. Seitdem analysiere und dokumentiere ich seine Briefe. Seitdem versuche ich, ein Bild von meinem Vater zu entwerfen, das ihm gerecht wird. Seitdem erzähle ich von diesem Mann, der nichts Außergewöhnliches an sich hatte. Er war kein Held, aber einer, dem es wichtig war, seine Aufgaben als Soldat gut zu erledigen. Er war angepaßt und versuchte, es allen recht zu machen. Er konnte offen und neugierig sein – und blind vor Feindbildern und NS-Ideologie. So gesehen, war er einer von vielen.

Was ihn und die Briefe, die er hinterlassen hat, dennoch zu etwas Besonderem macht: Er hat sich auf seine Umgebung und die Menschen eingelassen, hat genau hingeschaut und seine Eindrücke gern und ausführlich geschildert, vor allem in der Norwegen-Zeit. Seine Briefe dokumentieren – trotz der Problematik, die Feldpostbriefe als Quelle darstellen[4] – den Augenblick. Sie sind weder durch nachträgliche Korrekturen noch durch Erinnerungsmuster gefiltert wie die Geschichten, die mein Vater später in der Familie erzählte. Sie spiegeln ein Stück Kriegs- und Besatzungsalltag in einem Land, in dem der größte Teil der Bevölkerung von den Nationalsozialisten als »rasseverwandt« einstuft wurde. Daher setzte die deutsche Besatzungsmacht in Norwegen auf Befriedung und nicht auf Versklavung und Vernichtung, daher versuchte sie, die Bevölkerung zu gewinnen, um auf diese Weise NS-Politik und -Ideologie durchzusetzen. Das bedeutete allerdings auch, daß politische Gegner und »rassisch Unerwünschte«, vor allem die jüdischen Norwegerinnen und Norweger, verfolgt, eingesperrt, deportiert und ermordet wurden.

Der Alltag von Besatzern und Einheimischen im besetzten Norwegen ist bisher kaum untersucht. Deutsche Histori-

Mein Vater als Soldat

ker haben sich lange auf militärische Aspekte des Krieges konzentriert, in ihren Studien ging es zum Beispiel um die Eroberung und Besetzung des Landes im Frühsommer 1940 (Operation »Weserübung«), um den Rückzug aus Nordnorwegen 1944 (Operation »Nordlicht«) oder das Kriegsende 1945. In den letzten Jahren sind Arbeiten über den norwegischen Widerstand und die Politik der deutschen Besatzungsmacht hinzugekommen. Anders sieht es in der deutschsprachigen Publizistik aus. Dort geht es zum Beispiel auch um Liebesbeziehungen zwischen Norwegerinnen und deutschen Soldaten oder um die Kinder, die aus solchen Beziehungen stammen. Nur über die Dritten im Bunde, die deutschen Männer, die als Soldaten in Norwegen stationiert waren, ist bisher nichts veröffentlicht worden.[5]

In Norwegen sind die fünf Besatzungsjahre immer noch ein schwieriges Kapitel, im öffentlichen Bewußtsein und in der Forschung. Ältere Analysen betrachten diese Zeit durch ein Schwarzweißraster, das nur Kollaboration oder Widerstand gelten läßt und der Perspektive des Widerstands die Deutungshoheit zuspricht. Die tatsächliche

Bandbreite von Einstellungen und Verhaltensweisen, mit denen Norwegerinnen und Norweger auf die deutschen Besatzer reagierten, wird damit letztlich für nicht existent erklärt. Dieses Ausblenden hatte unmittelbare Folgen, denn das Raster spielte nicht nur in der Wissenschaft eine Rolle, sondern auch in der Politik und im Alltagsbewußtsein. Frauen zum Beispiel, die eine Beziehung mit einem deutschen Besatzer hatten, und Kinder, die aus solchen Beziehungen stammen, wurden auf die Seite der Kollaborateure gestellt, verfolgt, diskriminiert und ausgegrenzt. In den letzten Jahren hat allerdings eine Revision dieses Denkens eingesetzt – und damit wächst die Bereitschaft, sich mit den Folgen der vereinfachten Geschichtsinterpretation auseinanderzusetzen. Norwegische Historiker haben begonnen, die Widersprüche und die Komplexität der damaligen Wirklichkeit zu thematisieren: zum Beispiel die Kontroversen in und zwischen verschiedenen Widerstandsgruppen oder den ganz normalen Kriegsalltag in einer Region, mit all seinen Schattierungen und Grautönen.

Diesem Diskurs will ich mit meinem Buch über einen deutschen Soldaten in Norwegen – meinen Vater – eine weitere Facette hinzufügen.

Nachkriegsgeschichten (1): Krieg als Abenteuer

Im Wohnzimmer meiner Eltern gab es ein großes Regal, vollgestopft mit Kunstbänden, Schallplatten, Fotoalben und einer Menge Nippes. Eine Fundgrube, in der meine Geschwister und ich herumstöbern durften. Stundenlang – so habe ich es jedenfalls in Erinnerung – hockten wir vor diesem Regal, hörten Musik, blätterten in den Büchern, schauten uns Fotos an. Das Norwegen-Album hatte es mir besonders angetan, weil mein Vater auf den Bildern so jung und hübsch aussah – und weil mich die Frauen interessierten, die auf vielen Fotos abgebildet waren. Die eine, das hatte mein Vater irgendwann erklärt, hieß Gudrun, die andere Siri, die eine kam aus Gol, die andere aus Bergen. Gudrun gefiel mir. Immer wieder schaute ich die Bilder dieser fröhlichen jungen Frau an und malte mir aus, sie wäre meine Mutter und ich lebte in Norwegen.

Manchmal spielten wir auch mit den Dingen, die in dem Regal ausgestellt waren: dem Nußknacker, der wie ein alter Mann aussah, dem drachengeschmückten Holzkästchen, in dem man so gut kleine Schätze verstecken konnte, der buntbemalten Fotokiste. Sie stammten aus Norwegen, wo mein Vater sie während des Krieges gekauft hatte. Das meiste hatte er mit der Post nach Hause geschickt, an Weihnachten oder wenn meine Großmutter Geburtstag hatte. Größere Dinge brachte er mit, wenn er Heimaturlaub bekam, die hölzernen Skier zum Beispiel. Sie standen in unserem Keller, und wenn ein paar Zentimeter Schnee lagen, zogen mein Bruder und ich damit los. Abends erzählte mein Vater dann, wie er mit diesen Skiern die norwegischen Berge hinuntergesaust war, bei hohem Schnee und so niedrigen Temperaturen, daß die Nase leicht erfrieren konnte.

Wenn er einmal mit dem Erzählen angefangen hatte, zog eine Geschichte unweigerlich die nächste nach sich. Dann erfuhren wir, wie man Silberfüchse füttert oder wie er mit einem Trupp Soldaten zur Patrouille aufs Fjell gezogen war, um »nach dem Rechten« zu sehen. Im Klartext hieß das: Sie suchten nach Partisanen und Waffen. Den Begriff »Partisanen« benutzte mein Vater allerdings nicht. Vor anderen Fachausdrücken hatte er dagegen keine Scheu, und wir lernten ganz nebenbei Wörter wie »Einquartierung«, »Streifenunternehmen« und »Zapfenstreich«. Manchmal wechselte mein Vater unversehens den Kriegsschauplatz und gab die Geschichte von einem betrunkenen Kameraden zum besten, der mit dem Fahrrad in einer holländischen Gracht gelandet war und mit Entengrütze bedeckt wieder auftauchte. Und immer wieder schilderte mein Vater, wie er vierzehn Tage

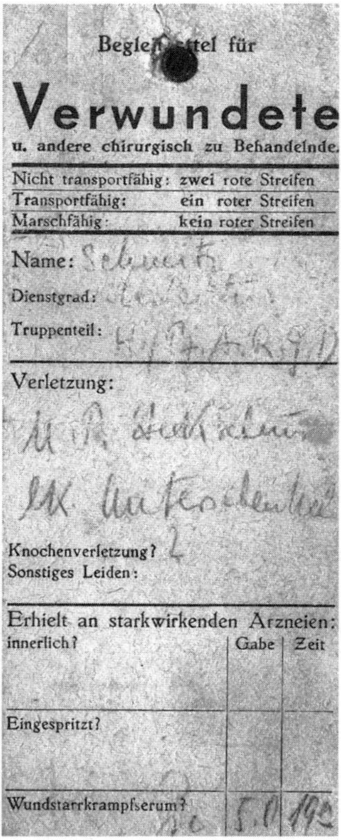
Begleitzettel für
Verwundete
u. andere chirurgisch zu Behandelnde.
Nicht transportfähig: zwei rote Streifen
Transportfähig: ein roter Streifen
Marschfähig: kein roter Streifen
Name:
Dienstgrad:
Truppenteil:
Verletzung:
Knochenverletzung?
Sonstiges Leiden:
Erhielt an starkwirkenden Arzneien:

	Gabe	Zeit
innerlich?		
Eingespritzt?		
Wundstarrkrampfserum?	5.0	

Rudolfs Begleitzettel für Verwundete

vor Kriegsende in der Nähe von Königsberg verwundet worden war: Wie er geduckt an einem Hafenschuppen entlanglief, einen Schlag gegen das linke Bein bekam, stehenblieb, das Loch im Stiefelschaft entdeckte – ein Steckschuß. Und dann war er losgerannt, gestützt auf einen Besenstiel, fort von den näherrückenden »Russen« …

Der Schluß dieser Geschichte veränderte sich im Laufe der Jahre. In der Variante, die ich aus der Kinderzeit erinnere, lief er bis zur Halbinsel Hela, also das ganze Frische Haff entlang, wurde dort von einem Schiff aufgenommen und in ein dänisches Lazarett gebracht. In der späten Fassung lief er zu Fuß bis Dänemark, mit seinem unversorgten Beinschuß. Auf dieser Variante beharrte der alte Mann, da konnte ich noch so eindringlich argumentieren, eine Strecke von mindestens 800 Kilometern habe er mit seinem verletzten Bein niemals zurücklegen können.[6]

Wenn wir Glück hatten, unterbrach mein Vater seine Erzählung und zeigte uns die Kugel, die man ihm im dänischen Lazarett herausoperiert hatte. Auf der einen Seite war sie ganz flachgedrückt, vom Aufprall auf den Knochen, wie er immer wieder erklärte. Und wenn wir noch mehr Glück hatten – jedenfalls empfand ich das damals so –, durften wir die

Narbe an seinem Bein anschauen und anfassen: einen langen, tiefen Graben unterhalb des linken Knies, dessen Wände seidig-glatt waren. Ein merkwürdiger Gegensatz war das, die Geschichte der Verwundung, die ihn beinahe sein linkes Bein gekostet hätte, und die zarte Narbe. Dann empfand ich Mitleid mit meinem Vater und beneidete ihn gleichzeitig. Diese Narbe hatte etwas Geheimnisvolles.

Vom Kampf und von Heldentaten erzählte mein Vater nie – und damit auch nicht von den Gefühlen, die dazugehörten: Angst, Bestätigung, Schrecken, Rausch, Schmerz. Selbst den militärischen Alltag sparte er aus: Ob er ein guter Artillerist war oder mit seinen Vorgesetzten zurechtkam, hat er nie erwähnt. Vielleicht klangen seine Kriegsgeschichten anders, ambivalenter, wenn er sie seiner Mutter oder seiner Frau erzählte und nicht seinen Kindern. Aber sicher bin ich mir nicht. Denn Geschichten und Andenken hatten für ihn selbst eine wichtige Funktion: Sie erzeugten ein reduziertes, seltsam heiles Bild vom Krieg, das ihn beruhigte und kurierte. Schließlich belegten Fotos und Geschichten, Skier und Andenken, daß es lustig, fremdartig, abenteuerlich, aufregend war im Krieg – und im großen und ganz schön! Und gleichzeitig machte die Kugel unmißverständlich klar, daß er seinen Preis gezahlt hatte.

Seinen Kindern vermittelte der Vater damit eine doppelte Botschaft: Krieg war ein Abenteuer, ein Vergnügen – und Krieg hatte mit Politik und Ökonomie nichts zu tun. Krieg war eher etwas Privates. Zu diesem Glanzbild paßte der Kriegsschauplatz Norwegen wie kein zweiter – auch deshalb hat mein Vater gerne und viel von seiner Zeit in diesem Land erzählt. Und nicht von den Niederlanden, wo er später stationiert war, oder von der Ostfront.

Meine Großmutter Anna war die einzige, die einen Kontrapunkt zu diesen Kriegsgeschichten setzte: Sie hielt mit ihren schlimmen Erfahrungen nicht hinterm Berg. Sie kümmerte sich auch nicht darum, ob ihre Erzählungen von Bombennächten, Evakuierung und Russen kindgerecht waren.

Sie mußte einfach von ihren Erfahrungen sprechen – und ihre Kriegsangst artikulieren, die in den fünfziger und sechziger Jahren immer wieder aufflammte. Schon als Kind war ich davon so tief beeindruckt, daß ich ihre Angst übernahm. Für die Nachkriegsgeschichten meines Vaters hatte das allerdings eine fatale Wirkung: Ich lernte, ihnen zu mißtrauen. Ein Gefühl, das mich viele Jahre lang begleiten sollte.

Entlarvte Väter: Auseinandersetzung der Zweiten Generation

Mein Vater ist kein besonderes Exemplar. Die meisten Männer dieser Generation wollten nach 1945 den Krieg und die Nazi-Herrschaft so schnell wie möglich ad acta legen. Schließlich mußten sie mit dem Schrecken fertig werden, den sie jahrelang produziert, aber auch erlitten hatten. Schließlich mußten sie irgendwie damit zurechtkommen, daß sie Augen und Ohren, Herz und Verstand jahrelang vor der zweiten Wirklichkeit dieser Jahre, dem Terror und dem Massenmord, verschlossen hatten.

Manche Männer leugneten: Alles Lüge. Manche delegierten und versuchten sich damit zu entschulden: Das waren andere, ich war nicht dabei, ich habe nichts davon gewußt. Manche schwiegen, wollten sich nicht in die Karten gucken oder ihre Wahrheit zerreden lassen. Oder sie waren einfach nicht in der Lage, darüber zu sprechen. Manche ließen nur Ausschnitte zu, den Helden, den guten Kameraden oder den Privatmann, wie mein Vater.[7] Kaum einer war in der Nachkriegszeit bereit oder in der Lage, sich seiner eigenen Geschichte mit ihren hellen und dunklen Seiten zu stellen.

Zwanzig Jahre später hatte sich daran wenig geändert. Die meisten hatten sich eingerichtet in ihrer Interpretation der NS-Zeit, in ihrem Selbstverständnis und in ihrem materiellen Wohlergehen, das Nerven und Gewissen beruhigte. Das war der Zeitpunkt, an dem die Kinder-Generation zu protestieren begann. Lange hatten die Söhne und Töchter die sorgfältig errichteten Tabus akzeptiert, mit denen die NS-Zeit umgeben wurde. Aber sie spürten das Unerledigte und Verdrängte, das Weiterwirken alter Denkmuster, Haltungen und Verhaltensweisen. Aus Unbehagen entwickelte sich Widerspruch, und dieser steigerte sich zu einem Protest, der den Rahmen üblicher Generationskonflikte sprengte. Und so entstand mit den Achtundsechzigern eine Bewegung, die Erstarrung, Verlogenheit, Repression in vielen Bereichen der bundesdeutschen Gesellschaft anprangerte: in den Hochschulen und in der Presse, in der Politik und in den Betten.

Wurde der Protest in die Familien hineingetragen, landeten die Debatten irgendwann unweigerlich beim Thema Nationalsozialismus. Und dann hagelte es Fragen: Wo wart ihr im Krieg? Was habt ihr getan? Was habt ihr gewußt? Warum habt ihr geschwiegen?[8] Dahinter stand ein Generalverdacht: Wer schwieg, hatte etwas zu verbergen, wer schwieg, hatte vermutlich Unrechtes getan. Dieser Verdacht wog um so schwerer, als das Schweigen die Kinder nicht etwa schonte, sondern mit den väterlichen Lebenslügen belastete.[9] Aber die meisten Väter blieben bei ihrem Schweigen. Also wurden sie verurteilt, in Bausch und Bogen, mitsamt ihren Werten, Erfahrungen und Traditionen.[10] Daß dieser Rigorismus pauschal, schematisch und damit ungerecht war, kümmerte die Söhne und Töchter wenig. Entweder hatte einer Widerstand geleistet – oder er hatte mitgemacht, war »Mit-Wisser, Mit-Tuer, Mit-Täter, Mit-Töter«.[11] So einfach war das.

Trotz aller Vereinfachungen und Übertreibungen gelang es in diesen Jahren, eine Auseinandersetzung über die NS-Zeit in Gang zu setzen, die bis heute anhält. Seitdem sind auch eine ganze Reihe von Büchern erschienen, in denen sich Söhne und manchmal auch Töchter mit ihren Vätern auseinandersetzen. Texte, die ganz unterschiedliche Haltungen und Zugänge repräsentieren und erkennen lassen, wie sich die Perspektive im Laufe der Zeit verändert hat.

Niklas Frank zum Beispiel startet in seinem Buch »Der Vater« (1987) einen Großangriff und steigert ihn ins Extrem. Er rechnet mit seinem Vater Hans Frank ab (Generalgouverneur von Polen, 1946 vom Nürnberger Gerichtshof zum Tode verurteilt und hingerichtet), verspottet und beschimpft ihn, listet seine Verbrechen auf und macht aus seinem tiefen Haß keinen Hehl. Damit wiederholt er symbolisch noch einmal die Hinrichtung des schrecklichen Vaters. Auch Bernward Vesper errichtet in seinem Romanessay »Die Reise« (1977) ein Tribunal. Seine Anklage gegen den hochdekorierten Nazi-Schriftsteller Will Vesper konzentriert sich allerdings auf die Nachkriegszeit. Vater und Mutter hielten unbeirrt am Nationalsozialismus fest, feierten ihn mit skurrilen Ritualen und erklärten ihn zum Erziehungsideal. Schon der Titel von Christoph Meckels Buch »Suchbild. Über meinen Vater« (1980) markiert eine andere Haltung. Meckel versucht, den Vater (Eberhard Meckel war ebenfalls Schriftsteller und überzeugter Nationalsozialist) zu verstehen. Dabei beschönigt er dessen Begeisterung für Blut-und-Boden und soldatischen Kampf nicht, fragt aber, warum der Vater solche Ideologeme verherrlichte. Das Kriegsende ließ den Älteren als »entthronten, hilflos gewordenen Despoten«[12] zurück – vielleicht bewirkte dieser Einschnitt die neue Perspektive des Sohnes. Dörte von Westernhagen rekonstruiert in ihrem Buch »Die Kinder der Täter« (1987) die Lebensgeschichte ihres Vaters Heinz von Westernhagen, eines hohen SS-Offiziers, an den sie keine Erinnerung hat. Ihr geht es nicht um eine Anklage, sie will vielmehr herausfinden, was ihr Vater getan, gedacht und gefühlt hat und vor allem, wie es dazu kam, daß er so gehandelt und gedacht und gefühlt hat. Westernhagen ist allerdings nicht nur auf Erkenntnisse aus. Sie will auch von den »ungeheuren Schuldmassen des Dritten Reiches« einen Teil übernehmen. Dazu muß sie nicht nur die »Verstrickung des Vaters in die Verbrechen« untersuchen, sondern auch »die eigene Verstrickung mit dem Vater«.[13] Diese Wendung taucht auch in Kurt Meyers Buch »Geweint wird, wenn der Kopf ab ist« (1998) auf. Seine Arbeit ist bisher die facettenreichste, umfassendste Auseinandersetzung eines Sohnes mit seinem Vater, dem Generalmajor der Waffen-SS Kurt Meyer. Geleitet von seiner Liebe, versucht der Sohn, dem Älteren gerecht zu werden: in seinem Verhalten während des Krieges und nach dem Krieg, als er seine alte Einstellung aufrechterhielt. Neben Klage und Anklage tritt damit Verstehen und zuweilen sogar das Bedürfnis, den Vater zu verteidigen: »Weil du mein Vater warst.«[14]

Mein Vater war nicht in der Waffen-SS, sondern nur bei der Wehrmacht. Er war nicht Generalmajor, sondern nur Oberleutnant. Er hat die meiste Zeit des Krieges nicht an der Front verbracht, sondern in besetzten Ländern, die befriedet waren. Aber er hat sich für nationalsozialistische Ideen begeistert, er hat achteinhalb Jahre seines Lebens mit Arbeitsdienst, Wehrdienst und Kriegsdienst zugebracht, er hat die Kameraden im »Einsatz«, also an der Front, beneidet. Ein paar Jahre lang habe ich mit ihm gestritten, weil ich dachte, auf diese Weise mehr zu erfahren. Heute weiß ich, daß solche Auseinandersetzungen zu nichts führen. Meinen Wunsch, sein Verhalten, seine Gedanken und Gefühle in diesem schrecklichen, völkermordenden Krieg kennenzulernen, habe ich trotzdem nicht aufgegeben. Ich will wissen, was er getan, gedacht, gefühlt hat, warum er es getan, gedacht, gefühlt hat – und was er weitergegeben hat. Die Briefe eröffnen Möglichkeiten, die ein Gedächtnis, zumal ein verschlossenes, weit übertreffen.

Vater – Tochter (1): Lieblingskind und Sohnersatz

Mein Vater war enttäuscht, als er hörte, daß auch sein zweites Kind ein Mädchen war. Immer noch kein Stammhalter! Aber ich, das zweite Mädchen, hatte Glück. Kurz vor meiner Geburt war mein Vater mit dem Examen in der Tasche nach Hause zurückgekehrt. So war ich das erste Baby, das er tagtäglich miterlebte, von seiner angenehmen Seite. Für die Arbeit waren die Frauen zuständig, meine Mutter und meine Großmutter Anna, die mit in der Familie lebte. Wenn er abends von der Arbeit kam, legten sie ihm einen frisch gewindelten und satten Säugling in den Arm.

Womit ich sein Herz gewann? Vielleicht weil ich laut war und fröhlich und von einer gewissen seelischen und körperlichen Robustheit – wie er selbst. Jedenfalls gewann ich sein Herz. Und diese Liebe äußerte sich am deutlichsten in tröstender Zuwendung, die Berührung und Nähe einschloß. Ich erinnere mich an meine Verzweiflung, als ich beim Blumenpflücken nur eine einzige Margerite fand, während die anderen Kinder mit dicken Sträußen nach Hause kamen. Er nahm das vierjährige heulende Elend auf den Arm und erklärte ihm, das sei doch nicht schlimm. Bei einem Gewitter, das uns bei einer Fahrradtour überraschte, hatte ich große Angst. Ich saß hinten auf seinem Rad, hatte den Kopf unter sein Regencape gesteckt und die Arme um ihn geschlungen. Und er wiederholte so lange: »Gleich sind wir zu Hause«, bis wir angekommen waren. Auch im Alltag gab es diese Nähe, solange ich ein kleines Mädchen war. Auf seinem Weg zur Arbeit nahm er mich jeden Tag mit in den Kindergarten. Dann saß ich vorne auf seinem Fahrrad, zwischen seinen Armen, und wir unterhielten uns. Auf diese Weise hatte ich meinen Vater jeden Tag eine halbe Stunde für mich!

Natürlich liebte ich ihn, schließlich war er ein Kinder-Vater. Er war meistens gut gelaunt – später fand ich ihn oft unerträglich fröhlich. Er spielte mit uns Kindern und machte gerne Blödsinn. Er kannte Pflanzen und Tiere, zeichnete alles, was wir gezeichnet haben wollten, und erzählte dabei auch noch Geschichten, zum Beispiel von Norwegen. Er war unternehmungslustig und häufig auf der Seite der Kinder. Für meine Mutter war der zwölf Jahre ältere Mann manchmal das größte Kind, das sie hin und wieder in seine Schranken weisen mußte.

Auch später, als wir schon ein Stück voneinander abgerückt waren, stand mein Vater meistens auf meiner Seite. Am wichtigsten war mir damals: Er unterstützte meinen Drang nach draußen. Er erlaubte mir meine erste Ferienreise ohne Eltern, gegen die Bedenken meiner Mutter. Er diskutierte mit ihr, wenn ich auf eine Party wollte. Und dann holte er mich nachts zur verabredeten Zeit ab. Manchmal habe ich ihn dafür gehaßt. Er kam nie zu spät, sondern wartete schon, wenn ich erschien. Dabei hatte ich ihm zu verdanken, daß ich überhaupt ausgehen durfte.

Von Anfang an war ich für ihn der Ersatz-Sohn. Und als der ersehnte Stammhalter endlich da war, sich aber als verträumtes, stilles Kind erwies, blieb ich der Ersatz-Sohn. Ich nahm die Rolle an und versuchte sie auszufüllen, obwohl ich damit sicher überfordert war. Denn nun war ich beides: ein Mädchen, das seine Puppen liebte, sich als Mutter phantasierte, sein weißes Kommunionkleid gerne trug – und eine wilde Göre mit ewig zerschrammten Knien, die ihr schönes Kleid nicht schonte, sondern immer wieder zerriß. Mit zwölf ließ ich mir die Zöpfe abschneiden und genoß es, wenn Fremde mich für einen Jungen hielten. Damals begann ich auch, meinem ehemals jugendbewegten Vater nachzueifern. Ich ging mit einer Mädchengruppe »auf Fahrt«, trug »Bundschuhe« und kaufte mir eine »Jungenschaftsbluse«, ein Kleidungsstück der bündischen Jugend. Zu Weihnachten bekam ich ein Fahrtenmesser geschenkt, ein stehendes Messer mit »Blutrinne«. Pfadfindergeschichten gehörten lange zu meiner Lieblingslektüre, danach war es Karl May.

Meinem Vater gefiel es, daß ich in seine Fußstapfen trat. Eine Zeitlang versuchte er, mich für sein Hobby, die Jagd, zu interessieren. Wenn wir zu einem Onkel aufs Land fuhren, nahm er seine Gewehre mit, und dann durften wir schießen, mein Bruder und ich. Ich war nicht schlecht, aber Schießen interessierte mich nicht. Auch für seine Jagdleidenschaft hatte ich nichts übrig. Wahrscheinlich nahm er mich deshalb nie mit, wenn er morgens in den Wald fuhr, selbst dann nicht, wenn er die Tiere nur beobachten wollte.

Eigentlich war mein Vater selten zu Hause. Er mußte Geld verdienen und seine Familie ernähren, und die wurde immer größer. Mit seinem Angestelltengehalt kam er nicht weit. Also übernahm er zusätzliche Arbeit, im Urlaub zum Beispiel. Später machte er sich selbständig und eröffnete eine Apotheke. Obwohl dieser Schritt mitten ins bundesdeutsche »Wirtschaftswunder« fiel, bedeutete das erst recht: viel Arbeit. Da mußten auch die Kinder mithelfen, Ware austragen oder Lieferscheine kontrollieren zum Beispiel.

Je mehr mein Vater arbeitete, desto weniger Zeit und Energie hatte er für seine Familie. Heute glaube ich, daß er irgendwann aufhörte, sich auf meine Geschwister und mich einzulassen. Wenn wir seinen Vorstellungen entsprachen – wunderbar. Wenn nicht, wurden Forderungen gestellt, ohne darüber nachzudenken, warum ein Kind anders agierte, dachte, fühlte als erwartet. Ein Beispiel: Für meine Eltern war von vorneherein klar, daß alle Kinder Abitur machen und studieren würden. Ob die Kinder das schafften, ob andere Wege vielleicht besser für sie wären, stand nicht zur Debatte. Wenn die Kinder sich anstrengten, würden sie es schaffen – und wenn es in der Schule nicht klappte, dann hatten sie sich eben nicht genug angestrengt. Nun waren wir alle keine Einser-Kandidaten, im Gegenteil: Wir hatten eine Menge Schulprobleme. Anstatt die Ansprüche auf ein realistisches Maß zu bringen, wurden die Normen aufrechterhalten. Tatsächliche Leistungen wurden abgewertet, weil sie an einer unrealistischen Meßlatte gemessen wurden. Bekam ich zum Beispiel eine Drei statt der üblichen Vier in Latein, fragte mein Vater prompt: Und warum hast du keine Zwei? Für ihn stand fest: Ich hatte mich zu wenig bemüht.

Der Wandel vom zugewandten zum autoritären Vater traf mich mitten in der Pubertät, als mein Körper seine weiblichen Seiten entwickelte und ich im Kontrast dazu männliche Interessen und jungenhaftes Verhalten herauskehrte. Vielleicht hat mich deshalb der autoritäre, starre Vater so herausgefordert und in Opposition gebracht.

Im Gegensatz zu meinen Geschwistern lag ich mit ihm immer über Kreuz, vor allem politisch. Wir führten keine ausführlichen Debatten, doch ein paar Jahre lang kam es ständig zu kurzen heftigen Wortwechseln, bei denen wir uns die Argumente gegenseitig an den Kopf warfen und mit Unterstellungen und Provokationen nicht sparten. Und meistens ging es dabei um den Krieg und den Nationalsozialismus. Für meinen Vater war klar: Ich hatte keine Ahnung. Und für mich war mein Vater ein ewig Gestriger, der nicht einsehen wollte, daß Deutschland – also wir – für diesen Krieg und für dieses Regime verantwortlich war. Der sich nicht schuldig fühlte, sondern im Gegenteil seine Vergangenheit schönredete. Schließlich erklärte er immer wieder, der Krieg sei »die schönste Zeit seines Lebens« gewesen, da sei er herumgekommen und habe etwas erlebt! Ich konnte es nicht fassen: Die Zeit, in der Entbehrung, Schrecken, Terror und Tod herrschten, sollte die schönste Zeit seines Lebens gewesen sein?

Irgendwann hörten diese Auseinandersetzungen auf. Ich hatte mich weit von meinen Eltern entfernt, und sie versuchten, sich nicht in das Leben ihrer jungerwachsenen Tochter einzumischen. Gelegentlich flackerten die alten Scharmützel allerdings wieder auf. Als ich zum Beispiel von einer Reise durch Hinterpommern und Masuren zurückkehrte, wollte mein Vater ganz genau wissen, an welchen Orten ich gewesen war. Da kenne er sich nämlich aus, meinte er, er habe schließlich auch in Ostpreußen gekämpft. Sofort gerieten wir in der alten Manier aneinander – und ließen es rasch wieder. Diese Diskussionen waren sinnlos. Nur: Vergessen konnten wir sie beide nicht, sonst hätten wir sie nicht so sorgfältig vermieden.

Verzögerter Abmarsch

Briefe vom 9. April bis 27. Juni 1940

Am 26. August 1939, sechs Tage vor Beginn des Zweiten Weltkriegs, bekommt Rudolf seinen »Stellungsbefehl«. Mit seinen 25 Jahren gehört er zur sogenannten zweiten Welle – als erste werden die 18- und 24jährigen einberufen. Drei Tage später wird er mit der 4. Batterie des 169. Artillerie-Regiments in die Eifel transportiert, um die Westgrenze zu sichern. Zu militärischen Auseinandersetzungen kommt es dort nicht, Deutschland führt anfangs nur Krieg gegen Polen.

Einberufung und Kriegsbeginn haben Rudolf und seine Mutter, mit der er zusammenwohnt, überrascht: »Eine solche harte Trennung haben wir ja noch nicht erlebt«, schreibt Anna in einem ihrer ersten Kriegsbriefe. »Wir müssen alles in Gottes Hand legen. … das Gebet allein gibt uns Kraft, überhaupt alles zu ertragen.« Aber Mutter und Sohn arrangieren sich bald mit dem neuen Zustand. Sie hoffen auf ein rasches Ende des Krieges und sind froh, daß nicht mehr als 120, 150 Kilometer zwischen ihnen liegen.

Anfang Februar 1940 wird das 169. Artillerie-Regiment auf den Truppenübungsplatz Groß Born in Hinterpommern geschickt. Für den Unteroffizier Rudolf beginnt damit das Warten. Am 9. April besetzen deutsche Truppen Dänemark und landen in Norwegen. Am 10. Mai marschiert die Wehrmacht in den Niederlanden, in Belgien und in Luxemburg ein. Am 5. Juni beginnt die »Schlacht um Frankreich«, wie es im Sprachgebrauch der Militärs heißt. Rudolf ist immer noch in Hinterpommern – und langweilt sich.

In den neun Monaten, die mittlerweile seit seiner Einberufung vergangen sind, hat sich seine Haltung deutlich verändert. Zuerst steht noch das Gefühl im Vordergrund, durch den Krieg Zeit zu verlieren, schließlich steckt er mitten in seiner Ausbildung zum Apotheker, während seines ersten Heimaturlaubs legt er noch seine pharmazeutische Vorprüfung ab. Kommilitoninnen, die er in den beiden Praxisjahren kennengelernt hat, schreiben von ihrem Studium und von den Semesterferien, in denen sie als »Vor-Approbierte« Geld verdienen. Er erfährt von seiner Mutter, daß ein Medizinstudent aus der Nachbarschaft nicht eingezogen wird, sondern weiter studieren kann. Prompt denkt Rudolf darüber nach, ob er das Studienfach wechseln soll.

Im Oktober 1939 schreibt er, wenn auch im Konjunktiv, an seine Mutter: »Bald wäre es uns lieber es ginge los« – mit dem ›richtigen‹ Krieg. Einen Monat später klingt er deutlich entschiedener: »Wenn es losgehen sollte, möchte ich auch ... dabei sein. Es wäre doch ein schreckliches Gefühl, als junger, gesunder Mann in der Heimat zu sein, während die Kameraden an der Front kämpfen.« Damit ist das Thema Freistellung zum Studium (jedenfalls vorerst) abgehakt. Mitte März 1940 schließlich heißt es sportlich: »Bald werden wir wohl beweisen müssen, was wir können. Ahoi – ich freue mich darauf.« Jetzt will er dabeisein, wenn die deutschen Truppen in andere Ländern einmarschieren, wenn sie andere Länder überfallen.

Wie wird aus dem skeptischen, aufs zivile Leben orientierten Studenten ein Soldat, der sich auf den Beweis seines Könnens freut? Sicher spielt das Warten eine Rolle, sicher beeinflußt ihn das militärische Umfeld, das ihn Tag für Tag umgibt. Außerdem begeistern ihn die »Blitzkriege«, die von der Propaganda und von der Mehrheit der Bevölkerung regelrecht gefeiert werden. Der Gedanke, daß Eroberung und Kampf das eigene Leben kosten können, kommt ihm nicht. Anna spricht hin und wieder vom »Blutvergießen«, aber dann erinnert Rudolf sie an die »Muttergottes Medaille«, die sie ihm zum Schutz mitgegeben hat, und verweist darauf, daß »nicht jede Kugel trifft«.

Aber so sehr Rudolf sich das Dabeisein auch wünscht: Er muß noch bis Mitte Juni 1940 auf seinem Truppenübungsplatz in Hinterpommern warten, bis er nach Norwegen abkommandiert wird.

9. 4. 40

Mein lieber Rudolf!
Ich möchte Dir einen lieben Gruß senden! Heute gab es überraschende Neuigkeiten*. Ich denke schon mal, ob Du auch mit dabei wärest. Vielleicht habe ich morgen Nachricht von Dir. Mein Junge, der liebe Gott möge Dich behüten + Dir beistehen. Ich werde noch mehr als bisher an Dich denken. Bleibe mir gesund! Hier war ein paar Tage über Sonntag schönes Wetter, warm + sonnig. … Vielleicht kommt nun durch das schnelle Handeln unsererseits im Norden eher eine Entscheidung. Möge Gott es geben. … Empfange viele liebe Grüße + einen Kuss von Deiner Dichl.** Mutter

11. 4. 40

Meine liebe Mutter!
… Ich bin nun wieder richtig im Dienst drin.*** Mir ist so, als wenn ich gar nicht weggewesen wäre. Ich mache jetzt viel Außendienst, alle möglichen Funktionen. Hauptsächlich immer noch R. [Richtkreis-Unteroffizier] II.[15] Was sagst Du denn zur politischen Lage? Das war wieder ein Schlag für England – was? Wunderbar der Sinn des Führers, der immer

* Am 9. April 1940 begann das »Unternehmen Weserübung«, die Besetzung Dänemarks und Norwegens, und Anna vermutete, daß Rudolf an diesem Unternehmen beteiligt war.

** Anna benutzte häufig Abkürzungen in ihren Briefen: »Dichl.« für »Dich liebende«, »s.G.w.« für »so Gott will«, »lb.« für lieb, ein »+« für »und« etc.

*** Bis zum 4. April 1940 hatte Rudolf Heimaturlaub.

Singende Soldaten

den richtigen Moment zum Zupacken findet. 10 Stunden sind wir den Westmächten zuvorgekommen.* Toll, unser Nachrichtendienst muß tadellos klappen. Wir hoffen nun auch bald einmal etwas zu erleben. ... Hoffentlich sehen wir bald wieder andere Gegenden. Wir sind doch alle jung, stecken voll Tatkraft und möchten für Euch, Ihr Lieben zu Hause, alles tun. ...

14. 4. 40

Meine liebe Mutter!
Wiederum ist Sonntag! Seit zwei Tagen schneit es nun schon wieder ... Ich bin gesund und guter Dinge. Ich und alle Kameraden verfolgen gespannt die Ereignisse im Norden, im Westen und zur See. Unsere Herzen schlagen höher, hören wir von einem neuen Sieg. Hoffentlich wer-

* Angeblich befanden sich Deutschland und Großbritannien bei der Besetzung Dänemarks und Norwegens in einem Wettlauf. Jedenfalls nutzte die deutsche Propaganda dieses Szenario als Begründung für die Besetzung der beiden Länder. Heute ist es allerdings umstritten. Vgl. Frank Meyer: Norwegen: nationalsozialistische Revolution von oben. S. 44.

den auch wir bald wieder eingesetzt. Ich möchte doch auch dabei gewesen sein. Den Krieg auf einem Übungsplatz zu verbringen ist doch wenig erhebend. ... Wir wollen kämpfen, damit bald Frieden wird, aber Frieden, der Jahrhunderte währt. ...

Am 17. April kommentiert Anna den »Schlag, den der Führer gegen die Westmächte geführt hat«: »Großartig! Gewiß, es kostet ja viele Opfer, aber das Endziel ist auch groß. Möge es uns gelingen. Wir haben die feste Zuversicht! ... Ja, wir leben in einer großen Zeit.« Von einer ganz anderen Haltung der deutschen Bevölkerung berichtet Arvid Richert, der schwedische Botschafter in Berlin, am selben Tag seinem Kollegen in Bern: »Die deutsche Unternehmung gegen Norwegen und Dänemark wird in weiten Kreisen in Deutschland (Industriearbeiter, Geschäftsleute u. dgl.) bemerkenswert offen kritisiert ... die Aktion wird vielfach ganz offen als unmoralisch und dumm bezeichnet ...«[16]

Pfingsten 1940

Mein lieber, liebster Rudolf!
... Wo bist Du? Ich nehme an, daß auch Ihr jetzt nicht mehr in Ruhe seid. Doch wo immer Du auch bist, meine Gedanken + Gebete begleiten Dich ... Mein Junge, unser aller Herzen sind jetzt bei Euch, auch wir hier verfolgen mit Spannung die Geschehnisse. Es wird wohl der schwerste Kampf werden, hoffentlich auch der Endkampf. ... Möge Gott Euch Soldaten allen die Kraft und den Mut geben, das Schwere mannhaft zu erkämpfen und zu ertragen. Es wird ja viele Opfer fordern und Gott möge die trösten, die es trifft! ... Was ich die Tage anfange, weiß ich noch nicht! Man hat ... keine große Lust, irgendwohin zu gehen! ... Man ist mit seinen Gedanken doch draußen bei den Kämpfern ... Ja, mein Kind, es ist Krieg. Wir wollen beten, daß es zu einem baldigen, siegreichen Frieden kommt.

Wir sind sehr zuversichtlich in der Heimat. Wir wissen, daß wir die besten + tüchtigsten Soldaten + Waffen haben! Der Führer leitet selbst die Operationen. …

Rudolf wird von Woche zu Woche ungeduldiger. Die meisten Abteilungen der 69. Division, zu der er gehört, sind mittlerweile nach Norwegen transportiert worden. Und dort sind – außer im Norden des Landes – die Kämpfe vorüber. Bitter beklagt Rudolf sich bei seiner Mutter: »Unsere Kameraden haben uns keine Arbeit mehr übrig gelassen. Wir sind wieder einmal die Dummen gewesen.« Anna mahnt zur Geduld – sie ist beruhigt, daß ihr Sohn immer noch auf seinem Truppenübungsplatz in Hinterpommern ist.

15. 5. 40

Mein lieber Junge!
… Man lebt jetzt ja in einer Spannung. Bis jetzt haben wir ja große Erfolge im Westen! Gebe Gott, daß es so weiter geht! Unsere Truppen leisten ja Ungeheures! Wir kommen ja England immer näher. Ich bin mal gespannt, wie die Sache weitergeht! Hoffentlich kostet es nicht allzu viel junges Blut! Wir hier merken nun auch, daß im Westen gekämpft wird. Den ganzen Tag donnern die Flugmotoren über uns dahin. In Köln waren die Feinde ja auch schon, aber es war nichts groß passiert. Vor allen Dingen sind keine Menschen zu Schaden gekommen. …

Anna wird schon im Frühjahr 1940 unmittelbar mit dem Kriegsgeschehen konfrontiert. Am 25. April 1940 berichtet sie zum ersten Mal von englischen Flugzeugen, die das Stadtgebiet von Köln überfliegen. Als die deutsche Luftwaffe am 15. Mai Rotterdam zerstört, hebt der britische Premier Winston Churchill das Verbot auf, deutsche Städte zu bombardieren, und befördert damit die Eskalation des Luftkriegs. Bereits am 16. und 17. Mai werfen Maschinen der Royal Air Force Bomben über dem Ruhrgebiet ab, um Industrieanlagen, Transportsysteme und Wohngebiete zu zerstören. Wegen der deutschen Luftabwehr werden die Angriffe in der Regel nachts und in großer Höhe geflogen. Gezielte Treffer sind deshalb schwer möglich. Aber auch das »moral bombing« hat schreckliche Folgen.

15. 5. 40

Liebe Mutter!
… Wir sind (leider) immer noch am alten Standort. Stolz sind wir auf unsere Kameraden, aber auch ein wenig neidisch. Jedenfalls brauchst Du Dir um mich keine Sorge zu machen. Das letztere steht mir eher zu. Ihr seid ja nun so mitten in der Gefahrenzone. Aber Kopf hoch – der Krieg dauert nicht ewig, nicht jede Kugel trifft. Die Kameraden, und hoffentlich auch wir bald, werden Euch zu schützen wissen. Wir können stolz auf unsere junge Wehrmacht und auf deren Waffentaten sein. Die Welt staunt nur! Solchen Krieg hat die Erde noch nicht gesehen! Der Endkampf für die tausendjährige Freiheit der Germanen ist angebrochen. Unsere Zukunft leuchtet hell und strahlend. Wir wollen an eine frohe und gute Zukunft mit Gottvertrauen glauben. … Ist es nicht traurig, wir jungen, gesunden Kerle sitzen sicher weit hinten im Hinterland und müssen uns um Euch Lieben in der Heimat sorgen. …

19. 5. 40

Mein liebes Mütterlein!
… Lieber wäre mir, wenn ich Dir aus Frankreich schreiben könnte. Warum stehen wir nur noch hier. Es ist zum verzweifeln. Ein solcher Krieg geht selbst mir auf die Nerven … Die englischen Flieger sind doch schlechte Bombenschützen. Ich kann mir ja vorstellen, daß Ihr nervös werdet, aber Ihr müßt Euch daran gewöhnen. Diese feigen Teufel kommen wohl immer nachts? Haben sie in Köln schon Schaden angerichtet? Die Kameraden, d. h. die Urlauber erzählen so

manches. Ihr seid ja in guter Hut beim Fliegerhorst. Unsere Staffeln werden die Lumpen schon verjagen. …

Luftangriffe und Fliegeralarm sind bis Januar 1944 (aus dieser Zeit stammt der letzte erhaltene Brief von Anna) ständiges Thema in der Korrespondenz zwischen Mutter und Sohn. Köln ist ein wichtiges Angriffsziel der Royal Air Force, insgesamt werden 262 Angriffe gegen die Stadt geflogen. Während dieser ganzen Zeit sprechen Mutter und Sohn euphemistisch von den »Besuchen« der Engländer.

23. 5. 40

Mein lieber Rudolf!
… Wir haben manche bange Stunde des Nachts im Keller zugebracht! In der Waschküche haben wir uns einen Luftschutzraum hergerichtet. Wenn aber Großalarm ist, laufen wir zur Schule! Gebe Gott, daß es bald zu Ende ist. Das macht nervös. … Ich bin froh, daß Du noch da oben bist. Du wirst auch noch dran kommen. Wenn es jetzt gegen England losgeht, brauchen sie noch manchen. Unsere Erfolge sind ja wunderbar. … Man denkt ja nun, es dauert nicht mehr allzu lange. Hoffentlich bleiben wir am Leben! … Gerade weil die Engländer so schlechte Bombenschützen sind, darum ist es für uns gefährlich. Wenn sie besser zielen würden auf wichtige Objekte und nicht so wahllos werfen, dann brauchte man nicht so Angst zu haben. …

14. 6. 40

Meine liebe Mutter!
Zum kommenden Sonntag einen frohen Gruß. Was macht der böse Feind? Sicherlich kommt er kaum noch! Bald wird alles zu Ende sein. Kolossal sind die Leistungen in Frankreich. Schon stehen wir vor den Toren von Paris! Wer hätte an einen solchen Blitzkrieg gedacht? Je schneller wir mar-

schieren desto größer der Erfolg. Mir geht es weiterhin prima. Das Wetter ist herrlich … Man scheint sich unser entsonnen zu haben. Neues kann ich Dir nicht erzählen. …

Am 3. September 1939 hat Frankreich zusammen mit Großbritannien Deutschland den Krieg erklärt. Am 5. Juni 1940 beginnt die Wehrmacht die »Schlacht um Frankreich«, am 14. Juli marschieren deutsche Truppen in Paris ein. Die geflüchtete Regierung tritt zurück, das neugebildete Kabinett unter Henri Philippe Pétain bietet Deutschland einen Waffenstillstand an. Rudolf ist begeistert. Er weiß zu diesem Zeitpunkt vermutlich schon von seiner Abkommandierung nach Norwegen, darf dies aber in seinen Feldpostbriefen nicht schreiben. Militärische Informationen – und eine Veränderung des Stationierungsortes gehört dazu – unterliegen der Geheimhaltung.

16. 6. 40

Mein lieber, guter Junge!
… Ja, das große Geschehen reißt einen ganz mit fort. Alles andere ist nebensächlich geworden. Man ist mit all seinen Gedanken draußen bei unseren Soldaten. Es ist unbegreiflich, was geleistet wird. Man erinnert sich der Namen aus dem letzten Kriege, und denkt an all die Opfer, die damals nutzlos gebracht worden sind. … wie muß es jetzt den Soldaten sein, wenn sie siegreich in die Städte einziehen, um die die Väter jahrelang gerungen haben. Paris, Verdun, Arras, Ypern, Dünkirchen, dann Langemark, Lorettohöhe, Toter Mann u.s.w. Unser Gott im Himmel + unserem Führer Dank aus vollem Herzen. …

Anna ist Jahrgang 1890 und kann sich sehr genau an den Ersten Weltkrieg und an die Schlachtfelder erinnern, auf denen deutsche und französische Truppen in monatelangem Stellungskrieg gegeneinander gekämpft haben.

21. 6. 40

Mein lieber Rudolf!
... Gebe Gott, daß es bald aufhört. Man hört nur noch Sprechen von Fliegern. Letzte Nacht haben sie in der Nähe wieder einen heruntergeholt, einen Kanadier. Man denkt ja nun, wenn in Frankreich Schluß ist, daß es dann mit England losgeht! Hast Du heute Abend die Übertragung aus dem Wald von Compiègne gehört, eindrucksvoll. Ja, das hat sich Frankreich wohl nicht gedacht. Wir werden wohl einen gerechteren Frieden diktieren! ...

Am 22. Juni 1940 wird an historischem Ort – in einem Eisenbahnwaggon im Wald von Compiègne, exakt dort, wo 1918 die deutsche Kapitulation unterzeichnet wurde – der deutsch-französische Waffenstillstand geschlossen. Der Friedensvertrag von Versailles, den Deutschland schließlich 1919 unterschrieben hatte, wurde vielfach als ungerechtes Zwangsdiktat verstanden – und als Demütigung Deutschlands.

Norwegen, 21. VI. 40.

Liebe Mutter!
Nach einer langen Pause einen kurzen Gruß. Wir sind hier ganz prima angekommen. Es geht mir ausgezeichnet. Herrlich war die Reise! Nun geht es wieder weiter. Sobald ich mehr Zeit habe, hörst Du mehr von mir. ... Hier müßtest Du mit dabei sein. Das Wetter ist gut, die Landschaft märchenhaft schön. Worte reichen nicht aus, Dir das alles zu schildern. Nun Schluß für heute! Dich grüßt herzlich
Dein Junge

Rudolfs Abteilung ist vermutlich am 19. Juni mit der Bahn und dann mit der »Porto Alegre«, einem Truppentransporter, nach Oslo gebracht worden. Ein genaues Datum ist in den Briefen nicht vermerkt.

22. 6. 40

Mein lieber, lieber Rudolf!
Wie geht es Dir? Der letzte Brief ist vom 14. 6. Ob Du fort bist, oder ob Postsperre ist? Ich bin aber ruhig, ich denke, Du bist gesund. … Letzte Nacht war's ruhig, und der Abschluß mit Frankreich hat uns frohgestimmt. Hoffentlich hören auch die Kämpfe nun auf, damit kein Blut mehr fließt. Und dann kommt der letzte große Schlag gegen England. … Es ist ja fast unglaublich, was unsere Führung und unsere Soldaten leisten. In noch nicht vier Wochen Frankreich am Boden!!! Es ist unfaßbar. Man ist stolz, ein Deutscher zu sein. Möge Gott uns den Führer erhalten, damit er seine Pläne noch alle verwirklicht sieht! …

Oslo, den 23. VI. 40

Meine liebe Mutter,
endlich, nach langer, langer Zeit finde ich Zeit, Dir liebes Mütterlein, einen lieben und frohen Gruß zu senden. …

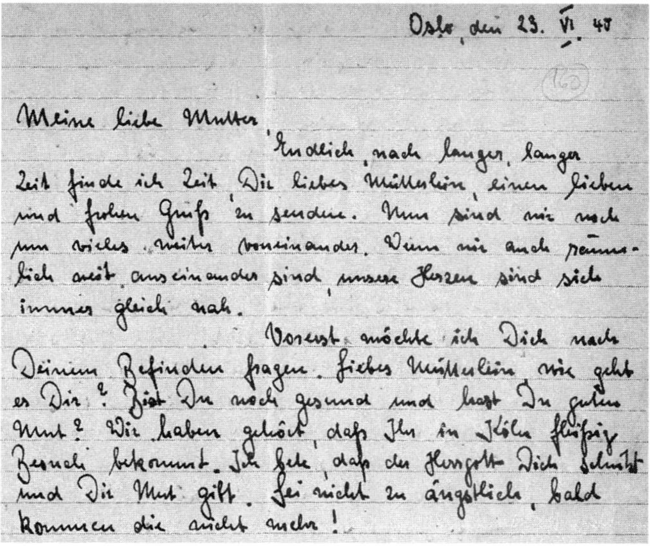
Oslo, den 23. VI. 40

(160)

Meine liebe Mutter,
Endlich, nach langer, langer Zeit finde ich Zeit, Dir liebes Mütterlein, einen lieben und frohen Gruß zu senden. Nun sind wir noch um vieles weiter voneinander. Wenn wir auch räumlich weit auseinander sind, unsere Herzen sind sich immer gleich nah.
Vorerst möchte ich Dich nach Deinem Befinden fragen. Liebes Mütterlein, wie geht es Dir? Bist Du noch gesund und hast Du guten Mut? Wir haben gehört, daß Ihr in Köln fleißig Besuch bekommt. Ich bete, daß der Herrgott Dich schützt und Dir Mut gibt. Sei nicht zu ängstlich, bald kommen die nicht mehr!

Ausschnitt aus dem Brief vom 23. VI. 40

Jetzt will ich Dir von meinem Erlebnis erzählen. Von Groß Born ging's abends los. Die Fahrt ging durch Pommern und Mecklenburg. Am Spätnachmittag ging's durch Schleswig Holstein, durch Rendsburg über den Kaiser Wilhelmkanal, durch Flensburg hinein nach Dänemark, wahrlich einem gelobten Land. Noch heute fließt's von Milch und Honig. Wir kamen durch Fredericia, Aarhus nach Aalborg. Hier bezogen wir Biwak. Die Fahrt war interessant. Wir haben Stadt und Landleben der Dänen kennengelernt. Hier gibt's noch alles, Kaffee, Sahne, Eis, Schokolade, Rauchwaren und alles Obst. Wir haben 3 Tage lang gelebt wie im Schlaraffenland. ... In Aalborg sind wir auf einen Transporter geladen worden (ein nettes Stück Arbeit). Aber es war schön und interessant. ... dann ging es in See bei herrlichstem Wetter. Durch's Kattegatt an Jütlands Küste vorbei, durch's Skagerrak hinein in den märchenhaft schönen Oslofjord. Oslo hat mich eigentlich enttäuscht! Köln ist schöner!

Wie nun die Menschen sind? In Dänemark ist man mit der Lage sehr zufrieden. Man ist zufrieden, wenn man ihnen ihre Gemütlichkeit, ihren Lebensstil (der erstaunlich hoch ist) läßt. Man geht sehr gut gekleidet, man ißt gut und reichlich. Billiger als in Deutschland ist es aber doch nicht. Wir Soldaten wurden respektiert, freundlich behandelt. Dankbar war man für das korrekte Verhalten der deutschen Soldaten.

In Norwegen ist man viel kälter. Wir werden, trotzdem wir z. B. das Straßenbild in Oslo beherrschen, nicht beachtet. Es kann vorkommen, daß man den Tisch verläßt, wenn ein Soldat sich hinsetzen will. Auch hier trägt man gute und sehr elegante Kleider. Die Mädels sehr sehr freizügig. (Hosenmode, Shorts usw.) Das Essen ist gut, jedoch nicht so wie in Dänemark. Oslo kennen wir nun. Bald geht es weiter! Jetzt werde ich wieder regelmäßig schreiben. Ich bin gespannt, wie lange die Post geht. ... Heute war in Sankt Olaf Gottesdienst. Auch für uns sorgt man in dieser Weise. Und nun Schluß ... Dich grüßt und küßt Dein großer Junge.

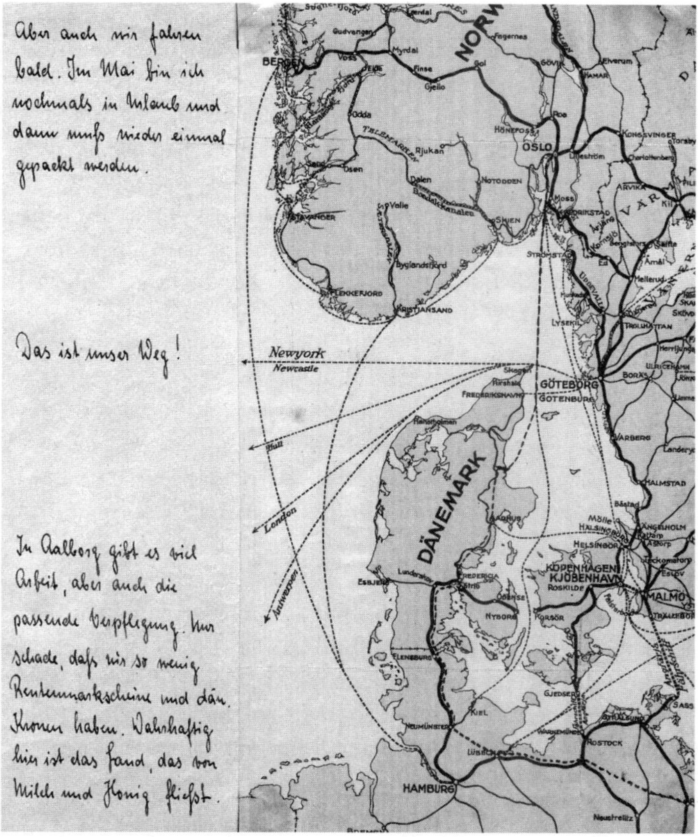

Route (---) von Hinterpommern nach Nowegen

27. 6. 40

Mein lieber Rudolf!
Nun muß ich ja bestimmt annehmen, daß Du auf dem Transport bist. Wo magst Du nun hinkommen? Mein Kind, wo Du auch bist, Mutterliebe + Muttersorge + Gebete begleiten Dich! Das ist alles, was ich für Dich tun kann. … Möge der Herrgott Dir die Kraft geben, tapfer Deinen Mann zu stehen und Deine Pflicht zu tun. Nun wird der Endkampf

ja bald beginnen! Wir haben die feste Zuversicht, daß auch das für uns zum guten Ende führt! Inzwischen sind die Engländer noch frech! Jede Nacht sind sie hier + beunruhigen uns Stunden lang! Hoffentlich wird ihnen bald das Kommen unmöglich gemacht! Dann atmet man wieder auf! Auch wir müssen tapfer + stark sein, wenn es auch schwer fällt. Man hat keine starken Nerven mehr! ... Ob du bald mal schreibst? Ich weiß, wenn es Dir möglich ist, wirst Du es schon tun! ... Rudolf, nun grüße ich Dich recht, recht herzlich + sende Dir einen festen Kuß in Liebe Deine Mutter.

Beim Austausch über das Kriegsgeschehen benutzen Rudolf und Anna eine Sprache, die unmittelbar dem Propagandajargon[17] des Dritten Reiches entlehnt ist. Die Leistungen der Soldaten sind »kolossal«, man ist »stolz auf unsere junge Wehrmacht« und »ihre Waffentaten« und genießt, daß »die Welt staunt«, weil sie einen »solchen Krieg ... noch nicht gesehen hat«. Zumal es um nichts Geringeres geht als um den »Endkampf« für die »tausendjährige Freiheit der Germanen«[18] und eine Zukunft, die »hell und strahlend leuchtet«. Mit solchen vorgefertigten Worthülsen füllen Mutter und Sohn manchmal ein Viertel des jeweiligen Briefes.

Warum verständigen sich Rudolf und Anna mit diesen Formeln über den Krieg, obwohl sie seit Jahren daran gewöhnt sind, sich schriftlich auszutauschen und dabei ihre Gedanken und Gefühle differenziert auszudrücken? Da ist einmal die Propaganda-Maschine, die Deutschland seit sechs Jahren mit ihrer Interpretation der Wirklichkeit bombardiert. Bei Rudolf und Anna kommt eine ausgeprägte Obrigkeitshörigkeit dazu. Beide interessieren sich zwar für Politik, finden aber nur selten zu einem eigenen Standpunkt. Statt dessen vertrauen sie den Argumenten, Entschlüssen und Aktionen der »Führung«, ob sie nun Gott, Hitler oder »Schicksal« heißt.

Der Krieg steigert diese Obrigkeitshörigkeit zum Wunsch nach Übereinstimmung – und diese findet ihren Ausdruck im gemeinsamen Jubel. So entsteht ein Gefühlsrausch, und die superlativischen, ekstatischen Wendungen und Begriffe, mit denen das Geschehen kommentiert wird, sind dessen adäquater Ausdruck. Außerdem drängt die Formelsprache die eigenen Ambivalenzen in den Hintergrund. Denn neben Stolz, Begeisterung und Genugtuung sind Angst und Sorge um die ungewisse Zukunft in der Heimat und an der Front durchaus erkennbar.

Oh denk an mich,
ich geb' die Hand,
ich kämpfe für mein Vaterland,
lieb Mütterlein.

Ich schreibe meiner Mutter einen Brief,
daß es mir gut geht
und daß ich immer an sie denke.
Lieb Mütterlein, lieb Mütterlein,
ich denke Dein.
Fern der Heimat halte ich Wacht,
ich bitte die Sterne in dunkler Nacht:
Grüß mir die Heimat,
mein Mütterlein,
ich denke Dein!

Auszug aus einem Soldatenlied, Text und Musik: Fred Kassen

Vorgeschichten 1

Mit seinen 25 Jahren gehört Rudolf zu den jungen Männern, die perfekt auf Hitlers Krieg vorbereitet sind. Arbeitsdienst und Wehrdienst haben ihn zu einem Soldaten gemacht, der nicht nur das militärische Handwerk beherrscht, sondern auch eine Männlichkeitserziehung, eine Gemeinschaftserziehung und eine politische Erziehung erfahren hat. Wie wirksam diese ist, zeigt der bereits beschriebene Gesinnungswandel, den Rudolf in den ersten Monaten des Krieges durchläuft. Innerhalb von acht Wochen wird aus dem fleißigen Studenten ein einsatzbereiter Soldat, der seiner Mutter schreibt: »Es wäre doch ein schreckliches Gefühl, als junger, gesunder Mann in der Heimat zu sein, während die Kameraden an der Front kämpfen.« Damit benennt Rudolf zentrale Werte, die von nun an wieder seinen Denk- und Gefühlshorizont bestimmen: »Mann«, »Heimat« und »Kameraden« und »Front«.

Erziehung zum Mann: Arbeitsdienst und Wehrdienst

Direkt nach dem Abitur im Frühjahr 1935 meldet sich Rudolf freiwillig zum Arbeitsdienst.[19] Von April bis September lebt er in einem RAD-Lager, wo er beim Straßenbau und zu Rodungsarbeiten eingesetzt wird. Zum ersten Mal ist er so lange von zu Hause fort, zum ersten Mal ist er so lange von seiner Mutter getrennt, die ihn allein großgezogen hat. Obwohl der Einsatzort nur dreißig Kilometer von

Nationalsozialistischer Arbeitsdienst
Arbeitsgau 21
Abteilung 6/214

Arbeitsdienst-Gau: XXI Abteilung: 8/215

Arbeitsdienst vom: 1.4.35

Arbeitsdienst bis: 30.9.35

Dienstgrad: Arbm.

Arbeitsdienstpaß Nr.: 21/k/73220

Größe: Beruf: Student

Stempel und Unterschrift der Arbeitsdienstabteilung

Nationalsozialistischer Arbeitsdienst
Arbeitsgau 21
Abteilung 6/214

Rudolfs Arbeitsdienstausweis

Köln, ihrem Wohnsitz, entfernt liegt, fällt Mutter und Sohn die neue Situation schwer. Trotzdem sind die beiden einverstanden: Es ist einfach an der Zeit, daß der 20jährige »ein ganzer Mann wird«[20] und beweist, daß seine Erziehung »die richtige« war. So formuliert es Anna immer wieder – und betont genauso oft, welche Bedeutung der Einsatz beim Arbeitsdienst ihrer Meinung nach hat: Der Sohn erfüllt damit seine »Pflicht gegenüber dem Vaterland«.

Rudolf nimmt die neue Aufgabe und die Erwartungen der Mutter ernst. Gleich zu Anfang berichtet er in seinen Briefen begeistert von der »guten Schule«, in der er »Kameradschaft« und »Sauberkeit«, »Gehorsam«, »Pünktlichkeit«, »Disziplin« und »Geschwindigkeit« lernt. Daß er diese Verhaltensweisen unter dem Vorzeichen der Uniform, also der Gleichmacherei und Entindividualisierung erwirbt, irritiert ihn nicht. Er hat es nicht anders erwartet. Und daß die private Kleidung nach Hause geschickt werden muß, damit die jungen Männer sich auch in der Freizeit nicht voneinander unterscheiden, findet er in Ordnung.

Nach zwei Monaten, die er mit ungewohnter körperlicher Arbeit verbringt, äußert er allerdings Unbehagen. Er vermißt in der militärisch geprägten Umgebung Freundschaft und Verstehen, Takt und Charakter – differenzierte, leise Beziehungs- und Kommunikationsformen, die er von zu Hause kennt. Wenige Tage später fällt er ins andere Extrem – ein Zeichen, wie labil seine Verfassung zu diesem Zeitpunkt ist. Nun setzt er sich kritisch mit Verhaltensweisen auseinander, die ihre Wurzeln im Katholizismus haben, dem Glauben, der das Leben von Mutter und Sohn bisher entscheidend bestimmt. Verpackt ist seine Kritik in die romantische Schilderung einer Situation, die er beim morgendlichen Marsch zur Arbeit erlebt hat. »Wenn wir morgens frisch und frank und frei, mit blanken Augen der Sonne entgegenmarschieren. Wenn unser harter Gleichschritt dem Soldatenlied den Rhythmus gibt. … Wenn der

Morgenwind vom blauen Himmel die Saat wellt, dann begegnet uns ein anderer Zug. Wesensfremd von uns. Wir sind laut, stolz, stramm und frei fröhlich. Die Anderen ziehen still, bescheiden, demütig einher. Wir singen, daß wir die Herren der Welt sind, wir singen von unserer Kraft, von unserem Mut, Deutschlands Größe. Die Anderen haben ein frommes Lied auf den Lippen. Sie bitten um gutes Wetter und gute Ernte.* So verschieden die Züge sind, so verschieden ihre Fahnen und Lieder, über beiden steht doch in den Wolken der Große. … Beider Gruppen Bestrebungen sind im Innern gut. Beide wollen dem deutschen Volk helfen. Aber die Wege, die Hilfe zu erlangen, sind verschieden. Die einen erhoffen sie von sich, die anderen sehen ihre Schwäche ein. Die einen glauben sich stark, die anderen beten. Der Herr wird dereinst ihre Wege einen. Dann werden die einen bescheidener, die anderen selbstbewußter. Denn gerade unsere heutigen Katholiken sind meines Erachtens noch immer zu bescheiden, zu vornehm, haben zu wenig Selbstbewußtsein. … Bescheidenheit verbunden mit vornehmem, bestimmtem Auftreten. Demut verbunden mit Stolz, aber mit rechtem. So weit auseinander sind die beiden Extreme nicht.«

Als Teil einer marschierenden Gruppe lernt Rudolf ein Gefühl kennen, über das er von Hause aus nicht verfügt: Ein Selbstbewußtsein, das laut und mit großer Geste nach außen getragen wird, ein Selbstbewußtsein, zu dem ein gewisses Maß an Selbstüberschätzung gehört. Denn Mut und Stärke, von denen die jungen »Arbeitsmänner« singen, werden lediglich behauptet – bei Rodungsarbeiten und beim Exerzieren mit dem Arbeitsdienstspaten müssen sie nicht unter Beweis gestellt werden. Tatsächlich haben Mut

* Die Anderen – das sind Teilnehmer einer katholischen Bittprozession, die früher regelmäßig im Mai stattfand. Bei dieser frühmorgendlichen Versammlung zogen Priester, Meßdiener und Gläubige betend und singend durch die Felder, um göttlichen Segen für die heranwachsenden Feldfrüchte zu erbitten.

und Stärke ihren Bezugspunkt nicht im eigenen Handeln, sondern in einem größeren Kontext – in »Deutschlands Größe«. Sie erlaubt den gerade Erwachsenen schon 1935, sich als »Herren der Welt« zu fühlen.

In seiner ausführlichen Schilderung versucht Rudolf, seiner Mutter nicht nur die neuen Gefühle und Erfahrungen zu vermitteln, er beschreibt auch den Konflikt, in den er damit gerät. Er ist mit dem Auftrag ausgezogen, ein Mann zu werden, weil er selbst, seine Mutter und die Gesellschaft es wollen. Nun erlebt er, daß er mit dem Verhalten und den Werten, mit denen er bisher gelebt hat, dieses Ziel nicht erreichen kann. Demut, Stille und Bescheidenheit sind keine männlichen Tugenden, erst recht nicht in nationalsozialistischen Zeiten, das macht der Arbeitsdienst ihm klar. Obwohl seine Sympathien nicht zu übersehen sind – immerhin spricht er von »wir« und meint damit die marschierenden jungen Männer, während die Katholiken »die anderen« sind –, sucht er einen Kompromiß. Da beide Seiten »im Innern gut« seien und letztlich dasselbe Ziel hätten (»dem deutschen Volk [zu] helfen«), sollten sie aufeinander zugehen und voneinander lernen. Die einen müßten demütiger, die anderen selbstbewußter werden. Und das könne durchaus gelingen, da über beiden »der Große« – also Gott – stehe.[21] Damit wäre, so die naheliegende Schlußfolgerung, auch sein eigenes Dilemma gelöst.

Anna versteht nicht, in welchem Konflikt Rudolf sich befindet. Sie scheint nicht einmal zu erkennen, daß er in einer Konfliktsituation steckt, unsicher ist und Zweifel hat. In ihrem Antwortbrief schreibt sie: »Ja, mein Kind, wir sind innerlich doch sehr verwandt. Was Du schreibst, möchte ich alles unterschreiben. Ja, der lb. [liebe] Gott lenkt alles nach *seinem* Willen! Ich lese zwischen den Zeilen, daß Du, so wie ich, auch die innere Ruhe und Zufriedenheit hast! Und das ist Gottes Geschenk!«

So sehr Anna die religiöse Seite betont – Rudolf begeistert sich seit diesem Zeitpunkt immer häufiger für nationalsozialistische Ideen, nationalsozialistische Politik. Gleichzeitig rückt er ein Stück von seiner bisherigen Glaubenspraxis ab. »Zum Pater komme ich in der nächsten Zeit auch nicht«, teilt er seiner Mutter entschuldigend mit. Statt dessen schwärmt er ihr von Leni Riefenstahls Film »Triumph des Willens« vor: »Ohne zu übertreiben vielleicht der beste Film, den ich sah.« Dieser Eindruck resultiert nicht nur aus der ästhetischen Qualität des Films, sondern auch aus dem Identifikationsangebot, das er bietet, zum Beispiel in einer Szene, in der Hitler zu Arbeitsdienstmännern spricht. »Unsere Herzen schlugen höher«, schreibt Rudolf dazu.

Anfang September will er zum Nürnberger Parteitag der NSDAP fahren, wird aber nicht delegiert. Sechzig Jahre später erinnerte sich mein Vater noch genau an diese Situation. Zum Parteitag, erzählte er mir, fuhren diejenigen, die größer und strammer waren als er und besser mit dem Spaten exerzieren konnten. Für den zwanzigjährigen »Arbeitsmann Rudolf« muß das eine Enttäuschung gewesen sein. Er hält nämlich diesen Parteitag für so wichtig, daß er sich trotz chronischen Geldmangels eine Sonderausgabe der Zeitschrift »Deutscher Arbeitsdienst« kauft, die vom Nürnberger Parteitag berichtet.

Anna ist nicht damit einverstanden, daß ihr Sohn zum Parteitag fährt. Lapidar schreibt sie ihm: »Ich hoffe ja, daß Du nicht hinkommst.« Mehr schreibt sie dazu nicht. Vielleicht will sie in den Briefen keine politische Diskussion führen. Vielleicht ist »Ignorieren« ihre Strategie, mit Bedrohlichem umzugehen. Wenn der Sohn sich vom Katholizismus distanziert und der NS-Ideologie zuwendet, dann löst er sich schließlich von ihren Wertvorstellungen und aus der mütterlichen Einflußsphäre. Das aber gesteht sie dem Sohn zu diesem Zeitpunkt nicht zu – trotz der ständig wiederholten Aufforderung: »Werde ein rechter Mann.«

Fünf Tage nach Beendigung des Arbeitsdienstes tritt Rudolf in Iserlohn (Sauerland) seinen Wehrdienst an. Er hat sich freiwillig gemeldet – ein Zeichen, wie ernst es ihm mit dem »Mann-Werden« und der »Pflicht gegenüber dem Vaterland« ist. Aber kurz nach seiner Meldung wird der Wehrdienst für alle zur Pflicht.* Damit verliert seine Entscheidung an Wert. Trotzdem hofft er, mehr Anerkennung zu bekommen als die anderen, die schließlich »dienen müssen«. Eine Hoffnung, die sich nicht bestätigt.

In Iserlohn gehört Rudolf zur 7. und 9. Batterie** des 16. Artillerie-Regiments. Er hat also mit Geschützen zu tun und mit Zug- und Reitpferden. Der Umgang mit den Tieren gefällt ihm. Es stört ihn nicht, daß er sich dafür einiges auf eigene Kosten anschaffen muß: einen Hufreiniger zum Beispiel und eine Mähnenbürste. Und daß er für ihre Versorgung seine Religionsausübung hintanstellen muß, ist für ihn kein Problem. »Um eins bitte ich Dich«, schreibt er seiner Mutter in einem der ersten Briefe, »bete fleißig für mich … weil ich wohl Sonntags nicht zur Kirche komme. Morgens immer Stalldienst.«

Überhaupt taucht das Thema Religion und Glaube während der »aktiven Dienstzeit« nur noch am Rande auf. Einmal berichtet Rudolf vom Besuch eines Paters, der mit ihnen über »die Mädchenfrage« und über das »Seelenleben des Soldaten« gesprochen hat und über die gerade aktuelle Rheinlandbesetzung, die er für eine reale Kriegsgefahr hält.[22] Monate später empört sich Rudolf über »kirchliche Behörden«, die keine Stellung zu (angeblich zunehmenden) Sexualverbrechen beziehen, und unterstellt, daß sie in diese Angelegenheiten verstrickt sind.[23] Sein Kommentar: »Der Herrgott schickt der Kirche viele Prüfungen. Hoffentlich können diese Elemente ohne Schaden ausgemerzt werden.«

Obwohl ihn die Handhabung der Geschütze beeindruckt – »ein merkwürdiges Gefühl, wenn man den ersten Schuß abgeben soll. Wir waren nachher ganz taub« –, hält

* Im März 1935 wird die allgemeine Wehrpflicht eingeführt, aus der »Reichswehr« wird die »Wehrmacht«.

** Bei der Artillerie heißt eine Kompanie Batterie.

Rudolf sich seltsam zurück, was die Schilderung des »Soldatenhandwerks« angeht. In keinem Brief wird er ausführlicher, auch dann nicht, als Anna nachfragt und ihn bittet, ihr mehr darüber zu erzählen. Vergessen wird er Bezeichnungen, Handgriffe und Abläufe aber sein Leben lang nicht. Als ich meinen Vater bei der gemeinsamen Brieflektüre sechzig Jahre später bat, mir mehr über »diese Kanonen« – ich meinte die Geschütze – zu erzählen, überging er meinen flapsigen Ton und legte los: Am Anfang habe er meistens mit der leichten Feldhaubitze 16 zu tun gehabt, einem Geschütz mit einem Rohrdurchmesser von 10,5 Zentimetern und einer leicht gekrümmten Flugbahn. Jedes Geschütz sei von fünf Kanonieren bedient worden: Der K 1 [Kanonier 1] war für die Optik verantwortlich, der K 2 für Laden und Abzug, K 3 bis K 5 waren Ladekanoniere. Als Abiturient habe er alle Aufgaben beherrschen müssen, um im Ernstfall die anderen zu ersetzen. Später sei er dann am Richtkreis eingesetzt worden[24] … So genau hatte ich es eigentlich nicht wissen wollen.

Das Leben »beim Preußen« fällt Rudolf lange schwer. Dafür sind weder das Soldatenhandwerk verantwortlich noch die soldatischen Grundtugenden: Sich-Einfügen, Gehorchen, Durchhalten. Die hat er bereits im Arbeitsdienst gelernt. Was ihn bis zum Ende seines Militärdienstes immer wieder irritiert, sind der Ton, das Gebaren, die Machtdemonstration von Vorgesetzten. »Der Spieß ist unser Reitlehrer«, schreibt er seiner Mutter, »er hat seine Reitabteilung aus Abiturienten und Studenten zusammengestellt. Er will den faulen, stinkenden Studikern (auch Hunden) Mumm in die Knochen bringen. Bis jetzt hat er sich aber getäuscht. Keiner machte schlapp.« Mit Entwürdigung und »Brüllen und Schimpfen« kommt er genausowenig zurecht wie mit Überheblichkeit und Arroganz: »Der Batteriechef und der Oberleutnant sind typische Militärs. So ein wenig der Äh-Äh-Ton. In ihrem ganzen Wesen das Abgehackte, Zackige.« Für dieses »herzlose, harte Milieu« kann er sich nicht erwärmen, und so ist es für ihn auch keine Frage, daß er sich nicht für eine längere Dienstzeit verpflichtet, obwohl er gleich zu Anfang darauf angesprochen wird. »Es geht nichts für einen Zivilberuf«, schreibt er nach Hause. Als einige Monate später klar ist, daß die Wehrdienstzeit von elf auf vierundzwanzig Monate verlängert wird, schreibt er zornig: »Ich habe genug für mein Vaterland getan, anderthalb Jahre habe ich geopfert.« Worauf seiner Mutter nichts anderes einfällt, als mit den immer gleichen Formeln dagegenzuhalten: »Tue Deine Pflicht auf dem Platz, auf dem Du stehst« und »So hart es klingt, aber wahr ist es: es ist gut für einen jungen Menschen, wenn er durch eine harte Schule geht«. Schließlich gibt der mittlerweile 22jährige seinen inneren Widerstand auf: »Ich halte durch. Ich bin doch kein Feigling. Ich will lieber so dem Vaterland auf 2 Jahre in Frieden dienen als ein ½ Jahr im Kriege.« Zum Schluß ist er sogar stolz auf sein »dickes Fell«.

Ein Jahr hat es gedauert, bis Rudolf sich mit dem »herzlosen, harten Milieu« arrangiert hat. Geholfen haben dabei »kleine Fluchten«: das Lesen von Büchern und Zeitschriften, das Schreiben von Gedichten, eine (unerwiderte) Verliebtheit. Entscheidender für sein Arrangement sind die großen, glänzenden militärischen Events. Sie hatten ihn dazu motiviert, sich freiwillig zu melden – nun trösten sie ihn immer wieder über Kasernenhofton und Demütigungen hinweg. Seine Vereidigung empfindet er als einen »feierlichen, ergreifenden Akt«, bei dem er zum ersten Mal einen Stahlhelm trägt. Später schwärmt er von einem »Großen Zapfenstreich«: »Da klangen frische Märsche, Trutzlieder und Gebete in den Frühlingsabend. Helm ab zum Gebet.« Immer wieder begeistert er sich für große Manöver und deren »Waffengewalt«. Nach solchen Erlebnissen ist er berauscht, von der Macht, von der Gemeinschaft, von Feierlichkeit und großen Gesten.

Manchmal berauscht Rudolf sich auch an den eigenen Worten. Als der Kommandeur seiner Abteilung wegen des Verdachts auf Homosexualität aus dem Verkehr gezogen wird und seine Untergebenen sich mit übler Nachrede konfrontiert sehen (»Röhmabteilung« werden sie genannt[25]), fährt Rudolf verbal große Geschütze auf: »Wir wollen keinen Angriff auf unsere Ehre dulden. Wir ziehen blank. Nicht nur unsere Ehre, sondern die des ganzes Heeres wird angegriffen.« Drohungen ohne Realitätsgehalt – denn was will er tun? Gegen wen will er »blankziehen«, also die Waffe ziehen und zum Duell antreten? Die massive Reaktion zeigt, wie bedrohlich – subjektiv und politisch – Homosexualität damals für Rudolf gewesen sein muß, der dabei war, »ein rechter Mann« zu werden. Sie zeigt gleichzeitig, wie stark Rudolf sich mittlerweile mit der Männer-Institution Wehrmacht identifiziert und ihren Ehrenkodex verinnerlicht hat, bis hin zu den Mitteln, mit denen er ihn verteidigen will.

Ein Ereignis, das andere Frauen und Männer in diesen Jahren zu wahren Begeisterungsstürmen hinreißt, läßt Rudolf dagegen seltsam kühl: »Ich habe den Führer gesehen«, schreibt er seiner Mutter im September 1936. »Ein sonderbares Gefühl ergriff mich, als ich diesen Mann sah. Ernst sah er aus.« Ein »sonderbares Gefühl« – das ist alles. Bereits im nächsten Satz wechselt er das Thema: »Das Manöver hat uns wieder ein schönes Stück vom deutschen Vaterland gezeigt.«

Überhaupt nehmen NS-Politik und -Ideologie, die ihn während des Arbeitsdienstes immer wieder beschäftigt haben, in den Briefen aus der Zeit des Wehrdienstes wenig Raum ein. Vielleicht gibt es nicht viel zu berichten, weil sie in seinem militärischen Umfeld stärker in den Hintergrund treten. Vielleicht reagiert Rudolf damit auf seine Mutter, die in ihren Briefen auf seine Gedanken nicht eingeht. In einem Brief teilt er ihr kurz mit, daß er »Mein Kampf« liest. In

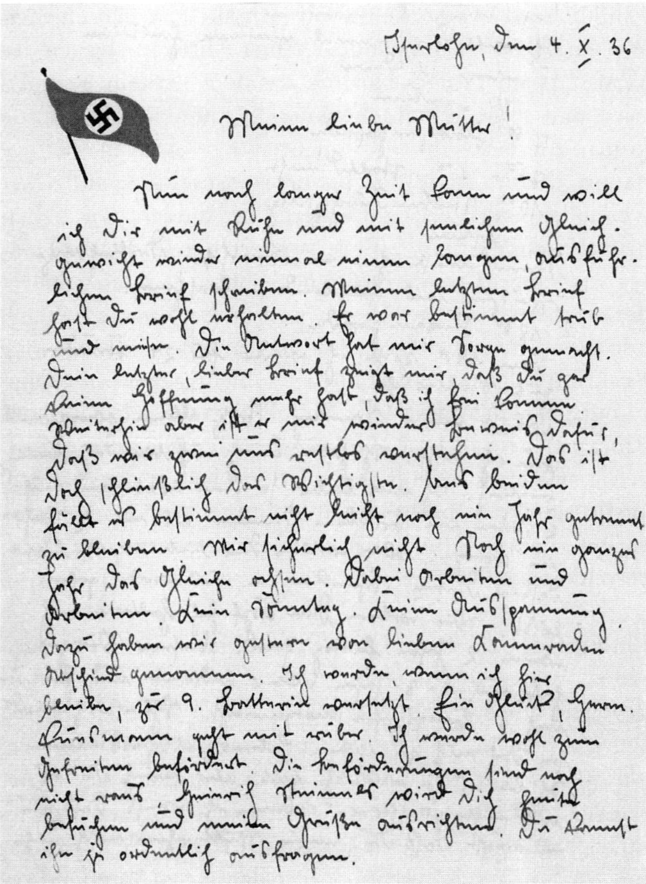

Brief vom 4. X. 36

einem anderen Brief ergeht er sich in rassistisch-biologistischen Überlegungen, angeregt durch einen kurzen Einsatz im »Krankenrevier« der Kaserne: »Du glaubst gar nicht«, schreibt er seiner Mutter, »wie viele Menschen es gibt, die erblich belastet sind oder von ihren Vorfahren Krankheiten geerbt haben. Man kann froh sein, daß man gesund ist und einen gesunden und reinen Stamm hat.« Die Begriffe »gesund«, »rein« und »Stamm« kommen Rudolf ohne Bedenken von den Lippen. Sicher weiß er, daß sogenannte Erbkranke nach diesen Kriterien begutachtet, diskriminiert und verstümmelt werden, und er weiß auch, daß die jüdische Bevölkerung, die in den Augen der NS-Ideologen den »reinen Stamm« mit ihrem »Blut« »verunreinigen«, mit diesem Argument verfolgt wird.[26] Aber Rudolf bleibt auf die eigene Person fixiert: Er ist froh, daß er nicht zu den »Ungesunden« und »Unreinen« gehört. Zu diesem Zeitpunkt – 1937 – ist ihm noch bewußt, daß er selbst nichts zu seinem »reinen Blut« beigetragen hat. Später wird sich das »Frohsein« in Stolz verwandeln: als hätte er sich seine Herkunft verdient.

Daß der »gesunde und reine Stamm« trotz der vorherrschenden Ideologieferne dieser Monate eine Rolle spielt, hat mit der Wehrmacht zu tun. Die Herkunft ist nämlich eine wichtige Voraussetzung für Beförderung und Aufstieg. Ohne einen »Ariernachweis« zum Beispiel kann niemand Offizier werden.

Rudolf ist zuerst nicht sonderlich an Aufstieg interessiert, aber seine Mutter hat entsprechende Erwartungen und bedrängt den Sohn immer wieder. So wird er nach einem halben Jahr Offiziersanwärter (O.A.), absolviert danach einen Unterführer-Kurs, bekommt ein »glänzendes Zeugnis« und wird schließlich zu einem »Feuerwerker-Lehrgang« abkommandiert. Der garantiert ihm den Rang eines Unteroffiziers der Reserve und zwingt ihn außerdem, seinen »Kopf zu gebrauchen«. Rudolf deutet Kurse und Zeugnisse als Beleg dafür, daß seine Leistung anerkannt und seine Person akzeptiert wird – und ist zufrieden. Dabei übersieht er, welche Rolle formale Voraussetzungen für das »Vorwärtskommen« spielen. Denn er kann zwar belegen, daß er »arische« Vorfahren hat, aber er ist ein uneheliches Kind. Das macht nicht nur die Beschaffung eines »Ariernachweises« höchst aufwendig und langwierig, sondern behindert »beim Preußen« die Karriere. Rudolf wird das erst

1939 klar, als er zum Kriegsdienst eingezogen ist. Da teilt ihm ein wohlgesonnener Vorgesetzter mit, daß Hauptmann Schlutius, der Chef der 7. Batterie des Artillerie-Regiments 16 in Iserlohn, ihn damals »aus familiären Gründen« nicht zur Beförderung vorgeschlagen hat.

Die Macht der Herkunft: Mutter und Vater

Als Rudolf geboren wird, ist Anna 24 und arbeitet seit zehn Jahren als Hausangestellte bei einer Fabrikantenfamilie. Rudolfs Vater ist der Schwiegersohn der Familie, er wohnt im selben Haus, ist verwitwet und hat aus seiner Ehe eine kleine Tochter. Als sich herausstellt, daß Anna schwanger ist, scheint sofort klar zu sein: Eine Heirat kommt aus Standesgründen nicht in Frage, schließlich ist der »Schwiegersohn« Ingenieur und Direktor bei der Reichsbahn. Er steht allerdings zu seiner Vaterschaft, zahlt bei der Geburt einen höheren Geldbetrag, und Kontakt hält er auch, zumindest brieflich. Manchmal erzählt Anna ihrem Sohn davon: »Sei stark und froh, das schrieb der Vater mir früher immer in jedem Brief nach Godesberg.« Anna war nämlich in den letzten Schwangerschaftswochen ins fünfzig Kilometer entfernte Bad Godesberg geschickt worden, um Rudolf dort diskret zur Welt zu bringen.

Ein paar Jahre später entwertet die Inflation den Geldbetrag, von dem Anna den Sohn großziehen soll. Also ist sie auf Unterstützung durch Rudolfs Vater angewiesen, denn als Alleinerziehende kann sie nicht jede Arbeit annehmen. Eine Zeitlang pachtet sie ein Haushaltwaren-Geschäft, gibt es aber nach ein paar Jahren wieder auf, weil es zu wenig einbringt. Dann schlägt sie sich mit Gelegenheitsjobs durch, kocht bei Hochzeiten und Beerdigungen und springt als Haushälterin ein. Später näht sie jahrelang Krawatten in Heimarbeit. All diese Arbeiten werden schlecht bezahlt, aber eine Ganztagsstelle kommt für Anna nicht in Frage, weil sie immer für den Sohn da sein will. So bleibt sie trotz der vielen Arbeit auf Geld vom Kindesvater angewiesen – und der läßt sich bitten. Rudolf spürt die Finanznot und die demütigende Abhängigkeit und leidet darunter. Schon als Kind muß er seiner Mutter bei der Arbeit helfen und wird auf Bettelfahrten zum Vater und zu Verwandten geschickt. Situationen, die er haßt und an die er sich sein ganzes Leben lang erinnert.

Ein anderes Problem sind die unterschiedlichen Wünsche und Bedürfnisse der drei Beteiligten. Für Anna ist Gustav, der Kindesvater, die große Liebe, für die sie gekämpft und gelitten hat und von der sie noch 25 Jahre später träumt. »Wie gern würde ich ihm sein Alter verschönern«, schreibt sie einmal dem Sohn. Auch Rudolf wünscht sich mehr Nähe zum Vater: »Hoffentlich kommt auch Vater noch in unseren Herzensbund.« Und manchmal ist er sogar stolz auf ihn: »Du weißt doch, Vater ist ein Gentleman.« Aber Gustav verweigert sich allen Annäherungen und läßt sich von Einladungen, Glückwünschen und kurzen Begegnungen nicht umstimmen.

Seine Gründe kenne ich nicht, denn über Gustav, der immerhin mein Großvater ist, wurde in meiner Familie nie gesprochen. Es hieß immer, er sei im Ersten Weltkrieg gefallen, und als Beleg wurde auf das einzige Foto verwiesen, das es von ihm gibt: Es zeigt ihn in Uniform und mit Pickelhaube auf dem Kopf. Tatsächlich hat Gustav bis 1965 gelebt. Auch über die uneheliche Geburt meines Vaters wurde konsequent geschwiegen. Erst nach Annas Tod wurden die Enkel aufgeklärt – die älteren Familienmitglieder wußten natürlich alle Bescheid. Dabei hätten die Enkel die vermeintliche »Schande« ihrer Großmutter wohl am ehesten akzeptiert.

Anna zieht ihren Sohn also allein groß, und dabei entsteht zwischen Mutter und Sohn eine symbiotische, ans Inzestuöse grenzende Bindung. Anna ist für Rudolf nicht nur das »liebe Mütterlein«, eine Anrede, die in diesen Jahren offensichtlich nicht ungewöhnlich ist.[27] Sie ist »die Liebste«, »die einzige«, die »Beste«, und er wiederum ist ihr »lieber, lieber Junge«, ihr »Besitz«, den sie vermißt, nach dem sie sich sehnt, nach dem sie »großes Verlangen« hat. Sie schicken sich gegenseitig Küsse, erinnern sich an vertraute Stunden, in denen sie »Hand in Hand« am Fenster saßen, und beschwören immer wieder die Vertrautheit, die Nähe, die sie zueinander haben und die sich, seit Rudolf nicht mehr zu Hause lebt, bewähren muß.

Anna investiert nicht nur ihre Liebe in den Sohn, sie projiziert auch ihre Hoffnungen und Wünsche auf ihn: Er soll es einmal besser haben als sie! Sie sorgt dafür, daß er Abitur macht, obwohl ihm das nicht leicht fällt. Sie weckt und fördert bildungsbürgerliche Interessen, für Literatur und Theater, für Religion und Natur. Sie vermittelt ihm das Gefühl, daß er etwas Besseres sei – sicher im Hinblick auf die väterliche Position. Und sie stellt ihn, was Liebe und »Leidenschaften« angeht, unter strenge Kuratel. Getreu den Regeln der katholischen Sexualmoral kontrolliert sie ihn und mischt sich ein. Schließlich soll dem Sohn nicht dasselbe passieren wie ihr: Er soll nicht eines Tages mit einem unehelichen Kind nach Hause kommen!

Später, so hofft Anna, wird Rudolf im Beruf Erfolg haben, so daß er sie mit versorgen kann. Er wird sich immer um sie kümmern – und ein »richtiger Mann« wird er auch sein. Daß dazu die Gründung einer eigenen Familie gehört, ist selbstverständlich, aber damit soll er, wenn es nach Anna geht, noch lange warten.

Rudolf denkt nicht daran, sich gegen diese Wünsche aufzulehnen, sondern erfüllt die Anforderungen, so gut er kann. Er liebt seine Mutter, er bewundert sie und schwärmt manchmal regelrecht für sie. Vor allem ist er unendlich dankbar: »So wie Du gibt's keine zweite Frau. Ich danke dem lieben Gott, daß er mir so einen starken Freund und Führer, so einen weisen Berater und stillen Zuhörer für meine Erlebnisse geschenkt hat.« Er tut (fast) alles, was sie will, und muß sich dabei meistens nicht einmal besonders anstrengen: Er hat ihre Wünsche und Wertvorstellungen verinnerlicht.

Gelegentlich kommt es zu Kollisionen – vor allem beim Thema Alkohol und beim Thema Frauen. Mutter und Sohn entwickeln dabei ein Verhaltensmuster, das sie immer wieder abspulen, jahrelang. Zuerst versucht Rudolf, seine neue Verliebtheit zu verbergen, selbst als seine Mutter, die sofort merkt, daß etwas anders ist als sonst, nachfragt. Lange hält er sein Schweigen allerdings nicht durch: Dann legt er ein »Geständnis« ab und klärt die Mutter auf. Worauf sie ihn zu warnen beginnt: Er könne noch keine Frau ernähren! Er solle beweisen, daß er ein Mann sei und seiner Leidenschaft Herr bleiben könne! Zum Verzichten gehöre mehr Stärke als zum Genießen! Und dann verspricht sie ihm zu helfen: »Ich bete für Dich, daß Du brav und rein bleibst, auch wenn Du vieles Unschöne hörst und siehst. Halt Dir den Schmutz und Unrat vom Leibe.«

Mit den Vokabeln »brav« und »rein« contra »Schmutz« und »Unrat« stellt Anna dem Zustand kindlicher Unschuld eine Sexualität gegenüber, die verabscheuungswürdig ist und angst macht. Rudolf vollzieht dieselbe Trennung und überträgt sie unmittelbar auf das weibliche Geschlecht. In einem Brief aus der Zeit des Wehrdienstes erzählt er seiner Mutter einmal von »Dirnen« – keinen professionellen Prostituierten, sondern ganz normalen Mädchen –, die die Soldaten »fast anpöbeln« und den Eindruck erwecken, als seien diese dazu da, »die Gelüste der Damenwelt zu befriedigen«. Rudolf findet diese Zustände »ekelerregend«, zumal seine Kameraden eifrig mitmachen. Seine Alternative ist die Liebe: »Oft kommt doch der Wunsch in mir auf, ein Herz eines Mädels für mich schlagen zu wissen. Eine feine reine Liebe ist schön aber schwer.«[28]

Die massiven Warnungen der Mutter haben Erfolg: Am Ende seines Wehrdienstes hat der 23jährige eine erste unerwiderte Liebe hinter sich, und die Chancen, die er außerhalb des mütterlichen Kontrollkreises als Soldat in einer Garnisonsstadt hatte, wagte er nicht zu nutzen. »Ich habe mich keinem Mädel genähert, obwohl ich, offen gestanden, manchmal Lust zu einem Flirt gehabt hätte«, schreibt er seiner Mutter. »Ich habe immer an Dich und meine Zukunft gedacht. Vielleicht ist es ja etwas greisenhaft. Jung sein heißt tollen, stürmen und erobern. Und doch bin ich froh, kein Abenteuer bestanden zu haben. Ich weiß nicht, ich könnte Dir nicht mehr gut in die Augen sehen.«

Norwegen im Zweiten Weltkrieg (1): Eroberung und Besetzung

Auf seinem Truppenübungsplatz in Hinterpommern hört Rudolf Anfang April 1940: Der Krieg weitet sich aus. Am 9. und 10. April besetzen die deutsche Marine und die deutsche Luftwaffe die wichtigsten Häfen und Flugplätze Norwegens.

Das norwegische Militär und die norwegische Regierung sind vom »Unternehmen Weserübung« vollkommen überrascht[29] – erst im Herbst 1939 hat das Land seine Neutralität erklärt, weil es auf keinen Fall auf deutscher Seite stehen will. Die Besetzung überrascht auch die Briten, die eine Zeitlang selbst geplant haben, Norwegen als Aufmarschgebiet im Finnischen Winterkrieg zu nutzen. Als dieser Krieg im März 1940 beendet wird, ist der Plan hinfällig. Er zeigt allerdings, daß die Briten es mit der norwegischen Neutralität nicht sonderlich genau nehmen. Schon einen Monat vorher haben sie in norwegischen Gewässern ein deutsches Kriegsschiff geentert und gefangene Briten befreit. Und am 8. April beginnen sie, die norwegische Küste zu verminen, mit der Begründung, der Erztransport von Schweden nach Deutschland, der über norwegische Häfen und Gewässer führe, verletze die Neutralität Norwegens und sei deshalb nicht länger zu akzeptieren.

Nazi-Deutschland hat aus mehreren Gründen an Norwegen Interesse. Die Küste bietet eine gute Ausgangsbasis für den Seekrieg, vor allem als U-Boot-Stützpunkt – damit hofft man, die deutsche Position gegenüber England zu verbessern. Narvik ist als Hafen für den Transport des schwedischen Eisenerzes wichtig. Außerdem spielt der »Rassenkrieg« eine Rolle. Vor allem Hitler will die »rassisch hochwertige Bevölkerung« Norwegens (die Samen und die norwegischen Juden sind von dieser Wertschätzung ausgenommen) für ein »großgermanisches Reich« gewinnen.[30]

Am 10. April haben die deutschen Truppen Oslo, Arendal, Kristiansand, Stavanger, Egersund, Bergen und Trondheim besetzt, zum Teil ohne jeden Widerstand. Nur in Narvik wird nach einem ersten Erfolg der Wehrmacht weitergekämpft. Zuerst gelingt es den Briten, alle deutschen Schiffe zu versenken – die letzten versenken die Deutschen selbst. Dann beginnen norwegische Truppen den Kampf an Land, kurz darauf landen alliierte Einheiten, um sie zu unterstützen. Schließlich wird Narvik zurückerobert. Am 24. Mai ändert sich die Lage plötzlich: Die Alliierten haben beschlossen, die Kämpfe in Norwegen abzubrechen und ihre Truppen an die Westfront zu schicken. Nachdem die Wehrmacht die Niederlande, Belgien und Luxemburg besetzt hat und die Niederlande bereits kapituliert haben, droht nun das Aus für Belgien und ein Angriff auf Frankreich. Mit dem Abzug der britischen, französischen und polnischen Soldaten ist der militärische Zusammenbruch Norwegens besiegelt. Bevor er ins Exil geht, befiehlt der norwegische König am 7. Juni die Einstellung der Kämpfe, drei Tage später wird die Kapitulationsurkunde unterschrieben.[31]

In der Zwischenzeit marschieren deutsche Truppen in anderen Landesteilen von den Küsten aus ins Landesinnere, stellen Verbindungen zwischen den eroberten Hafenstädten her und fangen an, Stellungen aufzubauen. Manchmal stoßen sie dabei auf Widerstand, aber der Vormarsch wird nicht aufgehalten. Gleichzeitig werden ständig weitere deutsche Truppen nach Norwegen verlegt. Bis zum 15. Juni 1940 sind schließlich 107581 Soldaten, 16102 Pferde, 20339 Fahrzeuge und 101400 Tonnen Nachschubgüter per Schiff nach Norwegen gebracht worden.

Parallel zur schrittweisen militärischen Besetzung des Landes wird auf der politischen Bühne konferiert. Auf norwegischer Seite verhandeln zuerst König Håkon VII. und die gewählte Regierung; beide sind am 9. April von Oslo nach Elverum geflohen und halten sich bis zum 7. Juni im Lande auf. Dann übernehmen Vertreter der Wirtschaft, der Gewerkschaften, der Parteien, der Kirche und der NS-Führer Vidkun Quisling[32] diesen Part. Auf deutscher Seite führt zuerst der Botschafter Curt Bräuer die Verhandlungen; er scheitert, weil ihn mehrere Personen mit unterschiedlichen Interessen dirigieren.[33] Später sitzt der von Hitler ernannte Reichskommissar Josef Terboven den Norwegern gegenüber.

Ursprünglich war für Norwegen das gleiche Besatzungskonzept wie für Dänemark geplant: Die Wehrmacht sollte alle Vollmachten zur Durchführung militärischer Operationen erhalten, während die norwegische Regierung im Amt verblieb und der deutsche Botschafter als Verbindungsmann fungierte. Aber dieses Konzept scheitert – vor allem, weil Quisling putscht und sich selbst zum Regierungschef erklärt. Damit wird aus der militärstrategischen Besetzung des Landes eine politisch-ideologische. Und eine solche lehnt die norwegische Regierung vehement ab.

Obwohl Hitler hinter ihm steht, kann Quisling zum Rücktritt gezwungen werden. Nun ernennt der Oberste Gerichtshof einen »administrasjonsråd«, der von Beamten des Verwaltungsapparats, von Wirtschaft und Gewerkschaften unterstützt wird: Sie alle wollen »die Maschinerie in Gang bringen«. Aber auch dieser »quasi-legale«[34] Versuch einer Besatzungsordnung scheitert, als Hitler am 25. April einen »Reichskommissar für die besetzten norwegischen Gebiete« ernennt, den ehemaligen Essener NSDAP-Gauleiter Josef Terboven. Dieser übernimmt die zivile Regierungsgewalt und wird damit – neben General Nicolaus von Falkenhorst, dem Befehlshaber der deutschen Truppen in Norwegen, und Friedrich Wilhelm Rediess, dem Höherer Polizei- und SS-Führer Nord, der mächtigste Mann in Norwegen.

Wie vor ihm Botschafter Bräuer versucht auch Terboven, Hitlers Wünsche zu umgehen und Quislings politischen Aufstieg zu hintertreiben. Deshalb schlägt er norwegischen Persönlichkeiten, Institutionen und Gremien vor, den König und die alte Regierung abzusetzen und einen »riksråd« (Reichsrat) zu bilden, eine deutschfreundliche Regierung. Drei Monate lang wird verhandelt, die Vertreter Norwegens erklären sich zu weitreichender Zusammenarbeit bereit, wollen die Regierung absetzen und den König zum Abdanken auffordern. Aber Hitler besteht auf einem Reichskommissariat unter Terboven und auf Quislings Machtübernahme – Forderungen, denen die norwegische Seite nicht zustimmen will.

Die Haltung der norwegischen Bevölkerung ist in den ersten Kriegsmonaten voller Widersprüche und Ambivalenzen. In den Städten und an der Küste ist die Stimmung anders als auf dem Land. In der Stadt sind die Menschen skeptischer, distanzierter, und viele bekunden bald mit einfachen Mitteln ihren Protest gegen die Besatzungsmacht. Die einen weigern sich, mit einem deutschen Soldaten am Caféhaustisch zu sitzen, andere tragen das Königsmonogramm, ein »H« und eine sieben, denn Håkon VII. wird schon nach wenigen Wochen zur Symbolfigur des Widerstands. An der Küste, wo traditionell enge Beziehungen zu Großbritannien bestehen und die Besetzung an vielen Orten unmittelbar miterlebt wird, entwickelt sich rasch regelrechter Widerstand (z. B. Fluchthilfe). Dagegen wird das Landesinnere kaum vom Kriegsgeschehen tangiert.

Trotzdem wirkt der Schock der Besetzung überall nach. Viele Norwegerinnen und Norweger sind erschüttert und deprimiert über die Niederlage, manche fühlen sich durch die Flucht von König und Regierung im Stich gelassen. Gleichzeitig registrieren sie, daß auf der politischen und wirtschaftlichen Bühne mit der Besatzungsmacht verhandelt und kooperiert wird. Zudem machen viele Norwegerinnen und Norweger eigene Erfahrungen mit den Besatzern – positive Erfahrungen. Schon bald erleben sie, daß diese wichtige Arbeit- und Auftraggeber sind – und in Norwegen herrscht 1940 große Arbeitslosigkeit! Viele Einheimische beginnen also, für die Besatzungsmacht zu arbeiten, auf einer der zahlreichen Baustellen, in Büros und Wäschereien ...[35] Außerdem haben die deutschen Soldaten die Anweisung, zurückhaltend und defensiv aufzutreten, solange es sich nicht um politische Gegner, der politischen Gegnerschaft Verdächtige oder »rassisch unerwünschte« Personen handelt. Und tatsächlich halten sich die meisten Angehörigen der Besatzungsarmee an die »Richtlinien für Norwegen«.[36]

Für das Land ist die ständig wachsende Besatzungsarmee nicht nur politisch, sondern auch ökonomisch eine ungeheure Belastung. Schon im Herbst 1940 hat sich die Zahl der Menschen um mehr als sieben Prozent erhöht. Nun müssen nicht nur rund drei Millionen Norwegerinnen und Norweger ernährt werden, sondern inzwischen auch 220000 deutsche Soldaten. Denn wie an den anderen Fronten heißt es auch in Norwegen: Versorgung aus dem Land.

Rudolf weiß von diesen Zusammenhängen und Hintergründen vermutlich nichts. Er hat keine Ahnung von Norwegen, allenfalls vage Träume von Nordland und rassistische Vorstellungen von der norwegischen Bevölkerung. Vielleicht liest er vor seinem Abtransport nach Norwegen

Die Richtlinien für Norwegen

Jeder Angehörige der Wehrmacht muss sich bewusst sein, dass er nicht Feindesland betritt, sondern dass die Truppe zum Schutz des Landes und zur Sicherung seiner Bewohner in Norwegen einrückt. Daher ist Folgendes zu beachten:

1. *Der Norweger hat ein ausgesprochenes Nationalbewusstsein. Darüber hinaus fühlt sich das norwegische Volk aufs Engste verwandt mit den anderen nordischen Völkern. Also: Alles vermeiden, was die nationale Ehre verletzen kann!*
2. *Der Norweger ist äußerst freiheitsliebend und selbstbewusst. Er lehnt jeden Zwang und jede Unterordnung ab. Er hat keinen Sinn für militärische Zucht und Autorität. Also: Wenig befehlen, nicht anschreien! Das erfüllt ihn mit Widerwillen und ist wirkungslos. Sachlich aufklären und überzeugen! Humorvoller Ton erreicht am meisten. Unnötige Schärfe und Bevormundung verletzen sein Selbstgefühl.*
3. *Der Norweger ist in seiner Wesensart (ähnlich dem friesischen Bauern) verschlossen und zurückhaltend, langsam im Denken, dazu aber auch misstrauisch gegen Fremdes. Also: Kein Hetztempo! Zeit lassen!*
4. *Das Haus des Norwegers ist nach altgermanischer Auffassung heilig. Gastfreundschaft wird gern geübt. Eigentum ist unverletzlich. Das Haus bleibt unverschlossen. Diebstahl ist fast unbekannt und gilt als Schande. Also: Jeden unberechtigten Eingriff unterlassen, auch wenn Güter offen herumliegen. „Besorgen", „Organisieren" und dgl. gelten als Diebstahl und sind unter allen Umständen verboten.*
5. *Der Norweger hat kein Verständnis für den Krieg. Das seefahrende und Handel treibende Volk hat Neigung für England. Es fürchtet Russland. Für die Ziele des Nationalsozialismus besteht mit geringen Ausnahmen kein Verständnis. Also: Politische Auseinandersetzungen vermeiden.*
6. *Der Norweger liebt sein häusliches, behagliches Dasein. Er ist zu gewinnen durch Freundlichkeit, durch kleine Aufmerksamkeiten und Anerkennung seiner Person. Also: Kein aufdringliches Verhalten, besonders Frauen gegenüber!*

Richtlinien für Norwegen

noch die ersten Ausgaben der Wochenzeitung »Das Reich«, die er sich später regelmäßig von zu Hause schicken läßt. Da heißt es Anfang Juni 1940 in einem langen Lagebericht von Reichskommissar Terboven:

»Die Haltung des norwegischen Volkes den Behörden und der Wehrmacht gegenüber ist würdig und durchaus loyal. Es ist während der ganzen Zeit der Besetzung zu keinen erwähnenswerten Ausschreitungen gegen Deutsche gekommen, und wenn sich in einzelnen Fällen Reibungen und Taktlosigkeiten ergeben haben, so sind das wirklich Einzelfälle geblieben, die durchaus keinen Rückschluß auf die Gesamtbevölkerung zulassen, und mit denen das norwegische Volk im ganzen in keiner Weise identifiziert werden darf.«[37]

Für einen kriegsunerfahrenen, tatendurstigen jungen Mann wie Rudolf eine doppelte Botschaft. In Norwegen wartet also kein Kampf, kein Widerstand, keine Eroberung auf ihn. Seine Rolle wird sein, das Land zu sichern, die deutsche Macht zu präsentieren, auszubauen, zu festigen.[38] Und über die Stimmung, die ihn erwartet, muß er sich keine Gedanken machen, obwohl die politische und gesellschaftliche Verfassung des Landes zu diesem Zeitpunkt noch völlig ungeklärt ist. Nach offizieller Einschätzung sind die Norweger »durchaus loyal«.

Auf dem Weg nach Norwegen

Grenzenlose Begeisterung

Briefe von Juni bis September 1940

Ende Juni, nach zwei Monaten des Wartens, wird Rudolf mit seiner Abteilung nach Norwegen geschickt. Den mehrtägigen Transport erlebt der 25jährige wie ein Tourist. Die anderen Soldaten scheinen sich ähnlich zu fühlen: Die Fotos von der »Porto Alegre«, dem Truppentransporter, der die Abteilung von Dänemark nach Norwegen bringt, zeigen gutgelaunte Männer in Badehosen, die in der Sonne sitzen, essen, lesen oder sich lachend dem Fotografen präsentieren.

In Oslo geht die Abteilung an Land, bleibt allerdings nur für ein paar Tage in der Stadt. Rudolf hat rasch ein Urteil zur Hand: Die norwegische Hauptstadt ist ihm zu modern, zu »amerikanisch«. Vor allem irritieren ihn die kleinen Gesten, mit denen deutschen Soldaten klargemacht wird, daß sie nicht erwünscht sind. Nach fünf Tagen geht der Transport weiter, ins 300 Kilometer entfernte Hallingdal. Das Ziel ist Gol, eine Gemeinde mit rund 2500 Einwohnern, ein paar Geschäften, drei kleinen Hotels und einem Bahnhof. Durch Gol führt nämlich die Bergen-Bahn, die große Eisenbahnlinie zwischen Oslo und Bergen. Außerdem kreuzen sich hier Straßen, die nach Süden (Oslo) und Westen (Bergen), nach Norden (zum Sognefjord) und nach Osten (ins Valdres-Tal) führen. In den Augen der Besatzungsmacht ist Gol damit ein wichtiger Punkt für Sicherungsaufgaben, gehört jedoch, nach offiziellem Sprachgebrauch, zum »rückwärtigen Dienst«.[39]

Zerstörungen gibt es in Gol und Umgebung kaum. Die norwegische Armee hatte Brücken gesprengt, als die Wehrmacht im April anrückte, konnte die deutschen Truppen aber nicht aufhalten. Diese erreichten am 1. Mai Gol und zwangen die norwegischen Soldaten, ihren Widerstand zu beenden und die Waffen abzugeben. Die Bevölkerung war beunruhigt, doch nur wenige verließen den Ort und versteckten sich im Wald oder auf dem Fjell. Die meisten entschlossen sich zu bleiben und abzuwarten.

Als Rudolf am 26. Juni in Gol ankommt,[40] ist die Lage ruhig, nur die zerstörten Brücken erinnern daran, daß hier einmal »Kampfgebiet« war. Für den »Dienstbetrieb« stehen zu diesem Zeitpunkt folgende Aufgaben an:

»I. Militärische Aufgaben: 1. Befriedung des den einzelnen Gruppen zugewiesenen Raums. Hierzu gehört die Vernichtung der noch vorhandenen versprengten Teile regulärer und irregulärer Truppen. Restliche Sicherstellung aller noch in Händen der Bevölkerung befindlichen Waffen. 2. Motorisierter Streifendienst zur dauernden Überwachung der Hauptstraßen und Eisenbahnen. 3. Einsatz von Streifkommandos zu Sonderaufgaben, die sich aus den örtlichen Verhältnissen ergeben … 4. Sicherungsaufgaben zu besonders wichtigen Kunstbauten und Verkehrspunkten durch ständige Postierung (Feldwachen) unter besonderer Berücksichtigung der Eisenbahnlinien. 5. Ausbau und Sicherung der Nachrichtenverbindungen.

II. Verbesserung der Straßenverbindungen. III. Herrichtung der Truppenunterkünfte für längere Sicht (mit Hinblick auf den Winter). Die Unterbringung muß im Rahmen des Möglichen so durchgeführt werden, daß sowohl die Durchführung der Ausbildung wie auch die Erhaltung einer straffen Disziplin gewährleistet ist. …«[41]

Norwegen, den 26. VI. 40

Meine liebe Mutter,
heute will ich Dir wieder einmal einen langen, ausführlichen Brief schreiben! Geschrieben hatte ich Dir von der schönen Eisenbahnfahrt durch Pommern, Mecklenburg und Schleswig, von der freundlichen und überaus fetten Aufnahme bei

Verladung von Pferden und Geschützen

den Dänen, von dem schönen, sauberen Hafenstädtchen, von den hübschen blonden Mädel. Nun noch etwas vom interessanten Verladen auf dem Ocean Dampfer. Bist Du wieder einmal im Kino gewesen? Da kannst Du den Betrieb in der Wochenschau sehen. Du hättest die Gesichter der Pferde sehen müssen, als sie eine so luftige Reise mit dem Kran machten.* Der Steamer war in einem halben Tag verladen. Abends bin ich mit Erich R. zu einer bekannten Familie gewesen … In Dänemark herrscht die gleiche Gastfreundschaft wie in Schweden.** Die Seefahrt war herrlich, ihre Dauer 12 Stunden! Bei

* Im Juni 1940 besaß Rudolfs Abteilung noch Pferde. Ende August wurden sie durch Zugmaschinen ersetzt.

** Als 15jähriger war Rudolf im August 1929 mit seiner Jugendgruppe sechs Wochen in Schweden. Vgl. S. 100f.

herrlichem Sonnenschein fuhren wir in den Oslofjord, mitten hinein in die untergehende Sonne. Es waren unvergeßliche Stunden. Von Oslo selbst schrieb ich Dir, man könnte glauben, in Amerika zu sein. Aber schön war's doch! Nun sind wir wieder hunderte von Kilometern nordwärts gefahren, durch unbeschreiblich schönes Land, durch weite Täler, mit fürstlichen Bauernhöfen. Romantisch wohnen wir nun, zu 5 hausen wir in einer Blockhütte, einer Almhütte gleich, 200 m über der Talsohle am Steilhang. Inventar ein dreischläfriges, niedriges Bauernbett, eine Schnitzbank, Tisch mit Bank und Feuerstatt, großer Kamin mit einem Eisenkessel am Haken, in dem ich mich zur Not selbst braten könnte. Unter uns braust der Gebirgsbach, vielmehr Fluß, denn er ist 200 m breit. Durch seine Stromschnellen schießen tausende Baumstämme talab. Augenblicklich leuchtet die Abendsonne auf die Bergspitzen (Höhe 800–1200 m). Im Tal breiten sich die Schatten aus, Kühle weht herauf. Dunkel wird es jetzt überhaupt nicht mehr. Es bleibt so hell wie bei Euch um 22.00 Uhr Sommerzeit. … Der norwegische Bauer ist aufgeschlossen und deutschfreundlich, wie überhaupt alle Leute hier im Kampfgebiet. Deutscher Fleiß hilft hier überall wieder aufbauen. Liebes Mütterlein, Du siehst, welch herrliches Leben wir führen, nur keine Sorge um mich machen. Um Dich muß ich mir welche machen. Hoffen wir, daß unsere Stukas* den Engländern bald ihre Ausflüge nach Westdeutschland unmöglich machen. … Ich wünsche Dir diese ruhigen, unendlich stillen Nächte, die ich erleben darf. …

Schon am ersten Tag in Gol registriert Rudolf, daß die Menschen auf dem Land den Besatzern anders gegenübertreten als die Städter in Oslo. Seine Schlußfolgerung: Sie sind »deutschfreundlich«. Mit Sicherheit weiß er zu diesem Zeit-

* Abkürzung für Sturzkampfflugzeug. Im Zweiten Weltkrieg häufig verwendete Kampfflugzeuge, die Bodenziele im Sturzflug mit Bomben angreifen konnten.

punkt nicht, welche Implikationen der Begriff für die Norweger besitzt. »Tyskvennlig«, »deutschfreundlich«, gilt als Synonym für Kollaboration und wird als Schimpfwort benutzt. Kein Norweger, keine Norwegerin will »tyskvennlig« sein, nicht einmal die Mitglieder von Nasjonal Samling.

Samstag, den 29. VI. 40

Mein liebes Mütterlein.
Morgen ist Sonntag. Über dem stillen und friedlichen Tal liegt der durchsonnte Feierabend. Der Bauer hat schon Sonntag, die Bäuerinnen haben die alte, wunderbare, farbige Nationaltracht angelegt. Nun stehen sie am Holzkirchlein am Fluß und genießen wie wir den herrlichen Sommerabend. Hier müsstest Du, mein liebes Mütterlein dabei sein. Eine Landschaft liegt hier ... vor unseren Augen, wie sie der beste Maler nicht wiederzugeben vermag. 5–6 km können wir in's Tal hineinsehen, immer wieder schieben sich Felsen und Bergvorsprünge wie Kulissen seitwärts in unser Blickfeld. Wie der Loreleyfelsen,[42] nur

Blick von der Schule in Richtung Gol

viel höher und bizarrer. Rauschend braust der Fluß zu Tal. Heute haben die Flözer alle Baumstämme, die sich festgesetzt hatten, wieder flott gemacht. Gehen wir 5 Minuten bergan, sehen wir im Norden die Eisgekrönten. Müde wird man hier. Wir sind die sauerstoffreiche Luft noch nicht gewohnt. Ich bin gespannt, wie der morgige Kirchgang aussehen wird. Dann steigen sie von den Almen herab (4 Reitstunden weit) um zur Kirche zu gehen. Die Bevölkerung ist streng lutherisch.

Unser Leben ist augenblicklich wie ein Märchen. Ich denke da an ein schönes Buch »Und ewig singen die Wälder!« von Gulbranssen. Ich bin froh und glücklich. ... Wie sieht Köln aus? Haben die zahlreichen Besuche viel geschadet?* Na, nun wird wirklich bald Schluß mit dem Englishman gemacht. Sprachlos steht man dem großen Zeitgeschehen gegenüber. Wie wird all das enden? Jedenfalls steht eins fest: Deutschland wird siegen und diesen Sieg für sich und alle Welt vernünftig ausnutzen. Gott möge uns weiterhin beistehen! ... Mit den allerbesten Wünschen grüßt Dich auf das Herzlichste mit einem festen Kuß Dein Rudolf

30. 6. 40

Mein lieber, lieber Rudolf!
Soeben kommen wir aus dem Luftschutzkeller, es ist 3 Uhr. Du weißt ja, dann kann ich nicht sofort schlafen. So will ich Dir noch auf Deinen lieben Brief vom 26. 6. + Deine Karte vom 21. 6. antworten. Du kannst Dir ja denken, wie ich mich gefreut habe, etwas zu hören. Ich dachte mir ja, daß Du von G.-B. [Groß Born] fort warst. Nun bist Du also im Norden. Ich kann mir denken, daß das für Dich sehr interessant ist, und ich gönne Dir von Herzen, daß Du auch etwas siehst! Ich hoffe, daß weiterhin alles gut geht. Wo kommt Ihr nun

* Mit »Besuch« umschrieben Rudolf und Anna die angreifende Royal Air Force. Im Brief vom 28. 8. 1940 ist zum ersten Mal von Bombenschäden die Rede.

wohl hin? Vielleicht auch noch nach England? Also, Rudolf, alles alles Gute weiterhin. Ich bin im Gebet und in Gedanken stets bei Dir. ... Nun kennst Du also auch Dänemark und Norwegen, vielleicht erinnert Dich vieles an Schweden. Es war mir sehr interessant, Deine Schilderung über Land und Leute! Wenn Du kannst, kauf Dir ein schönes Andenken da oben! ... Nun ist dort oben wohl die schönste Zeit des Jahres! Ist es schön warm? Na, Du wirst mir ja noch mehr schreiben, s.G.w. [so Gott will] ... Hier ist gottlob noch alles beim Alten. Jede Nacht haben wir Besuch ... Man hofft, daß der Schlag gegen England bald los geht. Man bleibt kein Mensch bei dem wenigen Schlaf. Man kann nicht viel arbeiten. Gestern Mittag war auch Alarm. Wir hoffen + beten, daß bald Schluß sein möge. Gestern Nacht hat die Flak hier 2 abgeschossen. ... Wir können uns in etwa vorstellen, was England blüht in Bezug auf Luftangriffe, natürlich wird unsere Luftwaffe ganz anders vorgehen. Möge der Herrgott auch zu diesem letzten, großen Schlag helfen. ... Es grüßt und küßt Dich recht, recht herzlich in Liebe Deine Mutter

4. 7. 40

Mein liebes Mütterlein.
Aus dem schönen Wikingerland Dir einen frohen Gruß. ... Ich weiß, wie schwer die Zeit für Euch daheim ist, aber mit Gottvertrauen und mit der Hilfe des Allmächtigen wird auch die größte Not gewendet. Einmal wird es doch Frieden – Frieden. (Wir kommen alle wieder heim, nehmen die gewohnte und so lieb gewordene Arbeit auf, brauchen uns nicht mehr zu trennen.) Unser großer Führer wird den Frieden für lange, lange Zeit sichern. Gott, Ihm und allen unseren Kameraden, die nicht mehr nach Hause kommen, soll unser Dank sein. Wir wollen eine neue Zeit bauen. Ein schönes, stolzes Geschlecht wird durch ehrliches, fleißiges Streben und Arbeiten den langen Frieden genießen. Mir geht es sehr gut! Hier im Norden gefällt es mir, hier möchte ich

Feuerstellung bei einer Übung

schon für immer bleiben. Ich bin selten so gesund gewesen wie augenblicklich. … Wir leben wie in der Sommerfrische. Wir schwimmen, klettern, [schon mancher 1000der ist bezwungen] reiten usw. Nächste Woche werde ich wahrscheinlich zur Fahrschule kommen. Wir werden motorisiert. Dann komme ich mit dem Führerschein heim. …

Das Kriegstagebuch der 69. Infanterie-Division liefert dazu den Hintergrund: »In Norwegen kamen die mitgeführten Pferde der Division bei den Kampfhandlungen nicht zum Einsatz. Infolge des bergigen Geländes und vor allem wegen der schmalen Straßen erwiesen sich die deutschen Pferde als wenig verwendungsfähig. Dagegen wurden von einigen Einheiten norwegische Pferde mit den landesüblichen zweirädrigen Karren, die als Beute in Besitz genommen waren, mit gutem Erfolg zum Fahren von Munition und sonstigem Nachschub verwandt.«[43]

6. 7. 40

Mein liebes Mütterlein.
... Worte reichen bestimmt nicht aus, um Dir die Schönheit dieses Landes zu beschreiben. Der Dienst ist immer der Gleiche. Zeit um die Schönheiten des Berglandes zu genießen läßt er uns genug. Hier müßte man Geld haben, so vielerlei gibt es hier zu kaufen. Heute habe ich mir einen Pullover gekauft, echt norwegisches Muster, bei der nächsten Löhnung wollte ich mir Skihemden und Arbeitsanzüge kaufen ... Für Dich habe ich auch etwas Feines. Ich verrate aber nichts! Schade, daß Du nicht hier sein kannst. Dir würde es auch gefallen, bestimmt. Die Kameraden sind zum Fischen gegangen. Morgen werden dann wieder Forellen gebraten. Wir leben wie im Paradies.[44] ... Wie geht es bei Euch? Habt Ihr immer noch Aufregungen zu überwinden. ... Hast Du meinen Sold bekommen? Ich bin so froh, daß ich Dir dadurch etwas helfen kann.* Und nun Gott befohlen, Mutter. ...

7. 7. 40

Mein lieber Rudolf!
... Es ist ja sehr interessant + romantisch, was Du schreibst. Ich freue mich mit Dir. ... hoffentlich ist auch für uns hier bald alles überstanden. Es wird uns bald zu lang, bis sie mal dem Engländer dran kommen. Was er sich wieder geleistet hat, mit der französischen Flotte.** Die Franzosen werden bald von ihrer englischen Krankheit befreit sein. ... Ich bin nur bange um die ersten Tage, wenn wir anfangen, daß dann der Engländer noch allerlei aus Wut + Verzweiflung anstellt. ... Wir wollen hoffen + beten, daß der liebe Gott uns hilft ...

* Rudolf ließ sich nur einen Teil seines Solds in Norwegen auszahlen, der Rest ging an Anna in Deutschland.

** Am 3. Juli 1940 vernichteten die Briten die vor Oran liegende französische Flotte. Mit der Kapitulation Frankreichs hatte Großbritannien seinen einzigen Verbündeten verloren und wandte sich nun – im Sinne der Kriegslogik – gegen ihn, um ihn zu schwächen.

11. 7. 40

Mein liebes Mütterlein

... Ich kann nur immer sagen: »Hier ist es wunderschön!« Hier müßtest Du einmal hinreisen, einmal die See erleben, die herrlichen Fjorde, die Elve (Flüsse), die wilden Bergwasser mit den gigantischen Fällen. Ja hier stammt unsere Rasse her, das ist unsere Urheimat. Hier hauste Thor und die Riesen,* hier entstanden die kraftvollen Sagas und Lieder der Helden. Man fühlt es im Blut, daß alles stammverwandt ist.

Mit der Bevölkerung stehen wir auf gutem Fuß. Ich sagte ja schon, daß die Landbevölkerung uns mehr anspricht. In der Stadt ist alles zu amerikanisiert. Der norwegische Mann ist stolz auf seine unmilitärische Haltung, er betont stark seine Freiheit.[45] Letzteres aber nicht im heldischen Sinn. Uns kommen die Männer so wie Schlote vor, lang, schlaksig – na, Du verstehst ja, was ich meine. Den Frauen scheint der lange Frieden, der Wohlstand gut bekommen zu sein. Sie sind durchweg schön, blond und blauäugig. Die Frauen auf dem Land sind genau so modern und gut angezogen wie in der Stadt, Sonntags und zu festlichen Gelegenheiten tragen sie ihre alte Nationaltracht. Ich werde Dir später Bilder zeigen können. Gestern war ich auf einer Fuchsfarm. Zum ersten Mal sah ich Platinas, pro Stück 2–300 Kronen, wohlgemerkt das bloße Fell. Es sind herrliche Pelze. Nochmals zum Thema Frauen: Die Mädels möchten wohl einmal einen deutschen Soldaten kennen lernen, aber sie fürchten die rigorose Strafe ihrer Landsleute. Ihnen schneidet man ohne zu zucken die Haare ab. So was muß in Deutschland auch

* Thor und die Riesen gehören zur Mythologie der Wikinger. Für sie war Thor der Herrscher über Donner, Wind und Sturm. Eines Tages ging er ins Reich der Riesen und forderte sie zum Wettstreit heraus. Aber er unterlag dreimal. Als ihm der König der Riesen erklärte, er habe einer Übermacht gegenübergestanden, gegen die er niemals habe gewinnen können, wurde Thor wütend. Da verschwand der König der Riesen mitsamt seinem Reich für immer.

eingeführt werden.[46] Und jetzt weiß ich im Augenblick nichts mehr. Doch halt – ich nehme Sprachkurse – pro Stunde 75 Öre.[47] Und nun Schluß! …

Rudolf ist berauscht von der Schönheit des Landes. Aber das bloße Betrachten und Beschreiben reicht ihm nicht – er will zu diesem großartigen Mensch-Natur-Schauspiel dazugehören. Deshalb vereinnahmt er es mit Hilfe der Rassenideologie. So spürt er im »Blut«: Er ist in Norwegen nicht fremd, sondern zu Hause, bei seinem »Stamm«, den »Germanen«.[48] Damit hat er eine plausible und politisch korrekte Erklärung für seinen Gefühlsüberschwang und sein körperliches Wohlgefühl gefunden. Bereits nach zehn Tagen in Gol schreibt er seiner Mutter: »Hier möchte ich schon für immer bleiben«!

Ein Sonntag in Herad

Der unverstellte Rassismus solcher Passagen löst bei mir, Rudolfs Tochter, körperliche Übelkeit aus. Darin mischt sich Verachtung für die Arroganz dieser Weltsicht mit Scham – und mit der Weigerung, ein solches Gedankenkonstrukt als das meines Vaters zu begreifen.

10. 7. 40

Mein lieber Rudolf!
... Wir haben uns nun ganz umgestellt. Jede Nacht um 12 Uhr stehen wir auf + ziehen uns an und gehen dann rüber zum Luftschutzkeller, wenn die Sirenen gehen. ... Man ist schon ganz darauf eingestellt! Nur viel müde ist man. ... Wenn es noch immer gnädig abgeht, wollen wir Gott dankbar sein. ... Hans A. ... ist gefallen. Der jüngste M. ist jetzt auch eingezogen, ist Feldwebel. Wie ist es mit Deiner Beförderung u.s.w.? Alles eingeschlafen? Der Sohn von Frau S. hat das Eiserne Kreuz. Richard ist wieder in seiner Garnison in O. Heinrich S. ist in Bordeaux. ... Albert P. ist in Danzig. Sonst weiß ich nicht viel Neues. ...

12. 7. 40

Mein lieber Rudolf!
... Es ist manchmal zu schwer, immer allein zu sein. Wann mag ich Dich wieder hier haben? Fast ein ganzes Jahr bist Du fort! ... Aber ich bin es ja nicht allein, und ich kann Dir noch schreiben. Andere Mütter haben schon das allerschwerste Opfer bringen müssen. Das ist furchtbar, und sehr schwer zu tragen. Nun hoffe ich, morgen von Dir zu hören, sonst muß ich weiter warten. Es ist ja das Los der Frauen + Mütter ...

13. 7. 40

Meine liebe Mutter.
... Nur Mut, mein Mütterlein, einmal hört auch der große Krieg auf. Wir leben in einer großen Zeit. Auch dafür wollen wir dem Herrn danken. Er möge unseren Führer schüt-

zen und uns bald den Frieden schenken. Mit Spannung warten wir auf den großen Schlag gegen England. Dann wird wohl die letzte Schlacht geschlagen werden? … Ich bin zum Offizierslehrgang kommandiert worden. Am 20. soll es losgehen. Vielleicht wird es dann bald etwas mit der Beförderung. Im Norwegischen machen wir ganz nette Fortschritte. So schwierig ist das gar nicht. Wir sind jetzt so weit, daß wir uns gut verständigen können. …

19. 7. 40

Mein lieber Rudolf!
Heute erhielt ich Deinen lieben Brief vom 29. VI. 40. Er war geöffnet worden, darum wohl die Verzögerung![49] Ich danke Dir für den schönen Brief mit der Schilderung der herrlichen Landschaft. Du schreibst so anschaulich, daß ich mir sehr gut ein Bild davon machen kann. Besorge Dir doch mal Bilder, damit ich sie auch mal bewundern kann. … Hast Du auch die Führerrede heute Abend gehört? Es war erhebend, nicht wahr. Der Herrgott erhalte uns unsern Führer. Man ist stolz, ein Deutscher zu sein. Was wird der Engländer machen. Man wartet alle Tage! Aber nun wird bald mit ihm Schluß sein! … Wie ist es, habt Ihr da oben auch Obst + gibt es dort auch Blumen u.s.w. Wie ist die Flora dort? Kaufe nur tüchtig Bilder, das ist etwas für später! …

Ende Juli landet Rudolf wieder auf dem Boden der Tatsachen. Er wird zu einem »Kursus« für Offiziersanwärter geschickt und sieht sich mit einer anderen Welt konfrontiert. Der Kurs findet in Ulven (in der Nähe von Bergen) statt, auf einem alten Truppenübungsplatz der norwegischen Armee. Von Romantik ist hier wenig zu spüren. Die Ausbildung ist hart und zeitintensiv, und es wird viel über Kriegsstrategie und Politik gesprochen. »Die Wehrmacht übernimmt … vermehrt die Aufgabe, die Soldaten neben der

Waffenausbildung auch weltanschaulich und nationalsozialistisch zu erziehen. Es kann kein Zweifel darüber bestehen, daß die Ausbildung des Soldaten zu einem entschlossenen und angriffsfreudigen Kämpfer von einer lebendigen nationalsozialistischen Erziehung nicht zu trennen ist,« heißt es im Kriegstagebuch des 69. Infanterie-Division.[50] Rudolf gerät unter enormen Leistungsdruck, körperlich, intellektuell – und offensichtlich auch politisch. Jedenfalls sieht er sich veranlaßt, seine Überzeugung noch deutlicher zu artikulieren. So traktiert er seine Mutter seitenlang mit dem frisch erworbenen Wissen und benutzt plötzlich die Sütterlin-Schrift, die sogenannte »deutsche Schrift«.

21. 7. 40

Meine liebe Mutter!
Wieder einmal haben wir unsere Zelte abgeschlagen und sind weitergezogen. Nun bin ich bei einem O.A. [Offiziersanwärter] Lehrgang in der Nähe Bergens. Aus dieser schönen Stadt schrieb ich Dir gestern eine Karte. Der Kursus dauert 4 Wochen. Dann geht es wieder zurück nach Hallingdal. Wir freuen uns, wenn es wieder in das schöne, romantische Hallingdal zurückgeht. Land und Leute sind uns in der kurzen Zeit lieb geworden. Die Quartierleute* bedauerten herzlich, daß wir sie verlassen mußten. … Daß es Dir den Verhältnissen entsprechend gut geht, freut mich. Bald werdet Ihr in der Heimat wieder Eure Ruhe bekommen. England wird wohl bald aufgehört haben zu existieren …

* Weil es in vielen Orten keine Kasernen oder anderen Soldatenunterkünfte gab, wurden deutsche Soldaten bei Privatleuten einquartiert. Diese erhielten dafür eine Entschädigung nach dem Reichsleistungsgesetz. Wie hoch diese Entschädigung war, ist in den Archivakten nicht vermerkt. Vgl. BA-MA RH 26-69/34.

24. 7. 40

Meine liebe Mutter.
Nach dem Motto viel Ehre viel Dienst geht es hier mächtig rund. Aber es macht viel Spaß. Hier werden wir zu Infanteristen gemacht. Heute morgen z. B. Handgranatenwerfen, M.G.Schießen, Karabiner und Pistolenschießen. Und nun haben wir den ersten dienstfreien Nachmittag. Den Knochen tut es einmal gut auszuruhen. Wir werden wieder jung, fühlen uns wie Rekruten. So soll das nun 4 Wochen, bis zum 22. VIII. einschließl. gehen. Dann wird uns der General einmal beäugen. Na, auch das geht vorüber. … Ganz wird man die Sorge um Euch, Ihr Lieben daheim, ja doch nicht los. Immer wieder versucht der Englishman uns zu schaden, und immer wieder fallen diesem erbärmlichen Feigling soundsoviele harmlose, wehrlose Zivilisten zum Opfer. Bald wird der Führer ihm das Handwerk legen.

Vom Dienstbetrieb kann, darf und will ich Dir weiter nichts erzählen. Für Dich dürfte das ja auch weniger interessant sein. … Wir liegen mit 16 Unteroffizieren in einer Stube, alles feine Kerle! Eine bunt gemischte Gesellschaft. Ordensjunker, S.A. Sturmbannführer, Kreisleiter, Schriftleiter vom W.B., Juristen, Kaufleute, Beamte und Lehrer.* Unsere Debatten und Unterhaltungen sind vielseitig und für mich riesig interessant. Ich freue mich jedoch, wenn es zurück in die Quartiere, zurück zu den alten Kameraden der Batterie geht. … Vorgestern soll es in Köln, d. h. im ganzen Rheinland wieder toll gewesen sein. Aber wir hören ja nur Spärliches aus der Heimat. Im Quartier hatten wir Radio, abends hörten wir die deutschen Meldungen des Senders Oslo. Jeden zweiten Tag bekamen wir die deutsche Zeitung in Norwegen. Ja, da waren wir auf dem Laufenden. Augenblicklich sind wir vom Zeitgeschehen ganz weit weg. …

* Ordensjunker kamen von einer »Ordensburg«, wo der Nachwuchs für SS, Waffen-SS und NSDAP ausgebildet und erzogen wurde. Die Abkürzung W.B. bedeutet vermutlich »Westdeutscher Beobachter« (Gauzeitung der NSDAP).

2. 8. 40

Mein lieber Rudolf!
Gerade schlägt es eins, ich sitze da + warte auf den Alarm, aber es scheint gut zu gehen … Es ist eine Zeit, die die Menschen fester aneinander bindet! Sie lehrt uns aber auch beten. Vergißt Du das auch nicht? Nun wird wohl zum letzten, großen Schlag ausgeholt! Der muß furchtbar werden. Er müßte nur auch die treffen, die das Ganze angezettelt haben. Leider sind die dann meistens in Sicherheit! …

3. 8. 40

Mein lieber Junge!
… ich danke Gott, wenn Du nur gesund wieder nach Hause kommst. So viele kehren nun schon nicht mehr heim! Vertrauensvoll wollen wir *alles* in Gottes Hand legen, wie er es will, geschehe es! …

3. 8. 40

Meine liebe Mutter.
Wieder ist eine Woche vergangen, angefüllt mit viel Arbeit, viel Fluchen und viel Schweiß. Das schlechte Wetter ist vorbei, über Norwegens Fjorden lacht strahlender Sonnenschein, eine rechte Feierabendstimmung kommt in mir auf … Was werden wir morgen machen? Länger schlafen – sehr wichtig – gut essen – noch wichtiger und nach Mittag einen Spaziergang am Fjord vorbei an die offene See. Am Solstrand – Sonnenstrand – ist viel Ausflugsverkehr und Badebetrieb. Wir werden eine gute Tasse Kaffee trinken, Kuchen mit Schlagsahne essen. Ein Schlaraffenland! Das wäre was für Dich! Hier müßten wir einmal Ferien verleben. Gute Bekannte haben wir schon. Also alles vorbereitet! … Wann geht es gegen England los? Ich glaube, der Zeitpunkt ist nahe! Unser wird der Sieg sein, daran wird wohl kein Deutscher zweifeln. Unsere Position ist stärker denn je! … Meckerer behaupten ja, wir wären nicht einverstanden mit den russischen Erweiterungen im Baltikum,* sie sollen nur

zufrieden sein, der Führer wußte das schon lange vorher, Truppenzusammenziehungen im Osten gegen Rußland sind nonsense. Es handelt sich doch nur um Truppen aus Frankreich, die neu formiert werden. Italien** hält weiterhin zur Achse. Wir werten ihre Waffenerfolge viel zu gering. Wir müssen aber bedenken, mit welchen Geländeschwierigkeiten der Italiener zu kämpfen hat. Diese ungeheuren Entfernungen der Wüste, ohne Flugzeugstützpunkte, dieser Kampf mit dem Klima stellen die größten Anforderungen. Ebenfalls dürfen wir die Schwierigkeiten der Alpenfront nicht verkennen, und da standen Frankreichs beste Soldaten, die Alpenjäger. Wir können unbesorgt sein, die Freundschaft mit Italien stört keiner mehr. England wird vernichtet, das Empire zerfällt, jetzt werden die Leichenfledderer kommen und das große Reich zerfressen. Für uns erwachsen da die größten Aufgaben. Der Führer weiß um sie und wird auch sie meistern.[51] …

7. 8. 40

Mein lieber Rudolf!
… Also hattet Ihr da oben auch schlechtes Wetter! Ich glaube, dann ist es trostlos. Wir wollen doch nicht hoffen, daß Ihr noch den Winter über da oben bleiben müßt. Ich meine, wenn die Sache mit England erledigt ist, braucht doch nicht mehr so viel Besatzung da zu bleiben. Vielleicht nimmt man auch Rücksicht auf die Leute, die noch etwas vor haben

* Nach dem Hitler-Stalin-Pakt (23. August 1939) und dem deutschen Überfall auf Polen (1. September 1939) annektierte die Sowjetunion im Sommer 1940 die baltischen Staaten. Litauen wurde am 15. Juni von der Roten Armee besetzt und am 3. August als Litauische Sozialistische Sowjetrepublik in den Verband der UdSSR aufgenommen.

** Seit dem 25. Mai 1939 bestand ein Freundschafts- und Bündnispakt zwischen Italien und Deutschland, am 10. Juni 1940 erklärte Italien Frankreich und England den Krieg. Als die italienischen Angriffe an der französischen Alpenfront steckenblieben, schlossen Italien und Frankreich am 24. Juni 1940 einen Waffenstillstand. Im September 1940 begann Italien von Libyen aus eine Offensive gegen Ägypten.

(Studium u.s.w.). Da fällt mir gerade ein, Karl-Heinz P. soll Anfang Sept. nach Hause kommen zum Studium. Was sagst Du dazu. Wenn man nicht dächte, unser Herrgott führte uns den rechten Weg, könnte man etwas neidisch werden. Aber das wollen wir doch nicht! …

7. 8. 40

Meine liebe Mutter!
… Freitag Abend haben wir den zweiten Inspektionsabend. In einem kleinen Ausflugsort an der Küste mieten wir für einen Abend ein Café. Cafés sind hier immer Restaurants. Da gibt es dann für etliche Kronen ein pfundiges Abendessen, kalte u. warme Gänge, und zum Schluß einen … schwarzen Kaffee. Schade, daß Ihr Daheim so etwas nicht mitmachen könnt! …

11. 8. 40

Meine liebe Mutter.
… Trotzdem wir uns um Euch Daheim Sorge machen, die Zeitungen berichten ja vom täglichen Einflug der Engländer, bin ich froh geworden, als aus Deinem Brief Ruhe, tapferes Hinnehmen strahlte. Ich sehe, ich habe eine tapfere Mutter und bin wie immer stolz auf Dich! Wir wollen hoffen, daß der Führer und unser Hermann* dem Englischmann bald das Handwerk legen werden. … Große Schwierigkeiten werden uns zuteil, wenn das Weltreich zerschlagen ist. Viele Kameraden sind der Ansicht, daß der Krieg vorderhand noch nicht zu Ende geht. Aber wer weiß das? Wir Deutsche, alle glauben an unseren Führer und bitten den Herrgott, daß er ihn erhalten möge und bald in einen dauernden Frieden führe. … Gestern hatten wir Inspektionsabend im Bristol Hotel. Ein gutes Abendessen in wundervoll ausgestalteten Räumen. Es war ein schöner, ruhiger Abend. …

* Gemeint ist Hermann Göring, Oberbefehlshaber der Luftwaffe, Reichsmarschall und von Hitler im Falle seines Todes zum Nachfolger bestimmt.

19. 8. 40

Mein lieber Rudolf!
... Wie wird die Zukunft werden? Was mag noch kommen? Es ist gut, daß man es nicht weiß. Gebe Gott, daß der Führer allen Anforderungen gewachsen bleibt – unser Volk auch! ...

25. 8. 40

Meine liebe Mutter,
der Kursus ist zu Ende – Gott sei Dank! Wir haben viel Neues gelernt, was schrieb ich Dir ja schon. Gute Infanteristen sind wir geworden! Über den Erfolg kann ich Dir nichts mitteilen, da die Beurteilung noch nicht in Händen der Einheit ist. Wir glauben aber, daß es geklappt hat. ... Jedenfalls war es eine gute Schule, und jetzt bin ich froh wieder im alten Quartier zu sein. ... Du fragst, ob es hier oben Obst gibt! Leider nein – hin und wieder sieht man hier oben schon einmal rips og stikebaer (Johannisbeeren und Stachelbeeren). Aber im Berg gibt es Unmengen von Wald u. Preiselbeeren (blåbaer). Der Mangel an Obst und Gemüse erklärt auch den schlechten Zahnzustand der meisten Norweger, es ist einfach Mangel an Vitamin C (Avitaminose). Im alten Quartier habe ich jemand vermißt, meine Erika.* Dafür umfing mich aber Motorengebrumm und Hupensignal. Ich hoffe, bald eine Fahrschule machen zu können. ... Ich bin gesund, habe Hunger für drei und habe mir die Aufgabe gestellt, die verlorenen 15 Pfund schnell wieder aufzuholen ... Ein Jahr ist nun schon vorüber. Ein Jahr bin ich wieder Soldat. In dem Jahr habe ich viel Neues, auch Schönes gesehen. Geschadet hat es bestimmt nicht, nur ein Negatives hat es, ich bin wieder 1 Jahr älter geworden. Aber meinen Mut und meinen Frohsinn habe ich behalten. ...

* Erika ist der Name von Rudolfs Pferd.

Nach vier Wochen ist Rudolf ausgepowert nach Gol zurückgekehrt, ohne zu wissen, ob er den Lehrgang erfolgreich bestanden hat. Davon hängt allerdings seine Beförderung ab. Vor diesem Hintergrund will sich die frühere Begeisterung über die Landschaft und die Menschen nicht recht einstellen. Hinzu kommt ein bereits bekanntes Problem: Auch in Norwegen erlebt er keinen »richtigen« Krieg. Trotzig beharrt Rudolf zwar darauf, daß auch er »treu« seine »Pflicht« tue und unter ähnlich »schweren Umständen« leben müsse wie die Soldaten an der Front, aber glücklich ist er mit diesen Argumenten nicht. Glücklich sind die »glücklichen Kämpfer«.

28. 8. 40

Mein lieber Junge!
... Gestern Abend kamen die Engländer schon um 11 Uhr. Es ist jetzt des Nachts schon empfindlich kalt! Zweimal haben sie in der letzten Woche oben in ... Heidehof, Diepeschrath, Heidgen Bomben geworfen, nur Waldschaden angerichtet.[52] Die frühere Dunkelheit benutzen sie schon. ...

31. 8. 40

Meine liebe Mutter!
... Der Kursus scheint mit Erfolg beendet worden zu sein, denn bis jetzt hat die B. [Batterie] keine Nachricht oder Beurteilung. Es ist nämlich üblich, bei Unfähigkeit die Einheit sofort zu benachrichtigen. Bis jetzt ist noch nichts bekannt. Hab ich Glück gehabt, wird wohl die Beförderung nicht mehr lange auf sich warten lassen. Die B. sieht ganz anders aus, der Dienst ist bequemer geworden. Meine Erika hab ich gegen einen Fordwagen umgetauscht ... einen V 8. Also ein prima Wägelchen! Ich hoffe, bald die Fahrschule machen zu können. Wir richten uns für den Winter ein. Skischuhe* sind

* Gemeint sind Skier.

bestellt. 3000 Kronen kosten sie. Wir sparen alle, um uns manch schönes Teil zu kaufen. … Es wird hier merklich kühler. Der Herbst kommt. Hier im Hallingdal ist die Blau- und Preiselbeerernte vorbei. Der Bauer Thore H. mäht seinen Hafer und schneidet zum zweiten Mal im Jahr das Gras. Morgens hängt der Nebel im Tal, bis 10.00 Uhr treibt die Sonne Wolkenfetzen an den Bergwänden hoch, direkt ein Schauspiel. Ich hoffe, daß ich Dir im nächsten Brief Aufnahmen schicken kann. Ich habe eine Menge bestellt. Heute schicke ich Dir welche von Bergen. Du hebst sie ja auf! … Mange tak! …

5. 9. 40

Mein lieber Junge!
Viele liebe Grüße + guten Appetit. Morgen folgt noch ein Päckchen mit Äpfeln, weil ihr kein Obst bekommt. Anderes kann man Euch ja nicht schicken, da Ihr Euch selbst allerlei kaufen könnt. …

5. 9. 40

Meine liebe, gute Mutter,
… Hier oben ist der Altweibersommer angebrochen. Tags ist es noch recht warm, nachts geht die Temperatur auf –6 °C zurück. Auf der Waschschüssel ist schon eine Eisdecke. Bald werden unsere Skischuhe ankommen. Im Winter wird dann fleißig trainiert. Der motorisierte Dienst gefällt mir ausgezeichnet. Er ist doch nicht so aufreibend wie bei den Pferden.

Wenn wir im Krieg leider Kämpfe nicht mitgemacht haben, haben wir doch genau wie die glücklichen Kämpfer treu unsere Pflicht getan und oft unter gleich schweren Umständen leben müssen. Jeder muß aber da seine Pflicht tun, wohin er gestellt wird. …

Rudolf in Bergen vor Tyskebryggen

5. 9. 40

Mein lieber, lieber Rudolf!
… Die beigelegten Bilder von Bergen, die die Schönheit der Landschaft + der Stadt zeigen, werde ich Dir gut aufheben. … Nun, wenn Du noch fahren lernst, dann ist das ja fein. Wollt Ihr auch Skilaufen? Denkst Du noch den ganzen Winter über dort oben zu bleiben? Dann wird es Euch aber wohl langweilig werden, immer dunkel + die Kälte. Wie wollt Ihr denn später alles nach Hause bringen. Braucht das nicht verzollt zu werden, sodaß es Dir nachher zu teuer wird? …

8. 9. 40

Mein lieber Rudolf!
… nun lernst Du vielleicht auch Skilaufen. Dort gibt es sicher schöne Ausrüstungen. Soll ich Dir etwas Geld schicken … Sonst kann ich Dir doch nicht viel schicken, Du kannst doch eher etwas für Dich kaufen zum essen. … Jetzt hat man wieder Sorgen, wo unsere Flieger so arbeiten in England …

Die deutsche Luftoffensive gegen Großbritannien hat bereits am 13. August 1940 begonnen. Am 4. September kündigt Hitler die »Ausradierung« britischer Städte an: »Und wenn die britische Luftwaffe zwei- oder drei- oder viertausend Kilogramm Bomben wirft, dann werfen wir jetzt in einer Nacht 150000, 180000, 230000, 300000, 400000, eine Million Kilogramm.«[53] Am 7. September folgt ein 1000-Bomber-Angriff auf London. Anna und Rudolf reagieren in ihren Briefen unterschiedlich: Anna besorgt, weil sie die Gegenreaktion befürchtet – Rudolf triumphierend und an die »verbrecherischen, nächtlichen Einflüge« der Royal Air Force erinnernd. Daß in englischen Städten »harmlose, wehrlose Zivilisten« leben, die durch das deutsche Bombardement sterben, verletzt werden, ihr Zuhause verlieren, und zwar in einer Größenordnung, die die deutsche Bevölkerung zu diesem Zeitpunkt noch nicht erlebt hat[54] – das blenden Mutter und Sohn völlig aus.

Die »Bärenfels« im Hafen von Bergen

Scharfschießen auf dem Fjell bei Sanderstølen

8. 9. 40

Mein liebes Mütterlein.

... Der große Schlag gegen England ist ausgelöst. Ein Schlag folgt dem anderen. Bald wird ganz England brennen. Dann endlich habt Ihr Lieben in der Heimat Ruhe vor den verbrecherischen, nächtlichen Einflügen des Englischmannes. Jetzt im Augenblick wird er Euch wohl noch täglich besuchen. Aber nur Geduld, bald wird sein Schneid gebrochen sein. ... Bei uns ist alles in Ordnung. Seit dem Wissen um unsere Aktivität ist unsere Stimmung um 100 % gestiegen. ... Augenblicklich habe ich die Ausbildung des Nachersatzes.* Eine interessante und, ich glaube, dankbare Aufgabe. Anbei sende ich Dir wieder einige Aufnahmen. ...

Aufgenommen sind die Bilder bei einem Scharfschießen oben auf der Fjelle, d. h. Alm, besser gesagt Hochmoor. ... Die Fjelle sind der größte Teil Norwegens. Sie machen das ganze Binnenland aus. Aus dem Tal steigen wir in nie enden wollenden Serpentinen bis 500, 600 u. 800 m hoch. Jetzt

* Mit »Nachersatz« sind Soldaten gemeint, die neu zur Batterie kommen.

kommt das Hochplateau mit Sümpfen, dann eingerahmt von Norwegens höchsten, immer eisbedeckten Höhen (3000 m). Eine herrliche Landschaft. ...

14. 9. 40

Mein lieber Rudolf!
... auch wir hier waren froh, als wir hörten, daß es nun gegen England los ging. Hoffentlich geht es weiter. Die Engl. sind ja hartnäckig, es gibt noch einen harten Kampf. Ob es vor dem Winter getan ist? Wir wollen es hoffen. Und dort bei Euch ist es schon so kalt? Bekommt Ihr für den Winter noch besonders warme Kleidung? ... Bekommst Du auch Lederschuhe zu den Skiern? ... Ja mein Junge, ich weiß, daß Ihr auch allerlei Strapazen ausgehalten habt, ja, jeder an seinem Platz, jeder tut seine Pflicht, wo er hingestellt wird .... Über die letzten Bilder habe ich mich bes. gefreut, sehe ich doch meinen Jungen mal endlich wieder. Dünner bist Du geworden. Iß nur ordentlich, damit Du im Winter etwas Fett zuzusetzen hast! Interessant Deine Schilderung der Landschaft. ... ich freue mich so über alles, was Du mir mitteilst, ich interessiere mich doch für alles. ... Die Stadt B. ist ja eine sehr schöne, schöne Bauten, und die schöne Kirche! Ich freue mich schon jetzt auf Dein Erzählen. ....

Verkehrte Rollen, verkehrte Perspektiven – dieses Muster taucht in den Briefen von Juni bis September 1940 immer wieder auf. Dabei ist ver-kehrt ganz wörtlich zu verstehen, in der Bedeutung von ver-dreht oder ver-tauscht. Anna und Rudolf leben in ver-kehrten Welten: Der Soldat im eroberten Feindesland sieht nichts vom Krieg, sondern fühlt sich »wie in der Sommerfrische«, während die Zivilistin zu Hause den Beginn des Bombenkriegs gegen die Städte erlebt. Sie, die sich eigentlich Sorgen um den Sohn im Krieg machen müßte, beruhigt sich mit dem Bild von Norwegen als einer ungefährlichen touristischen Kulisse, wird aber selbst zum Objekt von Sorge und Trost. Und der Sohn tröstet sie und zieht dabei alle Register: von Durchhalteparolen über Tapferkeitsappelle bis zum liebevollen Versprechen, daß er bald wieder zu Hause sein wird.

Gleichzeitig nehmen Anna und Rudolf große Teile ihrer Wirklichkeit mit ver-kehrtem Blick wahr. Sicher spielt dabei die NS-Propaganda eine Rolle – Ver-kehrung ist schließlich eines ihrer elementaren Instrumente. Aber die beiden Briefschreiber entwickeln auch eigene Strategien, um mit ihrer Ohnmacht, Angst, Wut oder Verzweiflung fertig zu werden: Sie trivialisieren oder verteufeln ihre »Feinde«. Für Anna ist »der Engländer« vor allem »frech« und »hartnäckig« – als sei er ein lästiges Kind oder ein Insekt[55], das immer wieder versucht, einen Stich zu landen. Anna wehrt sich dagegen, indem sie Strafe androht, wie man sie einem Kind androht: der Gegenseite »blüht etwas«, man wird ihr schon noch »dran kommen«. Beide Vergleiche verkleinern, trivialisieren den Feind – und das reduziert die Angst vor ihm. Ein vergleichbares Denkmuster findet sich auch bei Rudolf, wenn er über »die Norweger« spricht. In seinen Augen sind sie eigentlich Kinder – allerdings gute Kinder, und so fällt sein Ton auch überaus wohlwollend aus.*

Eine andere Strategie ist die Verteufelung der Feinde. In Rudolfs Augen ist der »Englishman« oder »Englischmann« ein »erbärmlicher Feigling«, der »harmlose, wehrlose Zivilisten« als »Opfer« auswählt. Rudolf fühlt sich diesem Feind gegenüber hilflos: Man sieht ihn nicht, weil er nachts kommt, und vor allem attackiert er nicht ihn, den Soldaten, sondern die Zivilbevölkerung und damit auch seine Mutter. In seiner Hilflosigkeit reagiert Rudolf mit Beschimpfungen und moralischer Verurteilung: »Der Englischmann« handele verbrecherisch, verletze die Regeln des Krieges, und militärische Fähigkeiten könnten ihm auch nicht attestiert werden.

* Vgl. Briefe vom 27. September und 27. Oktober 1940.

Als die deutsche Luftwaffe allerdings englische Städte zu bombardieren beginnt, beurteilt Rudolf diese Angriffe keineswegs als »verbrecherisch«. Im Gegenteil: Sie befriedigen seine Vernichtungsphantasien. »England wird bald aufgehört haben zu existieren«, schreibt er in begeistertem Ton und: »Bald wird ganz England brennen.« Denn die Engländer haben es nicht anders verdient! Schließlich haben sie »das Ganze angezettelt«. Und nicht etwa Deutschland, das den Krieg begonnen hat, nicht etwa die deutsche Luftwaffe, die mit der Bombardierung von Warschau (September 1939) und Rotterdam (Mai 1940) als erste ganze Städte vernichtet hat.

In fast jedem Brief, den Anna und Rudolf bis zum Kriegsende schreiben, tauchen Gott und »der Führer« als Denk- und Bittfiguren auf – als Gegenpol zu den »Feinden«. Für Katholiken versteht es sich von selbst, daß »alles in Gottes Hand« liegt. Kriegführende Parteien reklamieren gern Gottes Beistand für sich, welcher Nation sie auch angehören mögen, der amerikanischen, der französischen, der spanischen, der britischen, der deutschen ...

Wenn Anna und Rudolf im Jahre 1940 Gott darum bitten, den Führer zu »schützen« und zu »erhalten«, dann beschreiben sie damit die Rangordnung, die ihrer Meinung nach zwischen beiden besteht: Gott ist der Mächtigere, er erhält und schützt. Mutter und Sohn gehen aber noch einen Schritt weiter. Sie sind auch davon überzeugt, daß Gott in die Politik des Führers eingreift: »Alles steht in Gottes Hand, er wird den Führer schon lenken«, schreibt Anna, und »Gebe Gott, daß der Führer allen Anforderungen gewachsen bleibt«. Damit wird die Politik des nationalsozialistischen Deutschlands als eine gottgewollte, gottbestimmte, gottgemachte gedeutet – und akzeptiert. In Rudolfs Argumentation zeichnet sich sogar die Tendenz ab, den Rahmen der katholischen Weltsicht aufzusprengen. »Unser großer Führer wird den Frieden für lange, lange

Zeit sichern«, schreibt er an seine Mutter. »Gott, Ihm und allen unseren Kameraden, die nicht mehr nach Hause kommen,[56] soll unser Dank sein.« Mit der Großschreibung von »Ihm«, das Hitler meint, stellt Rudolf Gott und den »Führer« auf eine Stufe. Damit übernimmt er den nationalsozialistischen Führerkult, der aus Hitler einen Über-Menschen mit göttlichen Zügen (Allmacht, Allwissenheit) macht.[57] Zugrunde liegt dieser Verherrlichung ein tiefes Bedürfnis und eine übergroße Bereitschaft zu glauben: »Wir Deutsche, alle glauben an unseren Führer«, schreibt Rudolf mit bekennender Hingabe. Deutlicher kann einer seine nationalsozialistische Weltanschauung nicht zum Ausdruck bringen.

Vorgeschichten 2

Einer, der wie Rudolf 1914 geboren wird, hat keinen leichten Start ins Leben. Als Kind erlebt er den Krieg und das Ende des Kaiserreichs, als Schüler die krisengeschüttelte Weimarer Republik, als junger Erwachsener den Beginn des Nationalsozialismus. Die ersten zwanzig Lebensjahre sind beherrscht von Veränderung und Unsicherheit, von Wirtschaftskrisen und materieller Not, politischen Kämpfen und ideologischen Extremen.

Natürlich wirken sich diese Verhältnisse auf Rudolfs Leben aus, vor allem materiell. Aber trotz ihres schmalen Budgets ist für Anna klar: Der Sohn soll es zu etwas bringen. Schließlich ist sein Vater Ingenieur und damit »etwas Besseres«. Eine vergleichbare Stellung hat Anna auch für ihren Sohn im Kopf. Und so erzieht sie ihn: Der Besuch der höheren Schule ist selbstverständlich, zumal Rudolf kein Schulgeld bezahlen muß. Sie geht mit dem Jungen ins Theater und in die Oper. In der Wohnung achtet sie auf bildungsbürgerliche Attribute: Kunstdrucke an den Wänden und Bücher im Schrank gehören einfach dazu.

Weltanschaulich und politisch scheinen die bewegten zwanziger und dreißiger Jahre Anna nicht zu tangieren. Sie ist und bleibt eine überzeugte Katholikin, die sich auch nicht dadurch beirren läßt, daß die Kirche sie wegen ihrer ledigen Mutterschaft zur Sünderin erklärt. Der Glaube bestimmt Annas ganzes Leben: ihr Weltverständnis, ihre politische Einstellung, ihr Selbstbild, ihren Alltag, ihre Erziehungspraxis. Denn für Anna steht außer Frage, daß auch ihr Sohn ein überzeugter und praktizierender Katholik werden muß.

Dieses religiöse Koordinatensystem ist in der Lage, Elemente nationalsozialistischer Politik und Ideologie zu integrieren. Das beweisen die Briefe, die Anna mit ihrem Sohn wechselt, und das beweist auch die Politik, die die katholische Kirche zwischen 1933 und 1945 betreibt.

Katholisch in jeder Beziehung?

Für Anna und Rudolf ist Gott – gelegentlich nennen sie ihn »der liebe Gott«, der »Herrgott« oder »der alte Gott« – Ansprechpartner für Bitten, Dank und Verehrung, Zufluchtsort für Ängste und Sorgen und vor allem Führungsinstanz. Den Verlauf ihres Lebens deuten sie als göttliche Fügung, als göttliche Prüfung, als gottgemacht und nicht etwa als Folge eigener Entscheidungen und Handlungen. Damit übernehmen sie exakt das Denk- und Verhaltensmuster, das ihnen ihre Kirche vorgibt: »Gott dienen heißt, dort, wo man steht, wo man seine Aufgabe zu erfüllen hat, Gottes Willen zu sehen und alles, was einem aufgetragen wird, als eine von Gott gestellte Aufgabe zu meistern«, heißt es zum Beispiel im Hirtenbrief eines katholischen Feldbischofs der Wehrmacht.[58] Mit einer solchen Auffassung liefert man sich aus – entlastet sich aber gleichzeitig, denn im Grunde ist man für das eigene Leben nicht verantwortlich. Das einzige, was zu tun bleibt: Man muß die göttlichen Fügungen annehmen. Anna und Rudolf neigen zum Beispiel dazu, Entscheidungen immer wieder aufzuschieben, und rechtfertigen dies nach dem Motto: Gott wird schon wissen, was für mich am besten ist. Und wenn sie später mit dem Resultat unzufrieden sind und den Eindruck haben, schlechter abzuschneiden als die anderen, rufen sie sich selbst zur Ordnung: »Wenn man nicht dächte, unser Herrgott führte uns den rechten Weg, könnte man neidisch werden. Aber das wollen wir doch nicht!«

Der Glaube, daß nichts ohne den Willen Gottes geschieht, schließt das politische Geschehen explizit ein. Auch Adolf Hitler unterliegt der göttlichen Weltregie – nicht nur, weil er Mitglied der katholischen Kirche bleibt und sich immer wieder auf die Vorsehung beruft. »Alles steht in Gottes Hand, er wird den Führer schon lenken«, schreibt Anna und befreit damit sich selbst und letzten Endes auch Adolf Hitler von jeder Reflexion und Verantwortung. Wohlgemerkt: Anna versteht sich nicht als Nationalsozialistin, sondern als Christin, die aus Überzeugung die Zentrumspartei gewählt hat, bis diese sich Anfang Juli 1933 unter Druck selbst auflöste.

Mit ihrer Auffassung befindet sich Anna durchaus im Einklang mit der katholischen Kirche. Denn diese akzeptiert – abgesehen von wenigen Ausnahmen – die nationalsozialistische Herrschaft. Bereits im Juli 1933 unterzeichnet der Vatikan als erster Staat einen Vertrag mit dem NS-Regime, das »Reichskonkordat«.[59] Auch ideologisch gibt es Berührungspunkte, wie sich bei der Bekämpfung des gemeinsamen Feindes, des Bolschewismus, zeigt. Für die katholische Kirche ist er der »absolute« Feind, der mit seiner Gottlosigkeit das Christentum fundamental bedroht und einen Krieg gegen die Sowjetunion »als heiligen Willen Gottes« notwendig macht. Das jedenfalls erklären die deutschen Bischöfe, als dieser Krieg 1941 beginnt. Und Papst Pius XII. versichert, Deutschland habe Gott beim Kampf gegen den Bolschewismus auf seiner Seite.[60] Ein Konflikt mit dem religiösen Tötungsverbot sieht keiner der kirchlichen Würdenträger – auch 1939 nicht, als Deutschland den Krieg gegen Polen beginnt. Im September erklären die deutschen Bischöfe: »In dieser entscheidungsvollen Stunde ermuntern und ermahnen wir unsere katholischen Soldaten, in Gehorsam gegen den Führer, opferwillig unter Hingabe ihrer ganzen Persönlichkeit ihre Pflicht zu tun. Das gläubige Volk rufen wir auf zu heißem Gebet, daß Gottes Vorsehung den ausgebrochenen Krieg zu einem für Vaterland und Volk segensreichen Erfolg und Frieden führen möge.«[61]

Es gibt allerdings politische Entscheidungen und Aktionen, gegen die sich Katholiken zur Wehr setzen. Als der NS-Staat die kirchlichen Wohlfahrts- und Fürsorgeorganisationen gleichschaltet, gegen Konfessionsschulen vorgeht und den allgemeinen Religionsunterricht abschafft, regt sich nur leiser Protest. Als jedoch das Regime beginnt, Nonnen und Mönche zu verfolgen und Klöster zu schließen, kommt von den Kirchenkanzeln unmißverständliche Kritik.[62] 1940/41 entwickelt sich eine regelrechte Protestwelle, als die »Aktion T 4« bekannt wird, die systematische Ermordung von Geisteskranken und Behinderten, die angeblich ein »lebensunwertes Leben« führen. Im gemeinsamen Hirtenbrief vom 26. Juni 1941 schreiben die deutschen Bischöfe: »Es gibt aber auch heilige Gewissensverpflichtungen, von denen niemand befreien kann, die wir erfüllen müssen, koste es uns selbst das Leben: Nie, unter keinen Umständen darf der Mensch, außerhalb des Krieges und der gerechten Notwehr, einen Unschuldigen töten.«[63] Der Münsteraner Bischof von Galen nimmt auf der Kanzel dezidiert Stellung gegen die Euthanasie. Seine Predigten und die Proteste von Kardinal Faulhaber führen dazu, daß Hitler Ende August 1941 die Euthanasie offiziell stoppt – unterderhand wird sie allerdings weiter betrieben.

Anna und Rudolf reagieren auf die kirchenfeindliche Politik des NS-Staates zurückhaltend. Am Anfang stellen sie nur vorsichtige Fragen. Als 1936 »nach dem Gesetz jeder deutsche Junge in die H.J. muß«, macht Rudolf sich Gedanken über den katholischen Jugendverband, in dem er Mitglied ist: »Wie mag es nun mit Neudeutschland werden«,[64] fragt er in einem Brief. Einige Jahre später thematisiert vor allem Anna die kirchenfeindlichen Aktivitäten des NS-Staates. In einem ihrer Briefe erzählt sie Rudolf zum

Beispiel von der Auflösung eines nahegelegenen Priesterseminars oder von einem »scharfen Hirtenbrief«. Ihr Kommentar dazu: »Die Religion ist doch der starke Halt in jeder Lebenslage. Darum ist es umso bedauerlicher, wenn Kräfte am Werk sind, dieses alles aus dem Volk herauszureißen.« Rudolf antwortet: »Deine Bedenken über die Religionsfreiheit und deine Sorgen, weil gewisse Elemente die Kirche immer mehr zurückzudrängen versuchen, kann ich nicht teilen. Hier draußen mache ich immer wieder die Beobachtung, daß es neben vielen unsauberen Elementen doch noch viele anständige Kerle gibt, Leute, die sich nicht so ohne weiteres ihren Glauben nehmen lassen. Ich sehe da ganz optimistisch in die Zukunft.« Der Sohn wiegelt also ab und versucht zu beruhigen – ein Verhalten, das er immer an den Tag legt, wenn seine Mutter Zweifel oder Befürchtungen äußert.

Diese Antwort macht deutlich: Rudolf entfernt sich im Lauf der NS-Herrschaft immer mehr vom Denkhorizont der katholischen Kirche, angefangen bei seiner Auseinandersetzung mit der katholischen Demut und Bescheidenheit während des Arbeitsdienstes bis zur Gleichsetzung von Gott und Führer.[65] Seinen Glauben an den »alten Gott« gibt er zwar nicht auf, aber das tun auch viele NSDAP- oder SS-Mitglieder in diesen Jahren nicht: Sie bezeichnen sich schließlich als »gottgläubig«.

Zwischen Mutter und Sohn wird dieses Auseinanderdriften der Weltbilder nicht thematisiert. Anna nimmt Rudolfs Entwicklung, die sie eigentlich kritisieren müßte, nicht wahr – oder sie ignoriert sie, bewußt oder unbewußt. Vielleicht weil sie dahinter einen Versuch des Sohnes erkennt, sich von ihr abzunabeln. Und Rudolf will seiner Mutter nicht wehtun, hält sich zurück und lenkt immer wieder ein.

Neben dem katholischen Weltbild baut sich Rudolf schon früh ein zweites Ideengebäude auf: ein schwärmerisches, romantisches, später eindeutig nationalsozialistisch geprägtes Bild von »Nordland« und seinen Bewohnern.

Den Grundstein dazu legt vermutlich seine Mitgliedschaft im »Bund Neudeutschland« [ND], dem er – angeregt durch Klassenkameraden – mit 13, 14 Jahren beitritt.[66] ND ist ein »Verband katholischer Jungen an höheren Lehranstalten«, der 1919 gegründet wird und sich die »innere Erneuerung Deutschlands« nach dem verlorenen Ersten Weltkrieg auf die Fahnen schreibt – im Rahmen der katholischen Kirche. Damit setzt der Verband einen Kontrapunkt zur Bündischen Jugend und zur Wandervogelbewegung, die sich als gesellschaftskritisch (gegen Konformität und versteinerte Konventionen) verstehen und vor allem ein Ziel haben: die »Autonomie der Jugend«.

In der konkreten Arbeit unterscheiden sich ND und andere Jugendgruppen allerdings kaum, auch die Hitlerjugend organisiert ihren Alltag später ähnlich und versucht damit, die Jugendbewegung und ihre Anhänger zu vereinnahmen. Man trifft sich zu »Heimabenden«, wo gespielt (Geländespiele, Kriegsspiele) und gesungen wird (Wanderlieder, Soldatenlieder, Volkslieder). Oder man geht auf »Fahrt« und veranstaltet »Lager«, draußen in der Natur, führt dort ein »einfaches, authentisches Leben«, wäscht sich am Bach, kocht über offenem Feuer, schläft unter freiem Himmel oder in Zelten und Kohten.* Die Hitlerjugend stülpt später ihre Weltanschauung über all diese Aktivitäten, organisiert den hierarchischen Apparat nach dem Führerprinzip und verstärkt das militärische Element. Denn Hierarchien und Militärisches gibt es auch bei der Bündischen Jugend und bei

* Kohten sind Lappenzelten nachempfunden und verfügen wie diese über eine Feuerstelle und eine Öffnung im First, durch die der Rauch abziehen kann.

den jungen Katholiken: Dienstgrade und Aufmärsche zum Beispiel, Treueschwüre und Bekenntnislieder, Fahnen und Wimpel ...

Rudolf ist von Heimabenden, Fahrten und Lagern begeistert. Zehn Jahre später, während seines Wehrdienstes, erinnert er sich in einem Brief noch einmal an die »vergangene schöne Zeit«: »Mit staubigen Schuhen und flatterndem Haar kam ich oft von der Gruppe heim. Ich erzählte vom Wald und vom Heim und vom Spiel, von Feuer und Fahrt. Und die Mutter lauschte immer den sprudelnden Worten und mehr noch dem eigenen Klang meiner Stimme.« Neben den Erinnerungen des Erwachsenen gibt es ein authentisches Zeugnis dieser Jugenderfahrung – ein Fotoalbum. Die erste »große Fahrt« im Jahre 1928 führt in den Hunsrück, immerhin rund 200 Kilometer von Rudolfs Zuhause entfernt, eine Tagesreise damals. Später finden Osterfahrten und eine »Pfingstfahrt« statt, auf der sich Gruppen aus verschiedenen Städten und Kreisen treffen, um einen »Thing«, eine Beratung, abzuhalten und einen großen Gottesdienst zu feiern. Wichtiger als solche Rituale – das zeigen die Fotos sehr deutlich – ist für den 14-, 15-, 16jährigen Rudolf das gemeinsame Abenteuer: mit Freunden zusammensein, wandern, im Zelt schlafen, Feuer machen, selber kochen, auch wenn es nur Erbswurstsuppe ist, ein Vorläufer heutiger Tütensuppen.

Viele der winzigen Fotos sind von einem militärischen Gestus geprägt. Unter der Überschrift »Angetreten« stehen junge Burschen in einer Reihe, manche mit den Händen an der Hosennaht, den Blick geradeaus gerichtet, auf den Anführer, der sich vor dieser Reihe aufgebaut hat. Einige Jungen feixen, lachen, gucken in eine andere Richtung – Rudolf nimmt das »Antreten« unübersehbar ernst. Die meisten tragen eine Art lässiger Uniform: kurze Hosen, helle Hemden mit offenem Kragen, darüber einen breiten Ledergürtel, Kniestrümpfe und Wanderschuhe. Auf einem Foto haben alle einen Rucksack auf dem Rücken, zwei halten einen »Wimpel« in der Hand. Eine Aufmachung, die

Rudolf und seine NDler

seit der Wandervogelbewegung dazugehört und später von der Hitlerjugend übernommen wird.

Höhepunkt in Rudolfs jugendbewegtem Leben und Höhepunkt des Fotoalbums ist eine sechswöchige Fahrt nach Schweden im Jahre 1929. Eingeladen sind die NDler zu einer Ansgarfeier in Stockholm, wo die mehr als tausend Jahre zurückliegende Missionierung der »Heiden« durch den Bremer Bischof Ansgar gefeiert wird. Für Rudolf ist diese Fahrt die erste Reise ins Ausland – und so beeindruckt ihn eigentlich alles: die große Stadt, die kirchlichen Feierlichkeiten, das Interesse, das ihnen entgegengebracht wird, als sie in ihrer Wanderkluft erscheinen und ihre Lieder singen. Ein Interesse übrigens, das in einer Einladung des isländischen Bischofs gipfelt: Die Jungen sollen im nächsten Jahr zu ihm nach Reykjavik kommen!

Noch nachhaltiger als die Tage in der Großstadt wirkt der anschließende Aufenthalt in Frövi, einem kleinen Ort westlich von Stockholm. Dort wohnen die Jungen bei der Schwester eines NDlers und ihrem schwedischen Mann, einem Förster. Im Grunde geht es in Frövi nicht anders zu als auf anderen Fahrten – und doch erfahren Naturerlebnis und Freiheitsgefühl eine ungeheure Steigerung. Noch viele Jahre später schwärmte mein Vater von den Bootsfahrten über Seen und Kanäle, die wie grüne Tunnel anmuteten, so dicht war der umgebende Wald. Oder von den Blaubeeren, die dort in Mengen wuchsen und die sie in allen nur denkbaren Variationen verspeisten, am liebsten allerdings als Blaubeer-Pfannkuchen, die die Gastgeberin manchmal buk. Er erzählte von den Tieren, die sie beobachteten, und von der Arbeit des Försters, der sich mit der Nachzucht von Nadelbäumen beschäftigte, von den hellen Nächten, den Lagerfeuern, dem See, in dem sie schwammen, und vom Stroh, in dem sie schliefen. Nach dieser Reise fällt Rudolf seiner Mutter mit den Worten um den Hals: Nächstes Jahr fahren wir nach Island. Ein Plan, der nie realisiert wird – vielleicht weil eine solche Reise einfach zu teuer ist.

Die »Fahrt« nach Schweden legt den Grundstein zu Rudolfs Skandinavienbegeisterung. Später wird er die eigene Erfahrung durch ideologisch aufgeladene Bilder vom »Norden«, von »Nordland« und von »Großgermanien« ergänzen. Solchen Bildern begegnet er vor allem in der Schule und in der Jugendorganisation – und in seiner Lektüre. Rudolf besitzt eine ganze Reihe entsprechender Romane: die beiden wildromantischen Bestseller von Trygve Gulbranssen »Und ewig singen die Wälder« und »Das Erbe von Björndal«, ein paar Bände Hamsun, »Ola die Schwedin«, ein von Blut-und-Boden-Symbolik triefendes Buch, den Bericht eines dänischen Arztes, der in Grönland arbeitet und die Einwohner und ihre Lebensweise bewundern lernt, schließlich ein paar schmale Reisebücher über Norwegen und Finnland. Texte, die Abenteuer und Männlichkeit, Ursprünglichkeit, Naturschwärmerei und Rassenideologie unmittelbar mit dem Norden verknüpfen. Politische oder philosophische Texte sind nicht darunter; vielleicht hat Rudolf keine besessen oder er hat sie nach dem Krieg entsorgt.

In den ersten Jahrzehnten des 20. Jahrhunderts sind Bilder vom »Norden«, von »Nordland« und von »Großgermanien« ausgesprochen en vogue, in ganz unterschiedlichen politischen, philosophischen und sozialen Kontexten: in der Jugendbewegung und bei den Lebensreformern, in der völkischen Bewegung und später in der NS-Ideologie und -Politik. Aber auch jenseits von Gruppierungen, Bewegungen und Machtformationen ist »Nordland« für viele ein Faszinosum. Nicht zufällig bieten große Reedereien wie der Norddeutsche Lloyd oder die Hamburg-Amerika-Linie seit der Jahrhundertwende »Nordlandfahrten« oder »Polarfahrten« an, nicht zufällig geben Reisezeitschriften die Parole aus: »Auf nach Norden«.[67] Hier ist ein Markt, auf dem sich Geld verdienen läßt. Auch Kaiser Wilhelm II., der letzte deutsche Kaiser, ist ein Nordland-Fan. Immer wieder reist er nach Norwegen, fährt mit dem Schiff die Küste entlang und verbringt Urlaubswochen in Stalheim[68], einem großen Gebirgshotel südlich des Sognefjords. In der NS-Zeit knüpfen die »Kraft-durch-Freude-Fahrten« an diesen Tourismus-Trend an. Eine Fahrt mit der legendären »Wilhelm Gustloff« durch die norwegischen Fjorde, das ist für viele der Inbegriff einer Traumreise.

Jugendbewegung und Lebensreform-Bewegung[69] verbinden mit dem Norden allerdings mehr als Naturschwärmerei und Landschaftserkundung. Für sie ist »Nordland« der Raum, auf den sie ihre Sehnsucht nach Ursprünglichkeit und Zivilisationsferne projizieren. In den unverbrauchten Landschaften, der unberührten Natur und bei den »ernsten und gemessenen« Menschen Nordeuropas glauben sie sich ihrem Ideal nahe. Deshalb versuchen sie, auf Reisen und bei längeren Aufenthalten im Norden selbst ein einfaches, naturverbundenes, freies Leben zu führen, fern von Großstadt, Industrie und Tempo.[70] Daß die Wirklichkeit der nordeuropäischen Länder diesem Bild von »Nordland« kaum noch entspricht, daß dieses Bild den Aufbruch Skandinaviens in die Moderne ignoriert, spielt für die Anhänger von Jugend- und Lebensreformbewegung keine Rolle.

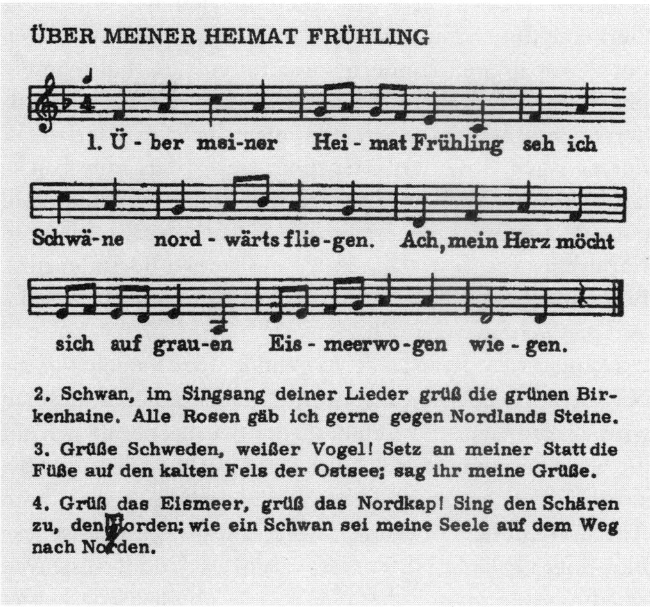

Über meiner Heimat Frühling; Text: Eberhard Koebel (genannt tusk)

Ein vergleichbares Ausklammern, Überhöhen und Zurechtbiegen läßt sich auch bei den anderen »Nordland«-Begeisterten beobachten – zum Beispiel bei der völkischen Bewegung. Während sich Jugend- und Lebensreformbewegung für die »Lappen« und ihren Lebensstil begeistern, rückt die völkische Bewegung das »Germanentum« in den Mittelpunkt. Damit greift sie auf eine lange geistesgeschichtliche Tradition zurück: Schriftsteller wie Herder oder Arndt schwärmen schon im 18. Jahrhundert von germanischen Heldenliedern, der Edda zum Beispiel, und vereinnahmen sie – vermittelt durch den gemeinsamen germanischen Ursprung – als Teil des eigenen kulturellen Erbes.

Im 19. Jahrhundert ist die gemeinsame germanische Herkunft von Deutschen und Nordeuropäern für viele Künstler und Politiker bereits selbstverständlich geworden. Kaiser Wilhelm II. etwa betrachtet Skandinavien als »Wiege des Germanentums«, und wenn er von Deutschland und den nordeuropäischen Ländern spricht, heißt es »ein Stamm« und »ein Blut«. Die völkische Bewegung des 20. Jahrhunderts geht noch einen Schritt weiter: Sie konstatiert nicht nur den gemeinsamen Ursprung, sie fordert eine Rückbesinnung auf die »nordisch-germanischen Wurzeln« und eine »Reinigung« des deutschen Selbstbewußtseins vom Katholizismus, Sozialismus, Feminismus und Judentum. Nur dann könne Deutschland Weltgeltung beanspruchen – und die Weltherrschaft.[71]

Damit ist ein Konstrukt vorgebildet, das mühelos in die NS-Ideologie übernommen werden kann und übernommen wird. Das »arische« Rassenideal zum Beispiel beruft sich auf die alten germanischen Völker, etwa auf die Wikinger. Sie seien in der Lage gewesen, die Welt zu erobern, weil in ihren Adern »reines«, »arisches«, »nordisches«, »germanisches« Blut floß. Erklären NS-Rassespezialisten. Und weil sie eine »heldische Gesinnung« besaßen. Beides müsse wiederhergestellt werden, fordern die Nazis – in Deutschland, wo das Blut durch »rassische Vermischung« verunreinigt sei, aber auch im germanischen Norwegen. Dort seien zwar die »rassischen Werte« und die »Erbgesundheit« hochwertig, aber die »Geisteshaltung« der Menschen entspreche ihnen nicht: »Von einer heldischen Gesinnung ist … nicht mehr viel zu spüren«, heißt es in der Broschüre »SS für ein Großgermanien«, die der höhere SS- und Polizeiführer Nord Friedrich Wilhelm Rediess im Jahre 1943 herausgibt. »Amerikanismus und Salonbolschewismus scheinen vorzuherrschen …«[72] Für Rediess ist damit klar: »Eine Erziehung besonders der Jugend und der Kinder wird auch die Norweger wieder zu einem »nordischen« Volk nach unseren Begriffen machen können. Das ist unser Ziel.«[73]

Rudolf entwirft in seinen Kriegsbriefen ein doppelbödiges Nordland-Bild. In den poetischen Schilderungen des »unbeschreiblich schönen Landes« scheint auf den ersten Blick ein unbefangenes, unideologisches Skandinavienbild auf. Bei der Charakterisierung der Männer (stolz, die Freiheit betonend, nicht heldisch) und Frauen (schön, blond, blauäugig, modern und traditionsbewußt zugleich) greift er bereits auf Rassenstereotype zurück. Wendungen wie »Wikingerland« und »Stammverwandtschaft« zwischen Deutschen und Norwegern könnten noch auf vorfaschistische, völkische Denkmuster verweisen. Wenn Rudolf allerdings im schönsten Propaganda-Jargon von der »1000jährigen Freiheit der Germanen«[74] schwadroniert, von der »Rasse«, deren »Urheimat« in Norwegen zu finden sei, vom »Blut«, das hier zum Empfindungsorgan avanciert, und von der Erziehung »des Norwegers« zum »starken, urwüchsigen, heimatstolzen Germanen«, dann bezieht er sich eindeutig auf die Rassenideologie und die Welteroberungspläne der Nationalsozialisten.

Es ist ein langer Weg vom Jugendlichen, der von der schwedischen Natur und vom einfachen Leben schwärmt, über den Wehrpflichtigen, der sich ein paar Jahre später mit seinem »gesunden, reinen Stamm« brüstet, zum Besatzungssoldaten, der andere, die zwar »rassisch hochwertig«, aber selbstvergessen sind, zum rechten Glauben bekehren will. Diese Entwicklung vollzieht sich schleichend und in kleinen Schritten und gehorcht eher praktisch-emotionalen Gesetzen als theoretisch-abstrakten. In diesem Punkt stimmen nationalsozialistische Weltanschauung und individuelles Temperament bestens überein: Auch die NS-Ideologie ist kein logisch entwickeltes, rationales Konstrukt, sie baut nicht auf Reflexion, sondern auf affektive Anbindung – und Rudolf ist kein theoretischer Kopf, sondern ein emotionaler Mensch, der spontan reagiert und sich enorm begeistern kann, wenn ihn Ereignisse, Menschen und Dinge berühren. So sieht er auch keinen Unterschied zwischen der Gedanken- und Gefühlswelt des jugendlichen und des erwachsenen Rudolf, sondern setzt die Schweden-Fahrt und sein Leben als Besatzungssoldat in unmittelbare Beziehung: »Mir gefällt es hier oben gut«, schreibt er Anfang November 1940. »Ich liebe fast die Einsamkeit nordischer Wälder und Täler ... wenn ich das nur im Frieden erleben könnte ... dann wäre es einfach herrlich. Das ist doch Erfüllung von unseren Jungenträumen.«

Norwegen im Zweiten Weltkrieg (2): Besatzung und Nazifizierung

Während Rudolf sich an der Naturschönheit berauscht und in Jungenträumen schwelgt, beginnt in Norwegen ein massiver gesellschaftlicher Umbau. Fünf Monate lang ist auf der politischen Bühne verhandelt worden – ohne Ergebnis. Die deutsche Wehrmacht hat das Land zwar im Griff, aber über die politische Struktur der Besatzung können sich Terboven, Quisling, Vertreter der norwegischen Wirtschaft und Verwaltung und die nationalsozialistische Regierung in Deutschland nicht einigen. Am 25. September 1940 schließlich gibt der »Reichskommissar für das besetzte Norwegen« Josef Terboven seine Entscheidung bekannt: Der norwegische König und die Regierung (beide im Londoner Exil) sind abgesetzt, die Arbeit des »administråsjonsrad« ist beendet, alle Parteien werden verboten – mit Ausnahme von Nasjonal Samling (NS). Außerdem ernennt Terboven kommissarische Minister, die ihm direkt unterstehen – die meisten gehören der NS an. Damit ist die Einbindung nicht-nazistischer Kräfte in den Herrschaftsapparat bis auf wenige Ausnahmen mißlungen, ein Projekt, das Terboven und viele seiner norwegischen Verhandlungspartner lange verfolgt haben.

Amtsinhaber und Funktionsträger sind nach dem 25. September schnell bereit, sich anzupassen und den Staats- und Verwaltungsapparat neu auszurichten. Zwischen 1940 und

Plakat von Nasjonal Samling (Mit Quisling für das neue Norwegen)

1942 verfünffacht sich die Mitgliederzahl von Nasjonal Samling von 7000 auf 37000, und bis zum Jahre 1943 wächst sie auf 43000! Zum Schluß sind fünfzig Prozent der Polizeiangehörigen und der Juristen NS-Mitglieder, unter Beamten und Offizieren sind es rund zwanzig Prozent.

Gleichzeitig wächst der zivile Widerstand, vor allem in den Städten. Er richtet sich fast immer gegen die Politik von Nasjonal Samling und erst in zweiter Linie gegen die deutschen Besatzer – auch wenn diese erklären, jeden Widerstand »rücksichtslos« zu brechen und »deutschfeindliche Elemente« zu bekämpfen.[75] Den ganzen Winter 1940/41 über boykottieren Aktive und Zuschauer Sportveranstaltungen, weil die NS versucht, die Vereine in ihre Hand zu bekommen. Anfang 1941 weigern sich Schüler in Bergen, eine HJ-Ausstellung zu besuchen, und als sie unter Druck gesetzt werden, gehen sie auf die Straße und streiken. Im September demonstrieren Arbeiter in Oslo aus scheinbar banalem Anlaß: Die Milch wird rationiert. Der Protest weitet sich rasch aus, am nächsten Tag streiken 20000 bis 30000 Menschen. Die Besatzungsmacht verhängt den Ausnahmezustand im Großraum Oslo, rund 300 Menschen werden verhaftet, zwei sogar hinrichtet. Danach wird während der Besatzungszeit in Norwegen nicht mehr gestreikt; diese Widerstandsform erscheint als zu riskant.

Entlang der Küste herrscht eine besondere Lage. Weil die deutschen Besatzer ständig mit einer britischen Invasion rechnen, sind viele Soldaten in Küstennähe stationiert. Und die Norweger unterhalten hier ihrerseits Beobachterposten, um die deutschen Schiffs- und Truppenbewegungen auszukundschaften. Außerdem haben sie Stützpunkte für den Kontakt zwischen Norwegern und Briten aufgebaut, von denen aus Flüchtlinge nach England gebracht werden und wo norwegische Soldaten, die von der britischen Insel kommen, erste Unterstützung finden. Kundschafter, Kuriere und ihre Helfer müssen mit drakonischen Strafen der deutschen Besatzer rechnen, wenn sie entdeckt werden. Als in Haugesund im August 1940 eine Widerstandsgruppe auffliegt, werden zehn junge Männer zum Tode verurteilt und hingerichtet, die anderen in deutsche Konzentrationslager gebracht.

Telavåg, ein Fischerdorf in der Nähe von Bergen, wird im April 1942 Opfer einer »Vergeltungsaktion«: Das Dorf ist ein wichtiger Hafen für die Waffentransporte von den Shetland-Inseln und Anlaufstelle für Norweger, die nach einem Agenten-Training aus England zurückkehren, um Widerstandsarbeit zu leisten. Als die Gestapo dort »Englandgänger« entdeckt und dabei zwei ihrer Männer erschossen werden, sprengt sie in Telavåg alle Häuser in die Luft, verbrennt die Boote, verhaftet 260 Personen, erschießt 18 Männer und bringt 76 in deutsche Konzentrationslager.

Die Exilregierung und der König versuchen von England aus, auf die Situation in Norwegen Einfluß zu nehmen. Über ein norwegisches Programm von Radio London informieren sie die Bevölkerung und fordern sie immer wieder zum Durchhalten auf. Im August 1941 müssen die Norweger deshalb ihre Radioapparate abgeben.

Schon früh beginnt in England der Aufbau einer neuen norwegischen Armee. Sie wird später u. a. bei der Invasion in der Normandie eingesetzt, ihre Hauptaufgabe ist aber die Widerstandsarbeit in Norwegen. Soldaten bauen Transportlinien auf, über die Ausrüstung, Waffen und Menschen von England nach Norwegen gebracht werden, und sichern sie. Und sie sind – zusammen mit britischen Soldaten und der Geheimdienstorganisation SOE[76] und ihrer Kompanie Linge – an einigen großen Sabotage-Aktionen beteiligt. Zum Beispiel in Rjukan (Winter 1942/43), wo sie die Produktionsanlage für »schweres Wasser« zerstören, das für die Herstellung von Atomwaffen benötigt wird, und im Februar 1944 bei der Vernichtung der letzten »Schwerwasser«-Vorräte.

Sabotage als Widerstandsform ist allerdings in Norwegen lange umstritten. In den ersten Jahren der Besatzung sind es nur kleine kommunistische oder den Kommunisten nahestehende Gruppen,[77] die Brücken und Straßen, Eisenbahnstrecken, Schiffe und Gebäude zerstören, um die deutsche Besatzungsmacht zu irritieren und zu behindern. Die »Militaerorganisasjon« (Milorg),[78] später die größte Untergrundorganisation des Landes, beginnt sich 1942 allmählich zu formieren. Sie lehnt Sabotage und Attentate generell ab, da ihr die Gefahr der Entdeckung und Verfolgung zu groß erscheint. Stattdessen baut Milorg eine Untergrundarmee auf, die im Fall einer alliierten Invasion in Norwegen hinter den deutschen Linien agieren soll.

Am 1. Februar 1942 ernennt Reichskommissar Terboven NS-Führer Quisling zum Ministerpräsidenten. Damit beginnt in Norwegen die zweite Phase der »nationalsozialistischen Revolution von oben« – und der Versuch, die Bevölkerung zu nazifizieren. Für Lehrer, Juristen, Reeder und andere Berufsgruppen werden nationalsozialistisch ausgerichtete Berufsverbände geschaffen, in denen die Mitgliedschaft obligatorisch sein soll. Auch für Jugendliche zwischen 9 und 18 Jahren wird ein NS-orientierter, obligatorischer Jugendverband gegründet. Und die Gewerkschaften sollen zur »Arbeitsfront« nach deutschem Muster umfunktioniert werden.[79]

Vor allem bei Eltern und Lehrern ist die Empörung über diese Zwangsmaßnahmen groß. Zehntausende schreiben Protestbriefe gegen die Nazifizierung der Jugendlichen, und viele Lehrer verweigern sich. Die Regierung kontert sofort: Sie schließt Schulen, verhaftet 1100 Lehrer, die Hälfte von ihnen wird in Zwangsarbeitslager nach Nordnorwegen deportiert. Daraufhin protestieren die Bischöfe, und Pastoren halten Protestgottesdienste ab. Letzten Endes kann Nasjonal Samling die Zwangsmitgliedschaften nicht durchsetzen und muß die Indoktrinationsversuche zurücknehmen.

Im Gegenzug verschärfen Regierung und Besatzungsmacht den Druck auf die Bevölkerung, vor allem auf diejenigen, die sich widerständig zeigen. Die Gestapo beginnt, brutale Methoden anzuwenden, foltert bei Verhören (»verschärfte Vernehmungen«), nimmt Geiseln, erschießt Geiseln. Ende 1942 sind die meisten Widerstandsgruppen zerschlagen. Auch die jüdischen Bürger sind aus dem Land ›verschwunden‹: Diejenigen, die nicht fliehen konnten, sterben in den Vernichtungslagern.[80]

Insgesamt werden während der fünfjährigen Besatzungszeit etwa 50000 Menschen aus politischen Gründen verhaftet. 9000 werden in deutsche Konzentrationslager deportiert, andere in norwegische Lager, zum Beispiel nach Grini am Stadtrand von Oslo. Auch in Ulven in der Nähe von Bergen, wo Rudolf sich häufig zu Lehrgängen aufhält, gibt es ein Lager. Ob er etwas davon weiß, ist unklar. Er hat nie darüber gesprochen, und darüber geschrieben hat er erst recht nicht.

Vertraute Nähe

Briefe von September 1940 bis Februar 1941

»En liben hilsen fra Norge fra Rudis nye hjem. Hilsen fra mamma og Gudrun.« Solche kurzen, freundlichen Grüße von Gudrun, einem jungen norwegischen Mädchen, stehen in den kommenden Monaten häufig unter den Briefen, die Rudolf an seine Mutter schreibt.

Mitte September 1940 wird der mittlerweile 26jährige bei einer norwegischen Familie einquartiert, zwei Monate lang wohnt er mit ihr unter einem Dach. In dieser Zeit entsteht eine enge, langandauernde Freundschaft zu Guri, der Mutter, die eine Silberfuchsfarm betreibt, und ihren drei Kindern Rut, Reidar und Gudrun. Der Vater ist irgendwann einfach verschwunden und nie wieder aufgetaucht. Rut, die Älteste, hat eine Stelle in einem Hotel. Reidar ist Tischler, er arbeitet von Anfang an für die deutschen Besatzer und ist im Familienbetrieb für die groben Arbeiten zuständig – zum Beispiel für das Schlachten der Tiere. Gudrun, die jüngste, ist 15, hat die Schule gerade beendet und ist seitdem auf der Fuchsfarm für das Füttern verantwortlich.

Und sie ist auch diejenige, durch die sich Rudolf an diese Familie gebunden fühlt. Dabei hat das junge Mädchen – glaubt man den Fotos, die der 26jährige nach Hause schickt – mit vielen Soldaten unbefangenen, kameradschaftlichen Umgang, der einen gelegentlichen Flirt nicht ausschließt. Die »Eisfront« gegenüber den deutschen Besatzern, die von der Exilregierung in London immer wieder gefordert wird, existiert in Gol offensichtlich nicht. Kontakt, ja Nähe sind bei Einquartierungen einfach unvermeidlich.[81]

Rudolf verliebt sich in das blonde junge Mädchen, wahrt aber lange Distanz, weil Gudrun so jung ist – und weil er sich nicht traut. Später, nachdem er Norwegen verlassen hat, wird sie für ihn zur Verkörperung aller positiven Erfahrungen, die er in diesem Land gemacht hat. Und seinen Frauen-Typ prägt sie auch.

Durch Gudrun und ihre Familie lernt Rudolf das Leben in Gol kennen. Er schaut zu, wie auf der Fuchsfarm gearbeitet wird, packt manchmal mit an und weiß noch fünfzig Jahre später ganz genau, wie das Futter für die Tiere zubereitet wird. Er bekommt einiges vom Familienalltag mit – und von der Art, wie Feste gefeiert werden. Er wird damit konfrontiert, wie »diese einfachen und geraden Menschen« auf die Absetzung von König und Parlament reagieren – und erlebt, wie sie ihn, den deutschen Soldaten, in ihr Haus aufnehmen und schon bald als Freund, als Bruder, ja als Sohn behandeln, dem sie immer mehr Vertrauen schenken. Auch Rudolf verringert schnell die Distanz. Zuerst verhält er sich wie ein Gast, später übernimmt er die Rolle eines Familienmitglieds – und unausgesprochen auch die Rolle eines zukünftigen Schwiegersohns, der die Familie mit seiner eigenen Mutter in Kontakt bringt.

15. 9. 40

Mein liebes Mütterlein!
… Anbei einige Bilder aus unserem Quartier in Herad. Meine kleine Freundin schreibt Dir selbst einen Gruß. … En liben hilsen fra Norge fra Rudis nye hjem. Hilsen fra mamma og Gudrun.*

22. 9. 40

Mein lieber Rudolf!
… Am Freitag bekam ich Deinen lieben Brief vom 15. 9. mit den schönen Bildern. Vielen Dank dafür … Auch Deiner kleinen Freundin schönen Dank für ihren lieben Gruß. Ein nettes Mädel, ein liebes, treues Gesicht! Wie alt ist sie, 13–14

* Einen lieben Gruß aus Norwegen aus Rudis neuem Heim. Grüße von Mamma und Gudrun.

Gudrun in Tracht

Jahre? … Nachdem uns der Engländer einige Tage in Ruhe gelassen hatte, holt er es jetzt nach! Er wird immer rücksichtsloser. Man hat wieder mehr Angst! … Mit Interesse habe ich die Bilder betrachtet. Ein schönes, herbes Land, rauh, gewaltig. Im Winter werdet Ihr sicher allerlei Kälte auszustehen haben. Die Tracht des kleinen Mädels ist schön, ist es selbstgemachtes Leinen, die Bluse? Der Rock wohl dicke, starre Seide. Schön in den Farben? Sind die Leute nett? Sind noch mehr Kinder da? Ist's ein schöner Hof? Groß? Wieviel

Vieh? Ich bin neugierig, gelt? ... Vielen Dank für den lieben Gruß der kleinen Gudrun und ihrer Mutter und ich sende Ihnen auch einen herzlichen Gruß. ...

22. 9. 40

Mein liebes Mütterlein!
... Der Großangriff gegen England geht also weiter. Mit unverminderter Kraft geht es mit deutschem Schneid und Gründlichkeit auf London. Ob auch der Landschlag noch in diesem Herbst geführt wird? Wir wissen es nicht. Wir wollen stolz sein, diese Zeit unserer Stärke, unseres Sieges erleben zu können. ... Wir sind sehr zuversichtlich und glauben alle an ein gutes und baldiges Ende. ... Wie ich Dir schon schrieb, ist es jetzt recht kalt. Nachts friert es, tagsüber scheint die Sonne noch warm. Wunderschön ist das herbstliche Landschaftsbild! Zwischen dem dunklen Tann leuchtet es fahlgelb und gold, brennt es rot und braun. ...

25. 9. 40

Mein lieber Rudolf!
... Was macht der Stern? Kann man bald gratulieren?*

27. 9. 40

Mein liebes Mütterlein.
... Ich bin dabei, eine Fahrschule durchzumachen, da liegen wir nun von morgens bis abends auf der Landstraße. Morgens in der Früh machen wir die Wagen fahrbereit, und abends müssen wir sie frostsicher abstellen. Die Schulung macht mir viel Spaß, besonders wenn ich daran denke, daß ich den Führerschein für mein ganzes Leben mache. ... In der Zeitung hast Du wohl gelesen, daß der norwegische

* Anna spielt auf die Beförderung und das dazugehörige Rangabzeichen an. Seit Rudolf Ende Juli den Offiziersanwärter-Kursus in Ulven beendet hat, wartet er auf eine Beförderung.

König abgesetzt ist, der Storting (Reichstag) aufgelöst, Parteien sind verschwunden, es gibt nur noch eine einzige, sie ähnelt der N.S.D.A.P. Der Reichskommissar spricht heute Abend zum Regierungswechsel. Wir sind gespannt, wie die Norweger die Neuregelung aufnehmen. Heute scheinen sie noch ziemlich gedrückt zu sein, sie hingen eben doch an ihrem König, durch Jahrhunderte wurden sie zu gehorsamen und den König verehrenden Landeskindern erzogen.[82] … Wetter hier noch sehr schön, doch sehr kalt nachts! Phantastisch schön ist das Landschaftsbild! Kartoffelernte in Norwegen. Überall sorgt man für Winterbrand,* selbstverständlich wird nur Holz gebraucht. Abends knistert nun im Kamin ein helles Birkenholzfeuer. Dann kann man sich Spoekeri'en erzählen. Wenn es nicht Krieg wäre, wir nicht Soldaten, sondern in Ferien hier, ja dann wäre es herrlich. …

Der Paukenschlag vom 25. September deprimiert und entmutigt die Menschen in Rudolfs Umgebung. Dabei haben viele sich mittlerweile mit dem Status quo arrangiert, nicht zuletzt deshalb, weil sich die deutschen Soldaten – wie befohlen – korrekt verhalten. In einer »Richtlinie für den Dienst der Truppen« heißt es: »Die Haltung des Soldaten gegenüber der Zivilbevölkerung soll selbstbewußt, nicht anmaßend sein. Die Pflicht der Zurückhaltung gilt gegenüber der weiblichen Zivilbevölkerung nicht weniger, als gegenüber der männlichen. … Ehrlichkeit im geschäftlichen Verkehr ist eine Selbstverständlichkeit. Eigenmächtiges Beutemachen, Plünderungen, boshafte sinnlose Beschädigung oder Zerstörung fremder Sachen in den besetzten Gebieten sowie Bedrückung der Einwohner sind ehrlos und strafbar.«[83] Außerdem bringen die Soldaten Geld: Sie kaufen ein, die Einquartierungen werden vergütet, und die Wehrmacht stellt Arbeitskräfte ein und bezahlt gute Löhne.

* Gemeint ist Brennmaterial für den Winter.

1. 10. 40

Meine liebe Mutter.

... Ich glaube, Ihr zu Hause habt ganz falsche Vorstellungen von dem, was es hier zu kaufen gibt. Textilwaren zu kaufen war schon immer verboten und jetzt auch garnicht mehr möglich, weil der Reichskommissar Terboven Karten für die Norweger eingeführt hat. Ab 1. Okt. nun können wir Soldaten auch keine Backwaren, Brot, Käse, Eier usw. kaufen. Alles ist rationiert. Warum? Der Norweger soll nichts entbehren, der deutsche Soldat wird gut und ausreichend verpflegt. Er soll der Zivilbevölkerung nichts vor der Nase wegschnappen. Chokolade gab es nur in den ersten 14 Tagen. Ich hätte Dir sonst längst schon ein Paketchen geschickt. Wenn Du die Photographien betrachtest, kannst Du verstehen, daß ich schon immer für Skandinavien schwärmte. Ja, es ist ein schönes, herbes Land. Mit meinen Quartiersleuten habe ich es wirklich gut getroffen. Es ist kein Bauernhof, sondern eine Silberfuchsfarm, wie so viele in der Umgebung. Die Leute sind wirklich nett, von Tag zu Tag werden sie aufgeschlossener und freundlicher. Unsere Sprachkenntnisse werden umfangreicher, jetzt können wir uns schon recht nett unterhalten. Wie alt die kleine Gudrun ist? 15 Jahre. Ihre Tracht hat sie von ihrer Großmutter. Bluse, gestickte Schürze usw. sind über 70 Jahre alt. Ja, es ist noch Hausmacherleinen, die schwere, mit herrlichen Blumen geschmückte Schürze ist aus Wollmoussollin (!). Es ist die Tracht des Hallingdals. Im Hemsedal, am Hardanger trägt man wieder andere Tracht. Auch heute lege ich Dir einige Photos bei. ... Tusen takk for din hjertelige hilsen til meg og min mamma. Her har vi det bare bra. Hjertelig hilsen Gudrun.*

* Vielen Dank für Deine herzlichen Grüße an mich und meine Mamma. Wir haben es hier gut. Herzliche Grüße Gudrun.

6. 10. 40

Mein liebes Mütterlein.

... Seit gestern ist es wärmer geworden und es regnet. Es war schon recht kalt. Morgens mußten wir schon das Eis vom Waschwasser klopfen. Um 7^{00} Uhr wird es erst hell, um 20^{00} Uhr wird es dunkel. Abends sitze ich gewöhnlich für eine halbe Stunde bei der Familie L. am Ofen. Dann nehme ich meinen Sprachunterricht. Wie ich Dir schon schrieb, wird das Verhältnis zur Bevölkerung immer besser. Von der Englandschwärmerei sind sie aber doch noch nicht ganz befreit. Von den politischen Ereignissen in Norwegen wirst Du in den Zeitungen gelesen haben. Die Norweger waren natürlich gedrückt, als sie vor die vollendeten Tatsachen gestellt wurden. Ich aber glaube, daß sie mit der Zeit sich unter deutscher Führung wohl fühlen werden. ...

Der Dienst der Soldaten in Gol verläuft in diesen Herbstmonaten unspektakulär. Rudolf arbeitet den Dienstplan aus, unterrichtet neue Rekruten, leitet den Außendienst, absolviert Gefechtsübungen, geht auf Patrouille. Obwohl es manchmal anstrengend ist, macht ihm diese »Arbeit« Spaß, zumal er Autofahren und später Skilaufen lernt. So stimmt für ihn in diesen ersten Monaten in Norwegen eigentlich alles: der Ort und das Klima, die Menschen, die Arbeit und die Freizeit. Er fühlt sich angenommen und akzeptiert – und wird dadurch realistischer und unideologischer. Von »Germanen«, »Blut« und »Rasse« ist kaum noch die Rede. Ganz verschwunden sind die Versatzstücke aus der NS-Ideologie allerdings nicht. Wenn er von den »einfachen und geraden Menschen« und den »gehorsamen Landeskindern« spricht, klingt das ver-kehrte Denkmuster vom kindlichen Feind durch, dem man zwar Wohlwollen entgegenbringt, der aber Erziehung und Führung braucht. Eine Aufgabe, der sich Rudolf als deutscher Soldat verpflichtet fühlt.

9. 10. 40

Liebe Mutter!

... Soll ich Dir einen schönen Silberfuchs kaufen? Im November ist es soweit. Geld habe ich, schöne Exemplare stehen auch zur Auswahl, fragt sich nur, ob Du ihn trägst. Oder ich kaufe Dir mehrere kleine Felle und Du läßt Dir in Köln einen Umhang oder Cape machen. Oder ich kaufe Felle und Du verkaufst sie in Deutschland wieder. So kann man sein Geld gut anlegen. ...

10. 10. 40

Mein lieber Rudolf!

... Ich müßte Dich dort einmal besuchen können ... Ich glaube bestimmt, auch mir würde es dort gefallen. Die Menschen (auf dem einen Bild Kirchgang)* sehen so froh aus. Sie haben es auch wohl nicht allzu schwer. ... Ich freue mich, daß Du es in Deinem Quartier gut hast! Nicht wahr, Du erzählst mir ausgiebig davon, wenn Du mal kommst. Soll ich der Gudrun mal Bilder von Köln schicken, was meinst Du, darf man das? ... Und nun noch schönen Dank für Gudruns liebe Grüße. Man kann es aber verstehen, was sie schreibt. Also der kleinen Gudrun + ihrer Mutter herzliche Grüße! ...

12. 10. 40

Meine liebe gute Mutter!

... Nun ist Feierabend! Wir wissen ihn nach strammem Dienst recht zu schätzen, besonders im Gedanken an all die Arbeit, die uns die Pferde gemacht haben. Der Dienst ist durch die Motorisierung um vieles angenehmer geworden. Morgen früh will ich mit dem Fahrlehrer eine kleine Spazierfahrt in den bunten, sonnigen Herbst machen. Herrlich ist der Herbst hier im Hallingdal. Noch nie habe ich ihn so schön gesehen. Zwischen dunklen Fichten steht

* Vgl. Titelbild.

gelb und golden die silberstämmige Birke und aus diesem buntwogenden Meer recken sich bizarre schnee- und eisbedeckte, von Wolken umsegelte Bergriesen. Die Senner und Sennerinnen haben ihre Herde von der Alm abgetrieben, hinunter in's Tal. Nun grasen die Rotbunten noch die letzten Talwiesen ab. Die Sonne spielt mit den Messingkugeln, die ihre aufrechten und langen Hörner zieren. Um den Hals tragen sie ein Messingband mit Ornamenten geschmückt. Ole, der Hütejunge spielt auf seinem Munspell (Mundharmonika) den Springdans. Ich sitze am Bett der kleinen Gudrun und vertreibe ihr die Zeit. Gestern wurde sie geimpft und nun fiebert sie stark und phantasiert. Wir rechnen damit, daß in 14 Tagen der Schnee auch bis hier unten in's Tal kommt. …

14. 10. 40

Mein lieber Junge!
… gestern Abend, kaum daß wir zu Abend gegessen hatten, war schon Alarm. Auch Samstag Abend schon um 9½ Uhr. … Spreng- und Brandbomben haben sie geworfen, Gott sei Dank ist kein Menschenleben zu beklagen. … Ich freue mich, daß Du mit Deinen Quartierleuten gut auskommst. Hoffentlich wird das Volk dort zufrieden. …

Am 14. Oktober berichtet Anna zum ersten Mal, daß in ihrer unmittelbaren Nähe Bomben gefallen sind. Rudolf weiß von Kameraden, die Heimaturlaub hatten, daß in einem anderen Stadtteil von Köln bereits größere Schäden durch Bomben verursacht wurden. Seine Mutter schreibt darüber nichts – vielleicht, weil sie Rudolf nicht beunruhigen will.

15. 10. 40

Liebe Mutter.
… Nach norwegischer Rechnung war gestern der erste Wintertag. Wir rechnen mit baldigem Schnee, d. h. im Tal,

denn auf den Bergspitzen liegt er schon längere Zeit. Ich glaube, es wird schön! Gudrun ist wieder gesund. Das Impfen hat ihr arg zugesetzt. ... Seit vier Tagen schule ich auf einem Lastkraftwagen. Das Kraftfahren macht wirklich viel Freude. Da sind wir alle mit Passion dabei. ... Auch heute nochmals zwei Ansichtskarten. Ich glaube, Du bekommst so ein anschauliches Bild von unserer jetzigen Heimat. Herzlich grüßt und küßt Dich Dein Rudolf.

Sender en kjerlig hilsen til deg fra meg og mamma. Her i Norge har vi det bare bra og det samme haaper jeg de har. Hjertelig hilsen Gudrun.*

16. 10. 40

Mein lieber, lieber Junge!
... 9 Nächte hintereinander war der E. da. Letzte Nacht waren wir 4x auf. Um 9¾ Uhr abends war Alarm bis 11¼. Wir gingen nach Haus** + legten uns hin. Um 12¼ Uhr wurden wir durch ordentliche Schießerei wach, hörten die Maschine schon kommen + rannten in unseren Keller. Kaum waren wir unten, fielen schon Bomben. Das dauerte bis 12.40, wir gingen rauf, warteten noch etwas und legten uns hin. Kaum war ich im Bett, kam schon wieder einer an, es wurde wieder geschossen, wir schon wieder in den Keller. Dann warteten wir bis 2 Uhr früh, und gingen dann zu Bett. Ich war gut am schlafen, da schoß auf einmal wieder die ... Flak, es war schon wieder ein E. da, er kam angebraust! Wir schon wieder raus, da siehst Du, wie so eine Nacht bis 3 Uhr vergeht! ... Nun zu Deiner Frage. Rudolf, Du weißt, daß ich für mich nicht für einen Fuchs schwärme, ich meine, er paßt nicht zu mir. Aber Tante Elli + Finchen + noch mehr haben Interesse daran. Nur mußt Du sagen, was er kostet.

* Ich und Mamma senden Dir einen herzlichen Gruß. Hier in Norwegen geht es uns gut, das Gleiche hoffe ich von Ihnen. Herzlichen Gruß Gudrun.

** Wenn sie rechtzeitig auf Fliegeralarm reagieren kann, geht Anna in den Luftschutzkeller der nahegelegenen Schule.

Und ist er zollfrei? Danach mußt Du Dich erkundigen. Ist das Fell gegerbt? …

Fuchspelze sind ein typisches Geschenk, das deutsche Soldaten, die in Norwegen stationiert sind, ihren Müttern oder Bräuten mitbringen. Aus Rudolfs Briefen wird allerdings klar, daß die Soldaten nicht nur Geschenke kaufen, sondern einen schwunghaften Handel mit Pelzen in Gang zu setzen versuchen. Rudolf und Anna, die nach wie vor wenig Geld haben, tun sich schwer mit den Tricks und Umwegen bei diesem nicht ganz legalen Geschäft.

22. 10. 40

Liebe Mutter.
… Ich bin wieder einmal abkommandiert und zwar diesmal als Ausbilder von frischen Rekruten weiter nordwärts in Norwegen.* Heute sind wir hier im Lager eingetroffen und haben uns eingerichtet. Jetzt warten wir auf die jungen Soldaten. Ich hoffe Weihnachten wieder im alten Quartier zu sein. Den Quartiersleuten tat es leid, daß ich gehen mußte. … Meine Quartierwirtin …will mir ein echt norwegisches Julfest zeigen. Ob es so schön wie eine deutsche Weihnacht ist. Bei meiner Rückkehr will Gudrun mich das Skilaufen lehren. Die Leute haben mich wie einen Sohn aufgenommen. Sie sind wirklich nett. …

25. 10. 40

Mein lieber Rudolf!
… Heute wurde ja gesagt, daß zum erstenmal die Italiener mit nach England flogen und dort bombardierten. Das kann doch in dem Maße nicht den ganzen Winter über weiter gehen. Und aufhören können wir doch auch nicht, dann würden die Engländer doch wieder allerlei aufbauen und vorbereiten. Na, wir wollen es dem Führer überlassen und

* Der Name des Ortes wird nicht erwähnt. Auch in den Erzählungen meines Vaters tauchte er nie auf.

seinen Mitarbeitern. Sie werden schon wissen, wie es gemacht werden muß! ... Liebe Gudrun! Herzlichen Dank für Deine lieben Grüße auch von Deiner Mama. Auch mir geht es gut! Ich wünsche Dir alles Gute + sende Dir und Deiner Mutter viele Grüße. ...

27. 10. 40

Mein lieber, bester Rudolf!
... Der Winter wird wohl sehr still + einsam sein dort? Soll ich Dir mal einige Bücher schicken? Und was für welche? Zum Lernen oder zur Unterhaltung?[84] Hier ist jetzt ja natürlich auch der Krieg spürbar. Des abends soll es in Köln still sein. Kinos + Theater + Concerte sind früh geschlossen um 9 Uhr, wegen der Flieger. Auch in den Lokalen ist früh Schluß, jeder macht, daß er nach Hause kommt, um nicht stundenlang irgendwo im Luftschutzkeller zu sitzen + eventuell gegen Morgen erst nach Hause zu kommen. Hoffentlich werden die Besuche jetzt im Winter doch kürzer. Wenn es so kalt ist, können sich die Engl. doch wohl nicht so lange aufhalten? Hoffentlich!!! ...

27. 10. 40

Liebe Mutter!
... Hier im Lager ist es recht einsam. Zur Stadt müssen wir 1¼ Stunde laufen. Es ist ordentlich kalt geworden. Das Thermometer zeigt heute Morgen z. B. –12°. Es reift stark. Selbst fließende Wasser haben schon eine Eisdecke. Gestern Abend waren wir aus. Auf dem Heimweg sahen wir herrliches Nordlicht. So schön hab ich es noch nie erlebt. Es war ein wundervoller, vor Kälte zitternder winterlicher Sternenhimmel. Aus dem Wünschen kam man garnicht heraus, soviel Sternschnuppen fielen. Unter dem Großen Bär hing das Nordlicht. Erst schienen hinter dem Berg eine oder mehrere Scheinwerferbatterien aufgefahren zu sein. Senkrechte hellgrüne Lichtstreifen ragten in den Himmel. Doch das Licht war beweglicher. Dauernd veränderten die

Lichtstreifen ihre Lage. Das schönste Bild kann man mit Girlanden vergleichen. Wie schwere silber und goldbrokatene Vorhänge hing die Feuergirlande am Himmel. Du kannst mir glauben, solch Naturschauspiel ist ein Erlebnis. Der Norweger hängt einen ängstlichen Aberglauben an das »nor lys« ... Zum Thema Pelze! ... 1.) Mich kostet der Pelz mit Vorzugspreis 50–150 Kronen. Schöne Exemplare kosten mindestens 80,00 K. Soviel Geld habe ich nun nicht gespart, aber ich kann auf Stottern kaufen. 2.) Von Deutschland kann man uns kein Geld schicken. Tante Finchen und Elli müßten Dir dann das Geld geben. Wir könnten tatsächlich so schönes Geld verdienen. ... Die Häute sind unverarbeitet und ungegerbt. Das Zurechtmachen in Deutschland würde ungefähr 20,00 Mark ausmachen. Ein Pelz von 50,00 Kronen wurde in Deutschland von einem Kölner Kürschner auf 350–400,00 M. taxiert. ... Gudrun würde sich freuen, wenn Du ihr Bilder schicken würdest. Von Deutschland spricht sie wie vom Paradies. Immer mehr gehen die Interessen der Norweger von England ab. Deutsch wird modern! Deutsche Mode, deutscher Film und Theater, deutsche Kunst finden jetzt Eingang. Wir wollen aus dem Norweger wieder den starken urwüchsigen, heimatstolzen Germanen machen. Eine große, vielleicht schwierige, aber auch lohnende Arbeit. ...

In Gol beschränkt sich das kulturelle Angebot der Besatzer im wesentlichen auf Kinovorstellungen, in denen deutsche Filme und Wochenschauen gezeigt werden. Außerdem kursieren deutsche Schallplatten. Ein Foto aus Rudolfs Album zeigt junge Norwegerinnen und Norweger, die zusammen mit deutschen Soldaten auf einer Wiese sitzen und Schallplatten anhören.*

* Vgl. S. 75.

30. 10. 40

Meine liebe Mutter.

... Mir geht es ausgezeichnet. Besondere Freude haben wir alle, weil der Kursus heute aufgehoben wurde. Morgen früh fahren wir nach Gol zurück. Ich bin froh, wieder zur Batterie zu kommen und in das gewohnte Leben. Ich glaube, selbst meine Quartierwirte sind froh, wenn ich wieder da bin. Ich habe ihnen eine Kleinigkeit gekauft. ... Was macht der Englischmann? Wieder sind wir von neuen Ereignissen überrascht worden. Wer hätte an einen Krieg mit Griechenland* gedacht? Der Krieg weitet sich immer mehr aus! Es wird eine Generalreinigung! Die Welt bekommt ein anderes Gesicht. Alles sind Vorarbeiten für einen langen, gerechten Frieden, denn jeder Krieg hat nur seine Berechtigung in Hinsicht auf den Frieden. So glauben wir an ein großes und stolzes Deutschland. ...

2. 11. 40

Meine liebe Mutter.

Nun bin ich wieder im schönen, schon fast liebgewonnenen Hallingdal. Der Winter ist nun mit seiner ganzen Härte eingekehrt. Es schneit. Alles ist schon weiß. Heute friert es den ganzen Tag. Es wird eine kalte Nacht. Wir messen Temperaturen von 10–12° minus. ... Ich kann jedenfalls nur immer wieder sagen, mir gefällt es hier oben gut, ich liebe fast die Einsamkeit nordischer Wälder und Täler, und wenn Du die Bilder aufmerksam betrachtest, dann wirst Du auch manches Schöne entdecken, und wenn ich das nur im Frieden erleben könnte, ohne Sorge um Dich, dann wäre es einfach herrlich. Das ist doch Erfüllung von unseren Jungenträumen. ...

Tusen tak for din hjertlige hilsen til meg og min mamma.

* Am 28. Oktober 1940 marschierten italienische Truppen in Griechenland ein. Das faschistische Italien war seit dem 10. Juni Kriegspartei und hatte am 27. September mit Deutschland und Japan einen Dreimächtepakt geschlossen.

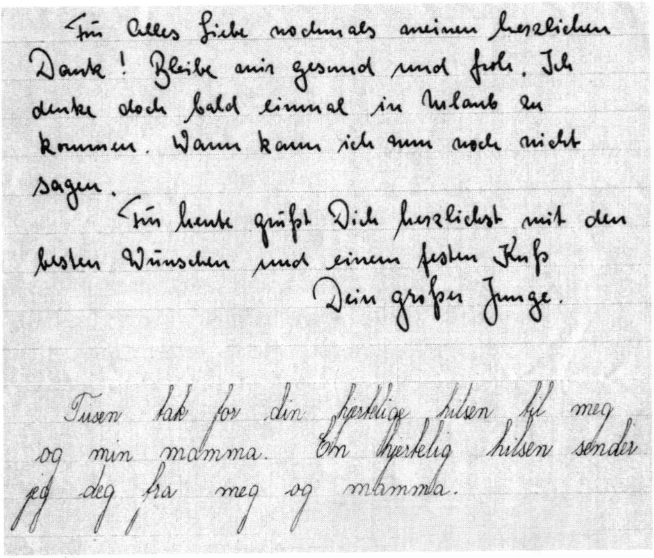
Für Alles Liebe nochmals meinen herzlichen Dank! Bleibe mir gesund und froh. Ich denke doch bald einmal in Urlaub zu kommen. Wann kann ich nun noch nicht sagen.
Für heute grüßt Dich herzlichst mit den besten Wünschen und einem festen Kuß
Dein großer Junge.

Tusen tak for din hjertelige hilsen til meg og min mamma. En hjertelig hilsen sender jeg deg fra meg og mamma.

Ausschnitt aus dem Brief vom 2. 11. 40 mit einem Gruß von Gudrun

En hjertlig hilsen sender jeg deg fra meg og mamma. Hjertlig hilsen Gudrun.*

6. 11. 40

Meine liebe Mutter.
... Du weißt ja, daß ich wieder im alten Quartier bin. Gudrun hat sich sehr gefreut als ich wiederkam. Du fragst nach Beförderung? Ich denke, bald bin ich wieder an der Reihe. Die Beurteilung von Bergen war prima. Trotz scharfem Dienst hab ich ein schönes Leben. ... Familie L. läßt herzlich grüßen. ...

* Vielen Dank für Deine herzlichen Grüße an mich und Mamma. Einen herzlichen Gruß schicke ich Dir von mir und Mamma. Herzliche Grüße Gudrun. – Gudrun schreibt ein altmodisches Norwegisch, das vom Dialekt gefärbt ist, und wechselt in der Anrede häufig zwischen dem »Du« und dem »Sie«.

7. 11. 40

Meine liebe Mutter.

... Hast Du gehört, wieviel Tonnen Schiffsraum der Engländer verlor? 5000000 Tonnen liegen am Meeresgrund.* Wir werden den Engländer zwingen, der kommt auf die Knie! Ist es in Köln auch kalt? Hier ist es –19°. Schon merklich kühl was? Winterkleidung werden wir wohl bald empfangen. ... Jetzt fangen die Farmer an die Füchse zu schießen. Ich muß für einen Pelz 150–200,00 Kronen ausgeben. ... Sollte es allen so recht sein, dann bitte ich Dich mir das Geld in Zigaretten zu schicken. Zigaretten sind hier knapp, ich kann sie dem Furier verkaufen, der bezahlt mich dann in Kronen. ...

9. 11. 40

Mein lieber, lieber Junge!

... ich verstehe, daß es Dir dort in der Stille + Erhabenheit der Natur gut gefällt. Ich glaube, auch mir würde es dort gefallen. Diese weiten Täler, diese großen Wälder! Und so unberührt, und nicht so überlaufen. Genieß nur diese Zeit, so gut Du kannst. Es wird Dir später, wenn einmal harte Arbeitsjahre kommen, immer eine schöne Erinnerung sein. ... Na, unser Herr-Gott wird uns helfen, diese angstvolle Zeit zu überstehen. Der Führer hat uns ja in seiner Rede Mut gemacht. Wir müssen aushalten bis zum Endsieg! ...

11. 11. 40

Mein lieber Junge!

... die E. werden auch immer fanatischer. Sie werfen jetzt Brandbomben in Mengen. Man sorgt und schafft und wer weiß, ob man behält, was man hat, oder ob man noch selbst

* Deutsche U-Boote führten einen Handelskrieg im Atlantik und versenkten Schiffe, die lebens- und kriegswichtige Güter aus den USA und aus den Kolonien nach Großbritannien transportierten. 1940 wurde insgesamt 4407000 Tonnage versenkt.

am Leben bleibt. Jede Nacht fordert Opfer an Gut und Blut! … Nun muß ich Dir noch einiges mitteilen betreffs der Felle. Also Berta hat sich bei Koenen, dem Pelzhändler, erkundigt nach der Verarbeitung. Der meinte, ich bekäme die Felle garnicht. An der Grenze würden die Pakete nachgesehen und die Felle beschlagnahmt. Du müßtest erst nach Leipzig um Genehmigung schreiben. Du könntest selbst auch Unannehmlichkeiten haben. Also ich schreibe Dir die Adresse von Leipzig: Reichsstelle für Rauchwaren, Leipzig C 1, Thomaskirchhof. Nun schreib hin, damit Du Dir keine Unannehmlichkeiten machst, und die Felle uns nicht verloren gehen. Wenn es allzu viel Umstände macht, dann lasse das Ganze bleiben. …

15. 11. 40

Mein lieber Rudolf!
…Hätten unsere Gedanken und Wünsche Gewalt, Ihr wäret längst wieder zu Hause. Aber es geht ja auch nicht, erst muß der Engländer klein sein. Es wird ja noch hart werden, er ist zäh und hartnäckig und wird alles dran setzen. Und viele Opfer aller Art wird es noch kosten. …

Wo unsere Flieger jetzt dort in England so furchtbar hausen* werden die Engländer jetzt auch immer erbitterter. In etwa müssen wir es hier vergelten. Das ist das Schlimme an diesem Krieg, daß alle, alte Leute, Frauen und Kinder gleichermaßen davon betroffen werden. …

Anna ist immer noch davon überzeugt, daß Deutschland gegen »den Engländer« vorgehen muß. Dabei ist ihr längst klar,

* In der Nacht vom 14. zum 15. November 1940 warfen 449 deutsche Flugzeuge 56 Tonnen Brand- und 394 Tonnen Sprengbomben auf die Stadt Coventry in Mittelengland. 554 Menschen starben, von ca. 75000 Häusern wurden ca. 60000 vollständig oder teilweise zerstört. Am 15. November griffen 410 Bomber London an. Bei dem bis dahin schwersten Angriff auf die britische Hauptstadt brach an mehr als 900 Stellen Feuer aus, Versorgungsleitungen wurden zerstört, das U-Bahnnetz durch Überflutungen zum Teil lahmgelegt.

daß dieser Krieg eine neue Dimension hat und die Zivilbevölkerung nicht verschont bleibt – auf keiner Seite. Aber diese Einsicht verdrängt sie immer wieder, sobald das eigene Leben nicht unmittelbar bedroht ist.

17. 11. 40

Mein lieber Rudolf!
… Hast Du den Brief mit dem Meßtext erhalten?* Stehe doch des Sonntags-früh eine Viertelstunde eher auf und bete still für Dich die Messe. Denke auch sonst mal an unseren Herr-Gott. Er allein hat uns in der Hand. … Nächsten Sonntag ist in der ganzen katholischen Kirche auf der Welt Gebetssonntag nach Anordnung des Hl. Vaters in dreifacher Meinung: 1. für alle Gefallenen um ihren ewigen Frieden, 2. für alle, die besonders gefährdet durch den Krieg sind, 3. für einen baldigen, gerechten Frieden. Wir wollen eifrig mitbeten. …

18. 11. 40

Meine liebe Mutter!
… zum Pelzgeschäft! Sage dem lieben Herrn Koenen, er sei komplett verrückt. Wir wissen, daß die Kürschner, bes. die aus Köln, auf uns schimpfen wie die Rohrspatzen. Aber so schlimm, wie sie es machen, pfuschen wir ihnen doch nicht in's Handwerk. Darum lassen wir auch die Häute direkt hier fix und fertig machen. Ich kaufte bereits zwei Häute. Jetzt sind sie schon in der Gerberei und werden dort montiert. Gerben und Montieren kostet zusammen 30 Kr. Ich bringen also 2 fertige Pelze mit. Wer einen haben will, kann dann ja zu mir kommen. Ganz umsonst kann ich ihn ja nicht abgeben. … Jeder Pelz kostet 200,00 Kr. Und nur keine Bange machen lassen, wir dürfen kaufen, und verzollt werden die Pelze auch. Und nun soll ich Dich herzlich

* Rudolf konnte in Gol sonntags keine Messe besuchen, wie es für einen Katholiken Pflicht ist. Daher schlug Anna ihm vor, den Text der Messe allein zu lesen.

Platina-Fuchs

grüßen von Gudrun. Jeden Tag fragt sie bange, ob ich Post von Dir bekommen hätte. ... Schicke ihr doch einmal einige Photos von Köln. Im städt. Verkehrsamt gibt es einen wundervollen Prospekt in schwedischer Sprache. Sie spricht ja perfekt schwedisch. Sie wird sich bestimmt freuen. Gestern habe ich mit ihr Schlitten gefahren. Wenn ich die Pelze aus dem Kopf habe, schaffe ich mir Skier an. ...

20. 11. 40

Mein lieber Rudolf!
... Hoffentlich wird es bald kalt, dann sollen die Engländer ja nicht mehr kommen, dann würden sie vereisen. Unsere Luftwaffe arbeitet ja mächtig in England. Ob die Leute da nicht aufsässig gegen die Regierung werden? London kann doch bald nur eine Ruinenstadt sein. Aber ich glaube, die ergeben sich nicht! ...

20. 11. 40

Mein liebes Mütterlein!

... zum wunden Punkt meiner Beförderung. Nun muß ich einmal meine Batterie und meinen Chef in Schutz nehmen. 1. Ich fühle mich sehr wohl in ihr. Trotz großer Versetzungen hat man mich behalten, warum? Weil sie mich brauchen. Als einziger Korporal machte ich Fahrschule und Prüfung. Du darfst also nicht sagen, daß ich nicht angesehen wäre! Augenblicklich leite ich den ganzen art. [artilleristischen] Dienst der Batterie usw. Ich darf und will nicht über weiteren Dienst schreiben. 2. Die Sache mit dem R.O.A. [Reserve Offizier Anwärter] brachte doch erst unser Chef wieder in's Rollen. Aus sich heraus kann er mich nicht befördern. Die Gewalt hat nur das Regiment. Im Lehrgang habe ich ganz prima abgeschnitten. An meinem Eifer und meinen Kenntnissen liegt es auch nicht. Also das sind höhere Mächte. Ich bin auch so zufrieden! ... Letzten Endes liegen meine Hauptinteressen im Zivilleben. Wenn auch die Kriegszeit ein großer, nie wiedereinzuholender Zeitverlust ist, einen Gewinn hat sie doch: Mich macht sie reifer, selbstbewußter und fester im Auftreten, ich habe gelernt, mich besser durchzusetzen. ....

Annas Frage nach einer Beförderung, die sie im Laufe des Briefwechsels immer eindringlicher wiederholt, macht Rudolf gereizt – daher seine grundsätzliche Erklärung, daß er in seiner Batterie nicht benachteiligt wird, wie Anna vermutet.

Viele Jahre später erklärte mein Vater bei unserer gemeinsamen Brieflektüre, Beförderungen seien im Prinzip regelmäßig und der Reihe nach erfolgt, wenn die entsprechenden Voraussetzungen (Ausbildungsstand, Beurteilung) erfüllt waren. Er ging aber davon aus, daß die negative Bewertung seines Vorgesetzten aus der Zeit des Wehrdienstes (»schlechte Herkunft«) seine militärische Karriere nachhaltig behinderte.

Rudolf und Gudrun

24. 11. 40

Mein lieber Rudolf!

… Wann kommt nun die Beförderung? … Von Rechts wegen müßtest Du doch längst befördert sein. So junge Dachse sind schon weiter wie Du. Na ja, Du bist ein Späterˣ. Auch wohl darin. …

27. 11. 40

Mein lieber Junge!

… In etwa hat man ja die große Angst verloren, man ist es tatsächlich langsam gewohnt. … Gestern Abend waren die Engl. schon um 8 Uhr hier bis 10½ Uhr. Heute früh von 5½–7½. Und heute Morgen haben sie ordentlich in unserer Gegend gehaust. … Gottlob keine Menschenleben sind zu beklagen. Heute Morgen bei sternklarem Himmel war es ein herrliches Schauspiel, die Scheinwerfer + Leuchtbom-

ˣ Eine Anspielung darauf, daß Rudolf für vieles (das Abitur zum Beispiel) länger brauchte als seine Altersgenossen.

ben. Von hier aus kann man das schön beobachten. ... Mein Junge, wegen Deiner Beförderung wollen wir uns nicht allzu viele Sorgen machen. Wie es kommt, so kommt es. Wenn man nur vor sich selbst bestehen kann, das ist die Hauptsache. ... Nun möchte ich Gudrun für Ihre lieben Grüße danken. Ich schicke ihr zu Weihnachten ein Päckchen und lege die Kölner Photos bei. Sag ihr und Familie L. meine besten Grüße. ...

1. Adventssonntag 1940

Mein liebes Mütterlein!
... Seit einigen Tagen ist Tauwetter. Wenn der Fön auch noch so tobt, er kann die Schneemassen garnicht bezwingen. Auf den Straßen ist tolles Glatteis. Wir fallen nur einmal – den ganzen Tag. Streuen tun die Norweger nicht, weil sie sonst nicht Ski und Schlittenfahren können. ... Ich bin gespannt auf Jul-Sitten und Gebräuche. Gudrun, glaube ich, strickt mir Skihandschuhe. Sie tut ganz geheimnisvoll. Ich habe für sie, weil sie so gerne liest, zwei schöne Bücher gekauft. Viktoria von Knut Hamsun* und »Ewig singen die Wälder« von Gulbranson [!]. ...

28. 11. 40

Mein lieber Rudolf!
Während des Fliegeralarms, es ist der 4te seit gestern um diese Zeit, mache ich Dir Dein Nikolauspäckchen zurecht.... Viel kann ich Dir ja nicht schicken. Ich dachte, das Quartett** wäre etwas für die langen Abende. Solltest Du es nicht gebrauchen, schenke es der Gudrun. Wenn sie auch nicht Deutsch liest, so kann sie die Bilder doch kennen lernen und dann damit spielen. ... Schönen Gruß an Familie L. und ganz besonders an Gudrun!

* In diesem Roman geht es um eine Liebe, die wegen der Standesunterschiede und der Unfähigkeit, sich darüber hinwegzusetzen, nicht gelebt wird.

** Ein Kartenspiel.

1. 12. 40

Meine liebe Mutter!
Der erste Adventssonntag ist zu Ende ... Wir haben etwas Grammophon gehört und nun sitze ich wieder im heimlichen Bryggerhus* unter dem Adventskranz. Der Kamin wärmt mir den Rücken. Ich sitze allein, die Kameraden schlafen schon. ... Morgen beginnt eine arbeitsreiche Woche. Der Dienstplan sieht die zweite Ausbildungsstufe für den Nachersatz vor. Nun muß ich jeden Tag Unterricht abhalten und den Außendienst leiten. Mit Arbeit geht die Woche am besten vorbei. ...

4. 12. 40

Meine liebe Mutter!
... Nun sind wir umgezogen. Ich sitze in meiner kleinen, aber wirklich gemütlichen Stube ... Es gefällt mir gut! ... Meine Quartierleute ließen mich nicht gerne gehen. Ich werde sie aber noch häufig aufsuchen. Bis zu ihnen ist nämlich gar nicht weit....

In Gol sind mittlerweile Baracken gebaut worden, wo die deutschen Soldaten von nun an wie in einer Kaserne leben. Das erleichtert den Dienstbetrieb – und die Kontrolle. Der Kontakt zwischen Rudolf und Gudruns Familie bricht durch dem »Umzug« aber nicht ab – im Gegenteil.

8. 12. 40

Mein liebes Mütterlein.
... Gestern war ich mit meinem V 8 auf großer Fahrt. 150 km. Es ging durch winterliche, norwegische Täler. Die Nachtfahrt habe ich gut überstanden. Man muß vorsichtig

* »Bryggerhus« bedeutet ursprünglich Brauhaus. Es wird aber auch zu anderen Zwecken genutzt, weil es dort immer warmes Wasser gibt. Offensichtlich wurde das »bryggerhus«, das Rudolf erwähnt, beschlagnahmt und als Aufenthaltsraum für die Soldaten umfunktioniert.

fahren, die Straßen sind glatt. ... Nochmals danke ich für das feine Nikolauspäckchen. Die Plätzchen* waren fein. Gudrun und ihre Mutter lobten sie. Ich werde Dir einmal norwegische Rezepte schicken. ... Innerhalb der Division sind Skikurse eingerichtet worden. Wir lernen also auch noch zünftig Skilaufen! Das sind doch ganz nette Nebenerscheinungen des Krieges! ...

10. 12. 40

Mein liebes Mütterlein.
... Wir haben uns eine abendliche Beschäftigung gesucht. Ein Kamerad und ich streichen L.s Möbel an. Die Küche ist fertig, sie ist prima geworden, denn der Kamerad ist Meister in seinem Fach. Auch so werben wir für Deutschland. Überhaupt kann man feststellen, daß das Verhältnis zwischen Norwegern und den Soldaten immer besser wird. Wenn wir auch nicht mit den Waffen kämpfen, wir kämpfen eben augenblicklich so. ...

11. 12. 40

Mein lieber Rudolf!
... Heute habe ich ein Päckchen für Gudrun fertig gemacht. Ein kleines Album mit Bildern von Köln und dem Rhein, ein kleines Fläschchen Eau de Cologne, ein Kerzchen mit einem Stern und ein Kästchen Leckeres. Ob sie sich freut? ...

12. 12. 40

Mein liebes, bestes Mütterchen.
... Gestern Abend gab mir Frau L. eine kleine Weihnachtsgabe für Dich. Ich sollte Dir das Päckchen schicken. Es ist mir aber zu gefährlich. Auch das bringe ich mit, wenn ich in Urlaub komme. Es ist eine schöne Garnitur Wäsche. ... Ist das nicht lieb? Du kannst Dir also denken, daß ich hier

* Selbstgebackene Kekse.

gut gelitten bin. Wenn ich auch jetzt in den Baracken wohne, ich gehe fast jeden Abend zu meinen alten Quartierwirten. Dort werde ich wohl auch am Heiligabend sein. Ich habe für alle auch kleine Geschenke. Für Gudrun Bücher, für ihre Mutter eine Weckeruhr und für Reidar, den Bruder Gudruns, Rauchwaren. Daß es hier kalt ist, schrieb ich Dir ja schon. Heute war es um 9^{00} Uhr vormittags –28 °C. Wir sind die Kälte aber bereits gewohnt. Besondere Kleidung oder wärmere Wäsche haben wir nicht. Nun sind wir dabei, skilaufen zu lernen. Ich habe prima Markenski und Stiefel empfangen. Du kannst glauben, das macht Spaß. Skilaufen wird nun unser ständiges Sonntagsvergnügen. …

16. 12. 40

Mein liebes Mütterlein.
… Ich habe heute günstig einen Silberfuchs kaufen können. … Darum bitte ich Dich, schicke mir von meinem Sold für den Monat Januar … 50,00 Mark. … Ich kann so ganz nett etwas verdienen. Du kannst Dich ja einmal umhören, wer eventuell noch einen Pelz haben möchte. 2 bringe ich also mit, einen fertigen und einen unfertigen Fuchs. … Sie sind ausgezeichnet in Farbe, Zeichnung und in der Qualität des Haares. Wunderbar silbernes Haar haben sie. … Auch hier in Norwegen wird wohl der Weihnachtsmann kommen. Das Christkind kennt man hier ja nicht. Gudrun tut ganz geheimnisvoll, die Mama backt die ganze Woche. Sie hat schon Hausputz gehalten. … Ich glaube es auch hier Weihnachten ganz nett zu haben. …

18. 12. 40

Mein liebes Mütterlein.
… ich muß verreisen. Schade, nun bin ich am Heiligabend nicht bei L.s. Ich fahre gleich um 2^{00} Uhr zum Skikursus. … Es wird bestimmt viel Freude geben. Trotzdem wäre ich

gern bei Gudrun und ihrer Mutter gewesen und hätte im stillen Kreis den Heiligen Abend zugebracht und an Dich gedacht. Nun habe ich meine Geschenke schon gestern Abend ausgeteilt. Du glaubst garnicht, wie sich diese einfachen und geraden Menschen gefreut haben. Der Gudrun standen beim Abschied die Tränen in den Augen. Sollten wir da oben im Skilager Weihnachten frei haben, fahre ich selbstverständlich herunter, um einige Stunden bei den Leuten zu sein. …

20. 12. 40

Liebe Mutter.
Abend ist es, gleich 19^{00} Uhr, ich sitze in einer Baracke des Skilagers. Im Ofen knistern Birkenscheite, allmählich breitet sich eine gemütliche Wärme aus. Unsere Knochen sind heute weich und müde geworden. Heute waren wir den ersten ganzen Tag auf den Brettern. … Viel Spaß macht der weiße Sport. Schon heute begannen wir mit den Abläufen. Nun lernen wir Wendungen, Gleiten, Dreistock, Schneepflug und Schwünge. Was wir beim Militär nicht alles lernen! … Am 3. geht es zurück in's alte Quartier. Ich denke, daß wir dann gut laufen können. Es war heute herrliches Wetter. Die Sonne lachte auf die weiße Wunderwelt. In's Tal kann sie nicht mehr scheinen, sie bestrahlt nur die glänzend weißen Bergspitzen. Die untergehende Sonne ließ sie blutrot aufleuchten. Nun funkeln die Sterne in märchenhafter Helle, wie sie nur das Nordland kennt im Wettstreit mit dem Mond vom tiefblauen Himmel. Im Norden funkelt das Nordlicht über die Berge. Man könnte glauben, die Flak hätte Nachtübung. In diesem verzauberten Märchenland tummelt sich nun Dein Junge – wirklich ich bin wieder Junge geworden. …

Skipatrouille

24. 12. 40

Liebe Mutter.

... Gestern bin ich vom Skikurs zurückgeholt worden. Ich bin also im alten Quartier, kann Weihnachten bei der Battr. und bei L.s feiern. Ich soll am 2. Weihnachtstag nach Bergen zur Prüfung fahren. Die O. A. [Offiziersanwärter] Geschichte rollt endlich. Wenn es klappt, werde ich also nicht mehr als Unteroffizier in Urlaub kommen. Die Prüfung ist Ersatz für die Kriegsschule.* Ich kann also bei der Truppe bleiben. ... Morgen haben wir nun unsere Weihnachtsfeier. ... Die Dorfkirche haben wir geschmückt. Weihnachten feiern wir dort die Messe. ... Hast Du von den Weihnachtsschiffen gehört, die nach Norwegen kamen?[85] ...

* Die Ausbildung an einer Kriegsschule war eigentlich eine Voraussetzung für die Offizierslaufbahn. Normalerweise wurden Offiziersanwärter auch während des Krieges auf diese Schulen geschickt, die es zum Beispiel in Hannover, Dresden, Metz und Posen gab.

Rast während einer Skipatrouille

2. Weihnachtstag 1940

Liebe Mutter.

... Heilig Abend habe ich bei Gudrun gefeiert, anschließend hatten wir unsere Weihnachtsfeier. Um 16^{00} Uhr begann das Fest. Bei gutem Bohnenkaffee saßen wir und aßen selbstgebackenen Julkake-Kuchen, roembroedlefse und allerlei norwegisches Weihnachtsbackwerk.* Neben dem Kaffee gab es einen feinen Likör. Wir saßen zu 5fen. Gudruns Mama, ihre Schwester mit Verlobtem, Gudrun und ich. Vom kleinen Weihnachtsbaum strahlten im warmen Schein die Kerzen. Im Geiste warst auch Du da. Wir haben von Dir gesprochen, und ich habe von unserem schönen Weihnachtsfest erzählt. Es folgte dann die Bescherung, Gudruns Aufgabe war es, jedem die Geschenke zu überreichen. Was ich schenkte, schrieb ich Dir ja schon. Ich bekam einen feinen Pullover aus gut wärmender Wolle, ein paar gestrickte Skihandschuhe und 6 Taschentücher. Alle Geschenke haben viel Freude bereitet. Wir saßen noch ein Stündchen zusammen, man sang norwegische Julviser**. Äpfel, Nüsse, Mandeln und Wein kamen auf den Tisch. Anschließend gab es dann warmes Essen nach deutscher Art. Um 19^{00} Uhr begann die soldatische Weihnachtsfeier. Auch hier gab es warmes Essen, es folgte die Bescherung. Es gab solide und praktische Geschenke. Ich bekam 2 Tafeln Schokolade, Keks, Schreibpapier, eine gute Taschenlampe. Du siehst, ich lebe wie ein Fürst. ...

30. 12. 40

Mein lieber, großer Junge!

...wie viele Gedanken, wieviel Liebe und Sehnsucht gehen nun wieder durch die Welt. Wie ist der Krieg so schrecklich

* Julkake (richtig: julekake) bedeutet Weihnachtskuchen, rombroedlefse ist ein dünnes Fladenbrot, die später erwähnten smultringe sind Schmalzringe, fatimänner (richtig: fattigmener) sind ebenfalls ein Schmalzgebäck.

** Weihnachtslieder.

und grausam. Warum nur immer diese Auseinandersetzungen. Wenn doch nur alle den rechten und guten Willen hätten. Aber, alles ist Gottes Wille! ...

Sylvester 1940

Mein liebes Mütterlein.
... Ich bin vom Kursus heute zurückgekommen. ... Es war eine vielseitige Prüfung. Sport, Fußdienst, Kommandosprache, Erkennen von Fehlern, Überraschungsaufgaben im Gelände, Lebenslauf, persönliche Aussprache mit dem Kommandeur, selbständige Arbeit: »Zusammenwirken der Artillerie mit der zu unterstützenden Infanterie«. Ein Vortrag von einer viertel Stunde war zu halten. Thema: »Überlegungen bei der Auswahl von Feuerstellungen!« Und noch einige Scherze. Nun bin ich müde im Quartier angelangt und fand alle Deine lieben, herrlichen Weihnachtsgaben. ... Wunderbar schmecken die Lebkuchen, Wespenstiche und der Spekulatius. Frau L. soll heute Abend auch davon einmal kosten. Sie soll sehen, daß deutsche Hausfrauen auch ihr Handwerk verstehen. Heute Abend bringe ich Gudrun Dein Päckchen. ...

Neujahr 1941

Mein liebes Mütterlein.
... Du kannst Dir die Freude von Gudrun gar nicht vorstellen. Ihr standen die Tränen in den Augen. Sie selbst will Dir in einem Brief danken. Ich war Sylvester und Neujahr im alten Quartier. Es war recht gemütlich. Die Norweger verstehen es, in ihrem gemütlichen Heim diese Familienfeste zu feiern. Das Holzfeuer verbreitet eine angenehme Wärme, verbunden mit diesem eigenartigen und feinen Geruch. Auf den Tisch kommt neben selbstgebrautem Bier und Schnaps das seit Jahrhunderten bekannte Weihnachtsbackwerk. Da gab es fatimänner, roembroedlefse, julkake, smultringe usw. Roembroedlefsene sind verfeinerte Fladenbrote. Hauchdünn ist dieses Brot, dünner als Knäcke-

brot. Es wird auf der Gußeisenplatte des runden Ofens im bryggerhus gebacken. Ich war für beide Tage zu allen Mahlzeiten eingeladen. Der Mittagstisch sah dem deutschen Sonntagstisch ähnlich. ... Jetzt bin ich gespannt, wann ich von der Division Bescheid über das Resultat der Prüfung bekomme. Es ist mächtig kalt, –25, –30°. Der neue Pullover und die Skihandschuhe, die mir der Julenis* in Norwegen brachte, tun jetzt gute Dienste. Gestern bin ich nochmals eine Stunde lang Ski gelaufen. Es ist aber fast zu kalt. Der Schnee ist verharscht, die Straßen vereist. Weiter kommt man nur mit Skiern und dem spark**. Die Nächte sind sternklar und alles Leben ist erstarrt. Der geschäftige Bach schweigt jetzt auch. Das liebgewonnen Rauschen des Flusses ist verstummt. Seine Eisdecke ist eine wundervolle Eis- und Skibahn. ...

1. 1. 41

Mein liebes Mütterlein!
... Über Nacht hat sich der Himmel mit grauen Wolken überzogen. Es ist nicht mehr so kalt. Es riecht nach Schnee! ... Hoffentlich rieseln bald die weißen, kristallenen Flocken. Dann haben wir morgen ein herrliches Sonntagsvergnügen. ... Mit seiner großen Rede hat der Führer ja uns wieder Hoffnung gemacht. 1941 wird die Entscheidung fallen. Die Engländer keifen, was? Aber bald ist Schluß mit ihnen! Muß die Welt wieder schön werden, wenn wieder Frieden ist. Wie stolz wird Deutschland dastehen! Der Führer wird einen gerechten Frieden machen und wir wollen beten, daß Gott uns diesen Frieden lange erhält. ...

* Richtig: julenisse – der Weihnachtsmann.
** Ein Transportschlitten, auf dem man vorn sitzen oder Lasten deponieren kann, hinten steht jemand und bewegt den Schlitten vorwärts, indem er sich wie auf einem Roller mit dem Fuß abstößt.

5. 1. 41

Meine liebe, gute Mutter.

… Hier geht heute Weihnachten zu Ende. Heute, Sonntag, feiert man den letzten Juledag. Noch einmal kommen Gäste. Man hat noch einmal gebacken und heute brennt zum letzten Mal der Jultree*. In L.'s Bäumchen läuten nun Deine Glöckchen. Nochmals soll ich Dir für Gudruns Päckchen danken. Ich denke, heute schreibt sie Dir selbst. Das Wetter ist unverändert kalt. … Ich habe mir gestern eigene Skischuhe gekauft. Sie kosten 60.00 Kronen. Die besten Skier, die man in Norwegen bekommt. 3erlei Holz, Hikori, mit Slalombindung. Gestern habe ich sie ausprobiert, heute nach Mittag geht es wieder los. …

In hartem Kontrast zu dieser friedlichen Stimmung steht der Tageseintrag aus dem Kriegstagebuch der Division: »Die durch innen- und außenpolitische Gründe bedingte Versteifung der Haltung der Norweger verlangt eine erhöhte Überwachung des Divisionsbereiches. … Zusammenrottungen und illegale Ausbildungsversuche sind möglich … Um eine möglichst weitgehende Überwachung im Küstengebiet und im Landesinneren durchzuführen, werden … von sämtlichen Truppenteilen Überwachungsaufträge … durchgeführt, die den Zweck haben sollen, bei der Bevölkerung ständig das Gefühl der Überwachung durch die Besatzungsmacht aufrecht zu erhalten. Es muß gewährleistet sein, daß bei diesen Überwachungsaufträgen, die in Form von Streifen, Wanderpatrouillen, Übungsmärschen usw. von den Einheiten durchzuführen sind, möglichst alle im Div. Bereich liegenden Gebiete mindestens einmal im Monat … aufgesucht werden.«[86]

Tatsächlich ist in Bergen, das zum Bereich der Division gehört, kurz zuvor eine Spionagegruppe aufgeflogen. 37 Personen werden verhaftet, 17 später hingerichtet.

* Richtig: juletre – Weihnachtsbaum.

9. 1. 41

Meine liebe Mutter.

... Und nun will Gudrun Dir einen Gruß senden. ... Sender nogen ord og si tusen takk for den pene pressangen som jeg fikk hos dig. Di kan tro jeg blev glad da jeg fikk pakke helt fra Tyskland. Håper di har det bare bra og det samme har vi her i Norge. Skal hilse fra mamma, vi önsker deg et riktig gödt nytt år. Hjertelig hilsen Gudrun.

Na, hast Du verstanden? Ich glaube, es ist nicht allzu schwierig.

Bis jetzt schrieb ich nicht ein einziges Wort, nun danke ich für das feine Paket, was ich von Dir erhielt. Sie können glauben, daß ich mich gefreut habe, so weither von Deutschland ein Päckchen zu bekommen. Ich hoffe, daß es Ihnen gut geht. Hier in Norwegen geht es uns allen gut. Ich soll vielmals von Mama grüßen. Wir grüßen Dich und wünschen Dir ein wirklich gutes Neues Jahr. Herzliche Grüße Gudrun

Gudrun auf Skiern mit Dorfbewohnern und einem deutschen Soldaten

11. 1. 41

Mein liebes Mütterlein.
Morgen ist wieder Sonntag, Wir wollen morgen mit Skiern zur Alm. 3 Stunden müssen wir ansteigen. 10^{00} Uhr Start! Mittagskost gibt es in der seter = Almhütte. Und dann kommt das Wunderbare – die Abfahrt. Herrlich ist der Skisport. Jungenträume gehen in Erfüllung. Aber trotz allem vergesse ich den Ernst des Lebens nicht. Ist der Krieg erst zu Ende, dann geht es aber auch ran an die Arbeit, mit ausgeruhten Nerven muß sich gut arbeiten lassen. … Vom Ausgang, d. h. Resultat des Kurses hab ich immer noch nichts gehört. Ich glaube doch, daß es geklappt hat. Heute war der Divisionskommandeur hier und besichtigte unsere Skistunde. Mit den Leistungen war er anscheinend zufrieden. …

13. 1. 41

Mein liebes Mütterlein.
Ein sonniger, frostklarer Sonntag ist wieder vorbei. Wir hatten einen anstrengenden Marsch auf die Almen. 11^{30} Uhr ging es nach einem ½stündigen Talmarsch bergauf. Durch Kiefernwald ging es in immer neuen Serpentinen, über Lichtungen mit Findlingen, Wacholderbüschen und isländisch Moos. 2^{10} Uhr erreichten wir die erste Hütte, »seter« genannt. Soviel Schnee hab' ich noch nie gesehen. Bis an die Hüften reichte er uns. In der Hütte brauten wir uns einen guten Kaffee, Weihnachtspäckchen, die immer noch ankommen, wurden leer gemacht, und mange smørbrød's aßen wir (Butterbrote). Nach 2½ Stunden begann dann die herrliche Abfahrt hinein in die sinkende Sonne. Hier oben sahen wir sie wieder einmal. Vom Tal aus ist sie immer noch unsichtbar. Hier müssen wir noch im Schatten leben. Anschließend habe ich dann Gudrun noch besucht und beim flackernden Holzfeuer erzählte sie mir ihre Erlebnisse von der Alm und besonders von ihrer Evakuierung, als die ersten deutschen Soldaten durch den Ort kamen. …

Gudrun ist mit Mutter und Schwester geflohen, als die deutschen Truppen am 28. April in Gol einmarschieren. Bei ihrer Rückkehr einige Tage später stellten sie erleichtert fest, daß man die Besatzer nicht fürchten muß, wenn man sich angepaßt verhält, d. h. ihren Herrschaftsanspruch akzeptiert. Und so werden sie im Laufe der Zeit neugierig: Die deutschen Soldaten repräsentieren schließlich eine fremde Welt, erzählen davon, bekommen Nachrichten, Lebensmittel, Geschenke aus der Heimat. Viele sind nett und höflich und machen dem Namen »snille Fritz«* alle Ehre. Einige umwerben das junge Mädchen sogar – erwachsene Männer, die zu den Siegern gehören! Kein Wunder, daß Gudrun Vertrauen faßt, daß die Familie sich öffnet und den »Feind« in ihr Haus und ihr Herz aufnimmt. Daß er nur *eine* Seite der deutschen Besatzungsmacht repräsentiert, haben sie nicht im Blick. Unterdrückung, Verfolgung, Terror und Tod, die vor allem von Polizei, SS und Gestapo ausgeübt werden, berühren ihren Erlebnisradius nicht.

15. 1. 41

Meine liebe Mutter!
Aus warmer, gemütlicher Stube, bei den Klängen unseres schönen und großen Radioapparates sende ich Dir einen frohen Gruß. Jetzt um 13^{00} Uhr haben wir Dienstschluß. Heute ist freier Mittwochnachmittag, zudem kann man nur 2–3 Stunden draußen bleiben. Bei der Kälte sind Erfrierungsgefahren zu groß. Heute zeigte das Thermometer eine Temperatur von –38 °C. Recht nett kalt, was? Ich habe mich aber daran gewöhnt. Skilaufen macht warm, wir bewegen uns fast nur mehr auf Skiern. … Kameraden haben zum Teil erfrorene Gliedmaßen. Ich bin vorsichtig geworden, ich trage z. B. 2 Paar Handschuhe. Gleich muß ich mal

* »Snille Fritz« – »lieber Fritz« nannte man den netten, leutseligen deutschen Soldaten, eine Bezeichnung, die auch eine gute Portion Spott enthielt. Vgl. Ebba Drolshagen: Nicht ungeschoren davonkommen. S. 88.

zu Gudrun laufen. Ihre Großmutter war sehr krank und hatte gestern einen Schwächeanfall. Den ganzen Abend weinte das kleine Mädel. …

18. 1. 41

Mein liebes Mütterlein.

… Kalt ist es, jetzt um 11^{00} Uhr ist es noch –29°, die Sonne ist aufgegangen, zwar sehen wir sie nicht, aber sie läßt die schneebedeckten Gipfel wunderbar aufleuchten. … Vergangene Woche hatten wir Besichtigung.* Es hat geklappt. Übrigens erhielt ich gestern Nachricht, daß es auch bei mir geklappt hat. Papiere und Arbeiten sind im Augenblick bei der Division. Es wird sich also wohl nur noch um Tage handeln, wann mir das Resultat bekannt wird. Ich denke, ich komme als Beförderter in Urlaub. Apropos Urlaub. Ich weiß jetzt, wann ich fahren kann. Zu Anfang des Februars werde ich reisen. Ich muß nämlich vorher noch an einer besonderen Übung teilnehmen. …

23. 1. 41

Mein liebes Mütterlein.

… Heute habe ich einen Glückstag! Heute steht mein bescheidener Name im Regimentsbefehl. Ich bin zum O. A. ernannt. Nun wird wohl die Beförderung zum Wachtmeister nicht mehr lange auf sich warten lassen. Bei der nächsten Gelegenheit werde ich wohl dabei sein. Das bedeutet jedenfalls wieder eine bessere geldliche Hilfe. Ich kann dann noch besser sparen. Ich hoffe, daß ich schon als Wachtmeister in Urlaub kommen kann. … Gestern sind wir von einer Skipatrouille auf die Fjelle zurückgekehrt. Es war herrlich. Schön war vor allem die sausende Abfahrt. …

* Bei einer Besichtigung kommt ein Kommandeur (Abteilungs-, Regiments-, Divisionskommandeur) und begutachtet in erster Linie die Gefechtsausbildung, zum Beispiel Verhalten im Gelände und Schießen, aber auch den Unterricht, die Unterkünfte oder den Skikurs.

Am 5. Januar 1941 wird eine »verstärkte Überwachung« befohlen. Sie wirkt sich massiv auf Rudolfs Dienstalltag aus: Er geht nun häufig auf Skipatrouille. Mit solchen Kontrollmärschen will man nicht nur die Bevölkerung überwachen und die eigene Macht demonstrieren. Sie haben auch das Ziel, Waffenverstecke und verdächtige Personen aufzuspüren.

Später erzählte mein Vater häufig von diesen Skipatrouillen. Manchmal hätten sie dabei Hütten aufgebrochen, wenn ihnen etwas verdächtig vorgekommen sei. Entdeckt hätten sie allerdings nie etwas, beteuerte er. Zum Schluß wurde in der Hütte eine Nachricht hinterlegt, um den Besitzer zu informieren, wer die Hütte aufgebrochen hatte und daß ihm eine Entschädigung zustand.

27. 1. 41

Meine liebe Mutter.
... Ich habe einen sehr schönen Sonntag erlebt. Gudrun ist mit mir zur Alm hinaufgestiegen, und wir haben ihre Quartiersleute besucht, bei denen sie mit Mutter und Schwester gewohnt hat, als sie evakuiert waren, also vor uns Deutschen flüchteten. Wir wurden mit echt norwegischer Gastfreundlichkeit zum Kaffee eingeladen. Wiedereinmal probierte ich das Nationalgebäck, Roembroedlefsene und smultringe. Gestern hatte ich Muße, mir das Leben dieser Bergbewohner anzusehen. Gudrun mußte den Leuten aus dem Tal berichten und ihnen aus der Zeitung vorlesen. Ich konnte mich derweil umsehen. Primitiv leben sie da oben, aber nicht ohne Kultur. Jeder Gegenstand erzählt vom Leben der Ahnen, alles lebt mit und atmet den Hauch vergangener Jahrhunderte aus. ... Heute ist es wieder bitter kalt. Um 11^{00} Uhr war es –30 °C. Letzte Nacht hatte ich Streife. Ich fuhr mit einem Wagen bis zum nächsten Städtchen, eine Strecke 62 km. ...

31. 1. 41

Liebe Mutter!

... Jeden Tag trinke ich nun 1 Liter Milch, und was für welche, das ist mehr Sahne. Sehr fett ist die norwegische Milch. Mein Gesundheitszustand läßt nichts zu wünschen übrig. Fast täglich machen wir eine kleine Skitour. Man wird immer sicherer auf den Brettern.... Gudrun läßt Dich vielmals grüßen und wünscht Dir alles Gute. ...

Dieser Brief ist der letzte, den Rudolf vor seinem Heimaturlaub an seine Mutter schreibt. Wahrscheinlich ist er bereits abgereist, als in Gol am 2. Februar 1941 ein »englischer Agent« verhaftet wird und daraufhin umfangreiche »Sicherheitsmaßnahmen« befohlen werden: »... a) Verhaftung aller norw. Offiziere, b) Festnahme unsicherer norw. Elemente ... d) ... Ausgehverbot während der Dunkelheit für die Norweger,« heißt es in einem Bericht der 69. Infanterie-Division.[87] Verhaftungen und Sicherheitsmaßnahmen zeugen von der Nervosität der Besatzungsmacht, die auch im Bericht über einen Schulstreik in Bergen zum Ausdruck kommt. Im Kriegstagebuch der Division heißt es: »17. 2. 41 Wegen der am Samstag durchgeführten Entfernung von Bildern des Königs Haakon aus den Schulen in Bergen bricht 9.30 ein Schulstreik aus. In der Stadt wird verstärkt die norw. Polizei eingesetzt, die Ansammlungen zerstreut. ... Soldaten dürfen nur zu zweien herausgehen. Bei Zwischenfällen soll erst die norw. Polizei, dann die deutsche Polizei eingesetzt werden und nur im äussersten Fall die deutsche Wehrmacht.«[88]

5. 2. 41

Mein lieber Rudolf!

... zuerst muß ich ja gratulieren zu Deiner Ernennung. Mein Junge, ich freue mich so sehr für Dich, nicht so sehr wegen der Ernennung an sich, als vielmehr darüber, daß man Dich nicht zurücksetzt. Das war immer mein Gedanke, und es wäre ja auch meine Schuld gewesen ... ich hätte mich Dir gegenüber schuldbewußt gefühlt. ... bitte grüße Gudrun recht herzlich von mir, sage, ich wünsche ihr alles Gute. Auch Frau L. grüße bitte.

Annas Brief erreicht Rudolf nicht mehr. Er ist auf dem Weg nach Hause – für 24 Tage, wie er annimmt. Daß es ein halbes Jahr dauern wird, bis er zu seiner Batterie nach Norwegen zurückkehrt, ahnt niemand. Während seines Urlaubs bekommt er eine Nierenkolik, wird in ein Kölner Lazarett eingeliefert und lernt wieder warten: diesmal auf den Nierenstein.

»Von Deutschland spricht Gudrun wie vom Paradies«, schreibt Rudolf seiner Mutter im Oktober 1940. Und er geht noch einen Schritt weiter: Er weist auf einen regelrechten Trend hin: »Deutsch wird modern! Deutsche Mode, deutscher Film und Theater, deutsche Kunst finden jetzt Eingang.«

Rudolfs Einschätzung dürfte sich allerdings weniger auf eigene Beobachtungen stützen als auf Medienberichte. Die »Deutsche Zeitung in Norwegen« zum Beispiel veröffentlicht im Herbst und Winter 1940/41 ausführliche Artikel über die Kulturpolitik der Besatzer und der norwegischen Institutionen, die mit ihnen zusammenarbeiten. Denn jetzt werden die Theater, die Kinos und die Verlage des Landes unter Kontrolle gestellt, jetzt werden Presse und Rundfunk politisch gleichgeschaltet. Um »Brücken zur norwegischen Bevölkerung« zu schlagen, betont die Besatzungsmacht zwar die »germanischen Gemeinsamkeiten«, gleichzeitig demonstrieren aber importierte Filme und Bücher, Ausstellungen und Gastspiele deutscher Bühnen und Orchester die vermeintliche Überlegenheit der deutschen Kultur.

Obwohl Widerstandskräfte und Exilregierung zum Boykott auffordern, nutzen viele Norwegerinnen und Norweger das Angebot, besonders wenn klassische Kultur und unpolitische Unterhaltung geboten werden. Vermutlich wirkt hier eine lange Tradition weiter. Bis zum Ende des Ersten Weltkriegs bildete Deutschland einen wichtigen Bezugspunkt für Norwegen, ökonomisch und kulturell. An höheren Schulen und Universitäten war Deutsch sogar die vorherrschende Fremdsprache.[89] Ältere Norwegerinnen und Norweger erinnern sich vermutlich daran – und die Besatzungsmacht nutzt diesen Anknüpfungspunkt. Letzten Endes werden die deutschen Erwartungen aber nicht erfüllt. Denn immer dann, wenn die Politik die Kunst dominiert und die »germanische Schicksalsgemeinschaft«[90] beschworen wird, bleiben deutschfreundliche Norweger und nationalsozialistische Kräfte bei Veranstaltungen unter sich.[91]

Im ländlichen Gol, wo hin und wieder deutsche Kinofilme gezeigt werden, macht Rudolf solche Erfahrungen vermutlich nicht. Er nimmt die Medienberichte für bare Münze.

Auf den Spuren des Krieges

Obwohl mein Vater nur knapp zwei Jahre in Norwegen verbracht hat: Die Erinnerung an diese Zeit blieb lebendig. Jedesmal, wenn sich eine Gelegenheit dazu bot, begann er von Gol und Voss zu erzählen – und von seinem Traum, noch einmal nach Norwegen zu reisen...

Bis weit in die fünfziger Jahre hinein war es praktisch unmöglich, als Deutscher dorthin zu fahren. Das Land rechnete mit vermeintlichen oder tatsächlichen Kollaborateuren ab, nach einem griffigen Schwarz-Weiß-Raster, das nur patriotische Frauen und Männer kannte, die im Widerstand gewesen waren – und Kollaborateure. Deutsche, erst recht ehemalige Wehrmachtsoldaten, waren während dieser Zeit im Land nicht erwünscht. Sie störten das Schwarz-Weiß-Bild, brachten womöglich Zwischentöne und Ambivalenzen zum Vorschein. Wenn sie trotzdem auftauchten, begegnete man ihnen ablehnend und oft sogar feindselig. Jetzt gab es die »Eisfront«, die Exilregierung und König während des Krieges gefordert hatten – und sie wirkte noch jahrelang nach. Der erste Staatsbesuch, den ein deutscher Bundespräsident Norwegen abstattete, fand erst 1970 statt!

Irgendwann hörte mein Vater von ehemaligen Kameraden, die mit ihm in Norwegen stationiert gewesen waren, sie seien in Oslo und im Hallingdal gewesen. Prompt wurde auf einem Kameradentreffen darüber debattiert, ob sie gemeinsam ins Wintersporthotel Sanderstølen fahren sollten, in dessen Nähe sie im Krieg häufig Schießübungen absolviert hatten. Der Plan wurde nie realisiert, aber er animierte meinen Vater, eine Familienreise nach Norwegen zu organisieren – an die Orte, die er im Krieg kennengelernt hatte.

Wie eine solche Reise sich anfühlt, wußte er bereits. Ende der fünfziger Jahre war er für ein paar Tage nach Holland gefahren, wo er von November 1942 bis September 1943 stationiert war. Nach dieser Testreise entschied er: Die ganze Familie würde den nächsten Sommer-Urlaub in Holland verbringen. Viel Raum für Erinnerungen blieb meinem Vater während dieses Urlaubs nicht. Schließlich waren vier Kinder, zwei Frauen (die Ehefrau und die Mutter) und ein gerade erwachsener Cousin mit von der Partie ... Ich erinnere mich nur an eine einzige Geschichte, die er damals ständig erzählte: Wie ein betrunkener Kamerad mit dem Fahrrad in einer Gracht gelandet war und mit Entengrütze bedeckt wieder auftauchte. Eine unvergeßliche Story, besonders für Kinder, die sich in diesen Wochen stundenlang damit beschäftigten, Entengrütze aus einer Gracht zu fischen, und die grünen ekligen Wasserpflanzen heimlich Elterngrütze nannten.

Danach wurde der Sommerurlaub in Holland zu einer Art Familienritual. Das ursprüngliche Motiv »Hier war Vater im Krieg« trat in den Hintergrund. Daß wir als Deutsche unfreundlicher behandelt wurden als die anderen Ausländer, erinnerte jedoch nach wie vor an den Krieg.

Erinnerung vor Ort: Norwegen 1971

Im Vergleich zum Holland-Urlaub war die Reise nach Norwegen ein Großunternehmen. Zur vierfachen Entfernung kam eine Fährpassage durch Skagerrak und Kattegat, außerdem war die Familie weiter gewachsen und nun mit zwei Pkw unterwegs. Für meinen Vater stand nämlich von Anfang an fest: Nach Norwegen wollte er mit der ganzen Familie fahren. Alle sollten dieses Land sehen – und alle sollten gesehen werden. Deshalb lud er auch mich dazu ein, obwohl ich nicht mehr im Elternhaus lebte und mich eigentlich zu erwachsen fühlte für eine solche Familienreise. Aber Norwegen war ein verlockendes Ziel, also sagte ich zu.

Ich weiß nicht, wie lange mein Vater für die Planungen brauchte. Als erstes legte er die Reiseroute fest. Sie folgte exakt der Strecke, auf der er sich während des Krieges bewegt hatte: Ankunft in Oslo, von dort sollte es nach Gol gehen, dann weiter nach Voss, seinem zweiten Stationierungsort, und schließlich stand Bergen auf dem Programm, wo er häufig zu Lehrgängen war. Von den ehemaligen Kameraden besorgte er sich Adressen für preiswerte Unterkünfte und Tips für die beste Route: Anfang der siebziger Jahre waren die Straßen in Norwegen noch abenteuerlich schmal und kurvenreich. Schließlich war alles generalstabsmäßig vorbereitet, jede Station vorgeplant, jede Unterkunft gebucht.

Für mich wurde es eine schreckliche Reise. Die jüngeren Geschwister nervten mich, und mit den Eltern ging es mir nicht besser. Im Schneckentempo fuhren sie durch die Landschaft, ständig bildeten sich lange Autoschlangen hinter uns – als 21jährige findet man so etwas einfach peinlich.

Doch es wurde noch viel peinlicher. So selbstherrlich, großspurig, ja großkotzig, wie er in Norwegen auftrat, hatte ich meinen Vater noch nie erlebt. Gleich die erste Pension stornierte er unter lautem Protest: In einer solchen Bude wolle er nicht hausen. Statt dessen zogen wir in ein feines Hotel hinter dem Osloer Schloß. Auch in Voss und Bergen wohnten wir in Nobelhotels – mit acht Personen! Es muß sehr teuer gewesen sein, aber mein Vater bestand auf diesem Status. Er wollte Norwegen aus einer erhöhten Position wiedersehen. Schließlich hatte er auch damals, im Krieg, eine solche Position innegehabt und sie entsprechend ausgelebt. Zum Feiern waren die deutschen Offiziere ›natürlich‹ immer in das beste Hotel am Platz gegangen.

In Gol, wo wir acht Tage blieben, bewegte mein Vater sich mit Kennermiene. Unbekümmert lief er überall herum, zeigte uns die Baracken, in denen er gewohnt hatte, das Haus der ehemaligen Ortskommandantur, die kleine alte Kirche. Er fuhr mit uns aufs Fjell, wo die deutschen Soldaten ihre Schießübungen absolviert hatten, und zu den Hängen, an denen er Ski gefahren war. Mit einer Haltung, als gehöre alles ihm, der Ort, die Landschaft: »Rudolf proudly presents«. Mit den Einheimischen sprach er deutsch und begründete das mit dem Argument: Die können hier doch alle deutsch. Dabei hatte er einmal recht gut norwegisch gesprochen. In Gol, so sah ich das jedenfalls, legte er den Gestus des Eroberers, des Siegers an den Tag. Vielleicht stellte sich dieser Gestus von selbst ein, vielleicht wurde ihm dies gar nicht bewußt – zumindest merkte er nicht, daß sein Verhalten unangemessen war. Offensichtlich hatte er keinen Gedanken darauf verwendet, daß er 30 Jahre zuvor als Angehöriger der deutschen Besatzungsmacht in Gol gewesen war und nun wiederkam als Besiegter, der sich fragen lassen mußte, wie er es mit seiner Verantwortung für diesen Krieg hielt. Und genausowenig hatte er darüber nachgedacht, daß auch die Norwegerinnen und Norweger nun eine andere Haltung zur Besatzung hatten als damals.

Einen Ort sparte mein Vater aus seinem Vorzeige-Programm aus: das Haus der Familie L., wo er eine Zeitlang einquartiert war. Wenn ich heute darüber nachdenke, scheint es mir, als sei er vor allem wegen dieser Familie nach Gol gereist, vielleicht um ihr Frau und Kinder vorzustellen und von seiner guten beruflichen Stellung zu erzählen. Aber er mied das Haus. Statt dessen schaute er sich überall nach Frauen mittleren Alters um, im Hotel, in den Läden, auf der Straße … Meine Mutter ahnte, worum es ging, und reagierte mit Kopfschmerzen. Am vorletzten Tag unseres Aufenthalts in Gol faßte mein Vater sich ein Herz und fragte im Hotel nach Gudrun, leise, ohne große Gesten. Die Antwort fiel nichtssagend aus, die anschließende

Reaktion um so deutlicher. Seit diesem Moment waren wir von einer »Eisfront« umgeben. Keine freundliche Begrüßung mehr am Morgen, am Abend kein Nachfragen, ob wir noch etwas zu trinken wünschten, statt dessen wurde der Tisch abgeräumt ... Jetzt waren wir unwillkommene Gäste.

Vielleicht hatte mein Vater geahnt, daß er mit seiner Frage einen wunden Punkt treffen würde. Ob er verstand, woran er rührte, bezweifele ich. Er wußte nicht, daß Frauen, die eine Beziehung mit einem deutschen Soldaten eingegangen waren, nach dem Krieg verachtet, diskriminiert und interniert wurden – stellvertretend für all jene, die sich auch auf die Besatzer eingelassen hatten, für sie gearbeitet, mit ihnen Geschäfte gemacht hatten. Die »horizontale Kollaboration« galt im Nachkriegsnorwegen – neben der offenen politischen Kollaboration, wie sie Nasjonal Samling betrieben hatte – als die schlimmste Form des Verrats.

Ich wußte damals nicht das geringste über Norwegen im Krieg und nach dem Krieg. Aber ich war erschrocken und empört über das Verhalten meines Vaters. Dachte er, die Menschen in Gol hätten die deutsche Besatzung vergessen? Glaubte er, er könne an die alte freundschaftlich-familiäre Beziehung zu Familie L. wieder anknüpfen? Wie konnte er sich überhaupt so selbstherrlich, so großspurig verhalten, als sei er immer noch der Besatzungssoldat aus dem »herrefolk«?*

Aber ich stellte meinem Vater keine Fragen, und ich zettelte auch keine Auseinandersetzung an. Weil ich mich schämte, an seiner Stelle. Weil mir diese Scham die Lust zu streiten verdarb. Und weil ich Rücksicht auf meine Mutter

* »Han kommer fra herrefolket« (»er kommt aus dem Herrenvolk«) – diese Redewendung wird manchmal heute noch in Norwegen gebraucht, wenn ein Deutscher mit einem protzigen Auto vorfährt und die Einheimischen herablassend behandelt.

nehmen wollte, die in diesen Tagen schon unglücklich genug war. Dabei trug sie ihren Teil zu meiner Scham bei. Als habe das Verhalten meines Vaters bei ihr eine früh gelernte Einstellung reaktiviert, erklärte sie eines Morgens beim Frühstück mit unüberhörbarer Verachtung in der Stimme: Die Frau da drüben ist übrigens eine Jüdin. Sie meinte die schöne, schwarzhaarige Frau am Nebentisch, die alle Blicke auf sich zog. Ich hielt sie für eine Spanierin, aber meine Mutter blieb dabei: Die Frau war eine Jüdin. Zum ersten Mal hörte ich diesen Satz in einem Ton, in dem der braune Antisemitismus mitschwang.

Ein paar Jahre später waren Landschaftsbilder und touristische Highlights dieser Reise vollständig aus meinem Gedächtnis verschwunden. Nur die Erinnerung an das Verhalten meines Vaters und an meine Gefühle war geblieben und ist es bis heute in einer Präsenz, die mich selbst überrascht. Mittlerweile ist mir klar: Diese Reise markierte den Zeitpunkt, an dem ich zum ersten Mal spürte, daß ich meinen Vater und seine Geschichte nicht los wurde. Ich mochte noch so sehr auf Distanz gehen – an der inneren Verbindung änderte das wenig. Dabei hatte er auf dieser Reise Seiten gezeigt, die mich empörten, die ich schrecklich fand. Aber gleichzeitig plagten mich Schamgefühle, Schuldgefühle, für ihn, für das Unrecht des Krieges, für die Untaten der Nazis. Diese Gefühle haben mich jahrelang umgetrieben und wurden immer wieder aktiviert, wenn ich in Länder reiste, die im Zweiten Weltkrieg von deutschen Soldaten erobert und besetzt worden waren. Und wenn ich dort Menschen traf, die deutsch sprachen und mir erklärten, das hätten sie im Krieg gelernt, dann bedrückten mich diese Gefühle besonders stark.

Ein Brief aus Drammen: Dialog mit der »kleinen Freundin«

Als ich Mitte der neunziger Jahre die Feldpostbriefe zum ersten Mal genauer studierte, hatte ich plötzlich den Wunsch, die beiden Frauen ausfindig zu machen, mit denen mein Vater in Norwegen befreundet war. Also machte ich mich auf die Suche nach Gudrun und Siri[92], die mein Vater 1942 kennengelernt hatte. Daß dies ein (unausgesprochener) Teil des väterlichen Auftrags sein könnte, kam mir erst in den Sinn, als ich beim norwegischen Konsulat um Unterstützung bat. Dort erzählte man mir nämlich, daß seit einigen Jahren häufiger alte Männer mit einem ähnlichen Anliegen vorsprächen. Oft sei die Ehefrau gestorben, und nun wolle der Mann die norwegische Ex-Freundin wiedersehen. Man habe sogar schon Treffen vermittelt, erklärte die Konsulat-Angestellte stolz.

Nein, ich wollte Gudrun und Siri nicht für meinen Vater finden – schon wegen meiner Mutter nicht. Für sie waren die Freundinnen, die er vor ihrer Zeit gehabt hatte, auch im Alter noch Anlaß zur Eifersucht. Ich wollte Gudrun und Siri für mich finden, wollte ihnen schreiben und sie ausfragen: Was sie damals wirklich gedacht hatten über die deutsche Besatzung. Was sie meinem Vater gegenüber empfunden hatten. Wie es ihnen nach dem Krieg ergangen war. Und wie sie heute über die Besatzung dachten und über die Erfahrungen, die sie damals gemacht hatten.

Wegen Siri fragte ich beim »Bergen Folkeregister« nach, dem Einwohnermeldeamt der Stadt Bergen. Ohne Erfolg. Soweit man wisse, stand im Antwortschreiben, sei dort nie eine Person mit diesem Namen registriert worden. Deshalb gab ich die Suche nach ihr erst einmal auf und konzentrierte mich auf Gudrun. Bald hatte ich herausgefunden, daß Reidar, ihr Bruder, immer noch in Gol wohnte. Ich schrieb zwei Briefe und ließ sie ins Norwegische übersetzen: Der erste war an den Bruder gerichtet mit der Bitte, den zweiten Brief an seine Schwester weiterzuleiten. Es dauerte nicht einmal vier Wochen, bis ich eine Antwort bekam: von Gudrun, die wie erwartet einen anderen Nachnamen trug, in einer anderen Stadt wohnte – und natürlich auf norwegisch antwortete. Also dauerte es noch einmal ein paar Stunden, bis ich eine Übersetzung in der Hand hatte.

Der Brief traf mich ins Herz, so kitschig das klingt. Selbst wenn ich ihn heute wieder lese, rührt mich die Herzlichkeit, die Offenheit, die mir Gudrun entgegenbrachte. Es war so, als würden wir uns schon lange kennen. »Zuerst möchte ich sagen«, schrieb sie, »daß Dein Brief die größte Überraschung war, die ich jemals in meinem Leben gehabt habe. Ich sehe, daß Du die Tochter von Rudi bist, und nach über 50 Jahren davon zu hören, daß er lebt, ist ein kleines Wunder. ... Ich bekam einen Brief von Deinem Vater nach dem Krieg, und da hat er geschrieben, daß er in Rußland gewesen war. Ich habe zurückgeschrieben, aber mein Brief ist zurückgekommen. Dann schrieb ich noch einmal, aber auch dieser Brief kam zurück, mit der Aufschrift: Adresse unbekannt. Beide Briefe waren geöffnet und wieder zugeklebt. Dann verloren wir den Kontakt mit ihm, denn wir wußten ja nicht, was mit ihm geschehen war.«

Daß mein Vater mit Gudrun und ihrer Familie korrespondierte, als er Norwegen längst verlassen hatte, das wußte ich aus den Feldpostbriefen. Von Holland aus, wo er 1942/43 Besatzungssoldat war, hatte er viele Briefe nach Norwegen geschickt, und Gudrun hatte regelmäßig geantwortet.* Aber daß die beiden auch nach dem Krieg versucht hatten, wieder in Kontakt zu kommen – das überraschte mich und warf Fragen auf: Warum waren Gudruns Briefe zurückgekommen? Wer hatte sie geöffnet? Die norwegischen Behörden? Die Besatzungsbehörden in Deutschland?** Meine Großmutter?

* Diese Briefe sind im Konvolut nicht vorhanden. Aufbewahrt wurden nur die Briefe, die Mutter und Sohn miteinander wechselten.

** In den Niederlanden zum Beispiel gab es nach dem Krieg eine Briefzensur, die speziell den Schriftwechsel zwischen Deutschen und

»Meine Mutter mochte Rudi sehr gern«, schrieb Gudrun weiter, »sie betrachtete ihn fast wie einen Sohn. Als er wegfuhr, haben wir ihn sehr vermißt. Er sagte, wenn der Krieg aus sei, wolle er zurückkommen, aber wir haben ihn nicht mehr gesehen. ... Ich denke oft zurück, und ich sehe oft die deutschen Soldaten vor mir. Aber am besten von allen kann ich mich an Deinen Vater erinnern ... ich habe ihn nie vergessen.« Vielleicht berührten mich diese Sätze so, weil sie kleine Liebeserklärungen waren an meinen Vater, nach mehr als 50 Jahren. Und weil sie seine Wahrnehmung von damals bestätigten. Er hatte sich in dieser Familie wie ein Sohn gefühlt und manchmal sogar wie ein Schwiegersohn. Nun berichtete mir Gudrun, sie und ihre Familie hätten genauso empfunden. Er hatte sich das nicht nur eingebildet oder ausphantasiert. Auch wenn Gudrun ihm damals die Rolle eines Liebhabers verweigert hatte – die Rolle des brüderlichen Freundes hatte sie ihm gern zugestanden. Diese Beinahe-Liebesgeschichte zwischen dem jungen Mädchen, dessen Land besetzt war, und dem Mann, der zu den Besatzern gehörte – sie machte einen Teil meiner Rührung aus. Nun gab es solche Liebesgeschichten in Norwegen tausendfach, mit und ohne Happy-End. Aber diese Beinahe-Liebesgeschichte war eben die meines Vaters.

Noch etwas kam hinzu. Diese Menschen hatten ihn gemocht, obwohl sein Kopf von Nazi-Ideologie vernebelt war, obwohl er sich überlegen fühlte und die Rolle eines Erziehers für sich reklamierte. Sie fanden ihn freundlich, hilfsbereit, interessiert. In ihrem Brief gab mir Gudrun zu verstehen, daß mein Vater ein liebenswerter Mensch war, selbst in der Rolle, mit der ich am meisten haderte.

Manche Passagen in Gudruns Brief spiegelten die offizielle norwegische Lesart über die Besatzungszeit wider.

Niederländern betraf: Im Zuge der Kontrollen wurden Briefe geöffnet, einbehalten und zurückgeschickt. Ob eine ähnliche Praxis hinsichtlich der Korrespondenz zwischen Norwegen und Deutschland existierte, konnte ich bisher nicht herausfinden.

Quisling war schuld, er hatte das Land verraten. Aber die alte Frau schilderte auch eigene Eindrücke: »Selbstverständlich war es eine Tragödie«, schrieb sie, »wir hatten nie einen Krieg erlebt, ich war ja gerade 14½ Jahre alt, als der Krieg anfing. Wir wußten nicht, was er mit sich bringt. Es waren harte Kämpfe im Land und viele harte Schläge, aber wir merkten nichts davon. Für mich war der Krieg sehr weit entfernt. Das einzige, was wir merkten, war, daß die deutschen Soldaten hierherkamen. Es waren alles junge Männer, und sie waren alle nett. Es gab nie Probleme, sie führten sich sehr korrekt auf. Sie wurden gut aufgenommen und es war so, als ob sie hierhergehörten. Es gab keinen, der auf sie herabblickte, wir wußten, daß sie nicht freiwillig da waren.* Wir wußten ja alle, wer das so wollte, daß dies in unserem Land geschah. Es war einer von uns, der unser Land stürzte. An dem Tag, an dem er erschossen wurde auf Åkerhus-Festung, hat ganz Norwegen gejubelt.«

Gudruns Brief endete mit vorsichtig formulierten Grüßen an meinen Vater – und mit einer Einladung an mich, Fragen zu stellen, soviel ich wollte. Das Gespräch war damit eröffnet.

So vielversprechend dieser Auftakt auch war, ihm folgte eine Serie von Mißgeschicken. Eigentlich hatte sie schon mit diesem Brief begonnen. Er war nämlich beim ersten Mal an Gudrun zurückgegangen, mit dem Aufdruck: Adresse unbekannt. Für Gudrun muß das ein Déjà-vu-Erlebnis gewesen sein. Sie ließ sich nicht entmutigen und schickte ihren Brief ein zweites Mal ab. Diesmal kam er an. Ich antwortete sofort, ließ meinen Brief übersetzen, schickte ihn ab, war-

* Vielleicht meinte Gudrun diesen Satz als versöhnende Geste, denn in dieser Allgemeinheit trifft er keineswegs zu. Auch unter den deutschen Soldaten in Norwegen gab es Berufssoldaten und Männer, die freiwillig oder gerne in den Krieg gezogen waren. Vielleicht kannte Gudrun solche Soldaten nicht oder verallgemeinerte den Eindruck, den die kriegsverpflichteten Soldaten ihr vermittelten.

tete aber vergeblich auf eine Reaktion. Ich schrieb noch einmal – nichts. Schließlich schickte ich eine Postkarte, auf der ich darum bat, mir wenigstens mitzuteilen, warum der Kontakt nun doch nicht in Gang kam. Keine Antwort. Ich machte mir Vorwürfe. Ich hatte von meiner Familie erzählt, von meinem Vater, meiner Mutter, meinen Geschwistern … War das nicht richtig gewesen? Gudrun hatte doch auch von ihrem schon lange verstorbenen Mann geschrieben und von ihren Kindern und Enkelkindern. Das hatte ich als Einladung verstanden, meinerseits von »Rudis« Familie zu erzählen. Vielleicht war die Existenz dieser Familie, vor allem der Ehefrau, für sie eine Enttäuschung. Vielleicht hatte sie gedacht, ich schreibe im Auftrag meines Vaters, der wieder Kontakt zu ihr aufnehmen wollte. Außerdem hatte ich erwähnt, daß ich Journalistin bin – schwieg sie deshalb? Es gab keinen Weg, das herauszufinden, aber aufgeben wollte ich auf keinen Fall. Irgendwie würde ich es schon schaffen, den Kontakt wieder herzustellen, da war ich mir sicher. Nur eines belastete mich: Ich fand einfach keine Gelegenheit, Gudruns Grüße an meinen Vater weiterzugeben. Dazu hätte es einer ruhigen Stunde bedurft, in der ich mit ihm allein sprechen konnte. Und die gab es einfach nicht.

Zwei Jahre später machte ich Urlaub in Norwegen – eine gute Gelegenheit für einen neuen Versuch, mit Gudrun ins Gespräch zu kommen. Da sie auf meine Anfragen nicht reagiert hatte, schien es mir sinnlos, vorher Kontakt aufzunehmen. Also entschloß ich mich zu einem Überraschungsbesuch, pflückte einen dicken Sommerblumenstrauß und fuhr zu ihrer Wohnung. Aber ich hatte Pech, sie war nicht zu Hause. Eine Nachbarin erklärte etwas auf norwegisch, ich verstand »Gol« und »holiday« und reimte mir zusammen, daß Gudrun den Sommer in ihrem Heimatort verbrachte. Gol lag nicht auf meiner Reiseroute – also bekam die Nachbarin die Blumen und ich fuhr zum Wandern. Aber dieses nicht geführte Gespräch beschäftigte mich weiter.

Den dritten Versuch startete ich, als die Beschäftigung mit den Feldpostbriefen ernst wurde. Wieder entschied ich mich für einen Überraschungsbesuch, diesmal in Begleitung einer Dolmetscherin. Wieder stand ich vor Gudruns Wohnungstür und erfuhr, daß die alte Frau einen Schlaganfall gehabt hatte und in einem Heim lebte. Dort fanden wir sie. Zusammengesunken saß sie in einem Rollstuhl, wirkte teilnahmslos, sprach sehr leise, aber sie hatte Lockenwickler im Haar und wartete auf den Friseur. Ich nahm das als Zeichen ihrer Lebendigkeit. Die Dolmetscherin erklärte mein Anliegen, und nach einem winzigen Zögern war Gudrun bereit, mit uns sprechen und sich die mitgebrachten Fotos anzuschauen. Aber bitte erst am Nachmittag, dann wären die Haare frisiert und sie hätte geschlafen.

Als wir wiederkamen, lag Gudrun angezogen auf ihrem Bett und schlief. Das Personal hatte uns für Bekannte gehalten und uns einfach ins Zimmer geschickt. Vergeblich versuchten wir die alte Frau zu wecken. Wir baten eine Pflegerin um Hilfe, aber die hatte keine Zeit. Es dauert mehr als eine Viertelstunde, bis wir – hin und her gerissen zwischen Scheu und Entschlossenheit – die alte Frau endlich wach bekamen, und dann dauerte es noch einmal eine ganze Weile, bis eine Unterhaltung in Gang kam. Gudrun hatte die meisten Fotos aus dem Album meines Vaters noch nie gesehen: Fotos von Rudolf, von Gol, von ihrer Familie, von sich selbst. Sie freute sich, erinnerte sich, lachte, erzählte kleine Geschichten und Anekdoten. Zum Beispiel von dem Soldatenpferd, das sich ein Bein gebrochen hatte und getötet werden mußte. Mein Vater hatte das tote Pferd kurzerhand zu den L.s gebracht, als Futter für die Füchse.

Nein, Gudrun war nicht teilnahmslos, wie ich zunächst befürchtet hatte. Ihre Stimme wurde im Laufe des Gesprächs immer kräftiger. Nach dem Schlaganfall, erklärte sie uns, habe sie zuerst gar nicht mehr sprechen können, und ihr rechter Arm sei bis heute gelähmt … Nein, Gudrun nahm mir auch die Dreistigkeit meines Überfall-Besuchs nicht übel. Meine Dolmetscherin hatte mich vorher gewarnt, so etwas könne man in Norwegen einfach nicht machen. Aber das hatte mich nicht aufgehalten.

Ich war endlich dort angekommen, wo ich seit ein paar Jahren hinwollte; dennoch war ich nicht zufrieden. Du hast doch Glück, versuchte ich mich zu trösten. Sei froh, daß du sie gefunden hast! Wärst du früher gekommen, hätte sie noch nicht wieder sprechen können. Dann wurde mir klar: Mir fehlte die emotionale Nähe, die Gudruns Brief erzeugt hatte. Schuld daran war die vermittelte Kommunikation, und Schuld daran war auch, daß ich meine Rolle nicht fand. Ich konnte nicht einfach »Rudis Tochter« sein, aber die Rolle der Journalistin paßte in dieser Situation auch nicht. Die größte Irritation lösten allerdings Gudruns Antworten aus: Sie fielen nämlich nicht so aus, wie ich erwartet hatte. In meinem Beruf ist das normal – warum war es hier anders?

Manche Fragen beantwortete Gudrun gar nicht. Als ich zum Beispiel wissen wollte, warum sie damals so positiv über Deutschland gedacht hatte, erklärte sie, ihre Tochter mache häufig Urlaub in Deutschland. Auf andere Fragen reagierte sie ausweichend. Zu einem Foto, das sie und meinen Vater dicht zusammenstehend zeigt, und meiner Bemerkung: »Ihr beide seht aus wie ein Liebespaar«, erklärte sie nur kurz: »Wir waren viel zusammen.« Und dann bekam ich Antworten, die den Informationen aus den Feldpostbriefen diametral widersprachen. Mein Vater habe Weihnachten bei ihnen gefeiert? Nein, daran könne sie sich nicht erinnern. Sie habe ihm gezeigt, wohin sie mit Mutter und Schwester geflohen sei, als die deutschen Soldaten einmarschierten? So hoch hinauf aufs Fjell seien die Soldaten nie gekommen!

Sie mußte sich irren. Diese Dinge hatte mein Vater nicht erfunden, dazu beschrieb er sie zu genau. Es konnte nicht anders sein: Gudrun erinnerte sich nicht, schließlich waren seitdem 50 Jahre vergangen. Dazu kam der Schlaganfall … Aber warum hatte sie ausgerechnet die Situationen vergessen, die von einer großen Nähe zwischen ihr, ihrer Familie und meinem Vater zeugten? Mußte sie diese Situationen vergessen, weil sie nach dem Krieg politisch nicht opportun waren und die Norweger sie nicht wahrhaben wollten? Stellte sie deshalb meinen Vater in eine Reihe mit anderen Soldaten, die sie auch gemocht hatte? Allerdings verleugnete die alte Frau nicht, daß mein Vater eine besondere Rolle für sie gespielt hatte. Als sie in meinem Fotostapel auf ein Paßbild von ihm stieß, erklärte sie knapp: »Das klebt auch in meinem Album.«

Paßfoto, bis heute auch in Gudruns Fotoalbum

Plötzlich wußte ich es: Im Grunde meines Herzens wollte ich von Gudrun hören, daß sie und mein Vater ein richtiges Liebespaar gewesen waren. Ein problematischer Wunsch, denn wie wäre es Gudrun dann nach dem Krieg ergangen? Ein problematischer Wunsch auch deshalb, weil es der Wunsch meines Vaters war, den ich übernommen hatte. Überidentifiziert, nach all den Jahren, nach aller Distanz, die ich zwischen uns gelegt hatte, nach all meiner Kritik an ihm.

Später wurde mir noch etwas klar: Ich hatte mich in dieser Geschichte verhalten wie mein Vater, während unserer Familienreise durch Norwegen. Ich kam einfach daher, erwartete, daß Zeit für mich da war, stellte Fragen, auch unangenehme und intime Fragen … Und reklamierte (unausgesprochen) einen Platz für meinen Vater. Wo war da eigentlich der Unterschied?

Die alte Frau nahm es gelassen. Sie wich aus, wenn ihr meine Fragen zu aufdringlich wurden, und blieb unbeschwert, freute sich, fragte nach meinem Vater und nickte nur, als sie von seinem Tod erfuhr. Einmal weinte sie: Da ging es um ihren gelähmten Arm und um den Wunsch, wieder in eine Wohnung mit eigenen Möbeln zu ziehen. Warum sie mir nicht mehr geantwortet habe auf meinen zweiten Brief, fragte ich sie zum Schluß. Einen zweiten Brief? Sie habe keinen zweiten Brief bekommen. Dann fiel ihr ein: Sie war damals lange in Schweden, bei einer Cousine. Vielleicht hatte sie den Brief deshalb nicht erhalten. Wieder eines dieser seltsamen Mißgeschicke. Beim Abschied fragte sie meine Dolmetscherin und mich: Ob wir wiederkommen würden? Ich habe es versprochen.

Einen Tag später fuhr ich nach Gol, um dort einen Historiker zu treffen, der ein umfangreiches Buch über den Krieg im Hallingdal geschrieben hat. Natürlich erzählte ich Kåre Olav Solhjell auch von Gudrun und ihrer Familie und daß Reidar, der Bruder, immer noch in Gol lebt. Nach unserem Gespräch zeigte mir der Historiker noch einige Schauplätze: die Stelle, wo die Baracken der deutschen Soldaten gestanden hatten und die ich allein nicht wiedergefunden hätte, die Häuser, in denen Büros der Wehrmacht untergebracht waren – und einen Gedenkstein für die sowjetischen Kriegsgefangenen, die seit 1942 in einem Lager in Gol gelebt hatten.[93] Dann erklärte er plötzlich: Wenn ich Lust hätte, könnten wir zu Gudruns Bruder fahren, er sei sicher, daß er ihn kenne. Zwei-, dreimal erkundigte er sich nach dem Weg, dann standen wir vor Reidars Haus und Solhjell ging hinein, um unseren Besuch anzukündigen.

Reidar und seine Frau begrüßten mich, als würden wir uns schon lange kennen. Und daß meine schneenassen Schuhe Wasserpfützen auf ihrem Küchenfußboden hinterließen, ignorierten sie einfach. Im Begrüßungstrubel hatte ich vergessen, die Schuhe an der Haustür auszuziehen, wie es in Norwegen üblich ist.

Auch diesmal brachten die Kriegsfotos das Gespräch in

Gang. Reidar konnte sich zwar nicht an das Gesicht meines Vaters erinnern, aber an seine Person – und an die Beziehung zwischen ihm und Gudrun. »Aber ich habe nicht schlecht über meine Schwester gedacht«, beteuerte er mit dem Foto in der Hand, auf dem die beiden wie ein Liebespaar in der Tür stehen. »Damals war es für einen deutschen Soldaten eigentlich üblich, eine norwegische Freundin zu haben.« Für ihn und die anderen jungen Norweger habe das allerdings eine Kehrseits gehabt: »die Deutschen« hätten ihnen schließlich »die Mädchen weggenommen«. Deshalb seien sie auf Distanz zu den Soldaten gegangen. Er selbst habe allerdings immer für die Deutschen gearbeitet, aber das sei ja etwas anderes gewesen. Nach dieser Grundsatzerklärung guckte Reidar in die Runde: Seine Frau nickte, Solhjell nickte und grinste. Und dann fing der alte Mann an zu lachen, als habe er einen guten Witz gemacht.

Bei der zweiten Durchsicht der Fotos versuchte Reidar, die Norweger zu identifizieren, die zusammen mit deutschen Soldaten abgebildet sind: seine beiden Schwestern, Margit, Gudruns beste Freundin, Margits Mutter, Nils, dem ein kleiner Laden in Gol gehörte, und Brendeli, einen Landarbeiter aus Nesbyen … Sich selbst entdeckte Reidar nicht, und darüber schien er fast ein wenig erleichtert.

Zum Schluß wollte der alte Mann etwas über mich wissen: Wie viele Geschwister ich hätte? Und wie viele Kinder? Dann stellte er zwei Fragen, die nur Männer stellen: Welchen militärischen Rang mein Vater zum Schluß hatte und wie er verwundet worden sei. Dann wurde ich mit einem netten Kompliment entlassen: Ich sähe genauso gut aus wie mein Vater. Wieder schallendes Gelächter, diesmal konnte ich mitlachen. Eine herzliche Umarmung und wir standen auf der Straße. Im Auto kommentierte der Historiker: Er habe selten erlebt, daß einer so offen darüber spreche, damals für die Deutschen gearbeitet zu haben.

Vater – Tochter (2): Unverständnis und Scham

Im Grunde war klar, daß ich gegen meinen Vater rebellieren mußte. Schließlich wurde ich in der Zeit des Jugendprotests erwachsen, der Zeit der Demonstrationen und Drogen, der Kathederstürme und der sogenannten sexuellen Revolution. Dabei war die Proteststimmung um mich herum eigentlich eine Nummer zu groß für mich: Ich verstand vieles nicht, und von Politik oder Geschichte hatte ich keine Ahnung. Aber ich bewunderte die Mitschüler, die heftige politische Debatten mit den Lehrern führten und eine Schülerzeitung herausbrachten, die einmal sogar beschlagnahmt wurde. Emotional stand ich auf ihrer Seite, und ich traute mich auch, die beschlagnahmte Schülerzeitung in unserem (Familien-)Auto zu deponieren. Aber Demonstrationen, gegen die Notstandsgesetze zum Beispiel, oder Drogen waren mir nicht geheuer.

Mit der quasi-obligatorischen Vater-Kritik ging es mir ähnlich. Grund dazu hatte ich genug: Ich war wütend über seine abstrakten Leistungsansprüche, litt unter seinen katholischen Moralvorstellungen, haßte sein autoritäres Gebaren, und seine Art, über den Krieg zu reden und über seine Soldatenzeit, ging mir auf die Nerven. Aber zur damals üblichen großen Befragung fand ich nicht den Mut, und eine richtige Auseinandersetzung über Leistung, Moral oder den Krieg konnte ich mit meinem Vater auch nicht führen. Dazu fehlten uns beiden oft die richtigen Argumente. Außerdem brauste mein Vater viel zu schnell auf, um lange zu diskutieren. Und wenn meine Mutter hörte, daß es lauter wurde, griff sie ein und sorgte dafür, daß wir unsere Auseinandersetzung beendeten. So kam es immer nur zu kurzen Wortgeplänkeln und zu Provokationen meinerseits. Mit Vorliebe spielte ich zum Beispiel »Vatis Argumente« laut ab, ein Lied von Franz-Josef Degenhardt, und hoffte, daß mein Vater es mitbekam. In diesem Lied wurden alle

Sprüche und Erklärungen, die auch mein Vater gerne von sich gab, auf die Spitze getrieben und lächerlich gemacht. Diese Quintessenz gelang mir allerdings nicht: Meinen Vater nicht ernst nehmen, das konnte ich nicht.

Gegen meine Hilflosigkeit in politischen Debatten – über den Krieg zum Beispiel – und gegen die beunruhigende Emotionalität können nur Rationalität und Kenntnisse helfen, sagte ich mir. Schon aus dieser Einsicht zog ich genug Energie, um in Streitereien mit meinem Vater gleichzuziehen. Als er mir wieder einmal an den Kopf warf, ich hätte ja keine Ahnung, konterte ich: Auf meinen Gebieten sei ich mittlerweile ganz gut beschlagen. Da klappte er den Mund zu und sagte nichts mehr. »Du hast ja keine Ahnung« habe ich seitdem nicht mehr von ihm gehört. Gleichzeitig begann ich, Faschismus-Theorien zu studieren, angefangen von Wilhelm Reich und seiner Massenpsychologie bis zu marxistischen Erklärungsansätzen, die in Finanzkapital und Rüstungsindustrie die eigentlichen Betreiber von Hitlers Aufstieg sahen. Ich verschlang diese Bücher regelrecht, halfen sie mir doch, Massenbegeisterung, Krieg und Vernichtung zu verstehen – anders als die Erzählungen meines Vaters, die mir nun als naive, unpolitische Sicht eines Mannes erschienen, der sich allenfalls auf die eigene unmittelbare Erfahrung stützte. Und selbst die redete er sich in meinen Augen noch schön, selbst die stand im Verdacht, etwas anderes zuzudecken.

So schnell ging das: Kaum hatte ich einen kleinen Baukasten von Erklärungsansätzen beisammen, fühlte ich mich überlegen und glaubte, die Welt, die mein Vater erlebt hatte, besser zu begreifen als er. Darüber diskutiert habe ich mit ihm nie. Er würde mich sowieso nicht verstehen, dachte ich. Er hatte doch keine Ahnung.

Trotz meiner frisch erworbenen Überlegenheit blieb ich verstrickt in die Auseinandersetzung mit meinem Vater, das zeigte die Familienreise nach Norwegen. Für mich war klar, daß die deutsche Besatzung ein Unrecht war, wie dieser ganze Krieg, den die Nationalsozialisten angezettelt hatten. Deshalb hatte ich auch eine genaue Vorstellung davon, wie man sich in Norwegen als Deutscher zu verhalten hatte: zurückhaltend, aufmerksam und geleitet von einem gewissen Schuldgefühl. Aber so verhielt mein Vater sich nicht, und anstatt das kühl zu registrieren, litt ich unter seinem Verhalten. Gleichzeitig fühlte ich mich bestätigt: Er verhielt sich nicht angemessen, das bewiesen die Reaktionen der Norweger! Der Gedanke, daß sie ganz andere Motive haben könnten, kam mir nicht. Als ich Bodil, einer norwegischen Freundin, von diesen Gefühlen erzählte, fing sie an zu lachen. »Weißt du«, erklärte sie, »wie es mir damit ging? Ich habe in den siebziger Jahren bei der Touristen-Information in Bergen gejobbt, und wenn dort ein älterer Mann auftauchte – und es tauchten viele auf – und erklärte: Jeg sknakker norsk, ich war schon einmal hier, im Krieg, dann haben wir jungen Frauen uns angesehen, die Augen verdreht und geseufzt: Schon wieder so einer. Wir fanden das immer unsäglich peinlich.« Eine länderübergreifende Generationserfahrung also, stellten Bodil und ich fest.

Nach der Norwegen-Reise war für mich endgültig klar: Ich wollte anders leben als mein Vater. Ich wollte nicht nur auf mich blicken und meine unmittelbare Umgebung, sondern Geschichte, Politik, Gesellschaft in mein Leben integrieren. Und vor allem war ich entschlossen, mich einzumischen, aktiv zu sein. So begann ich in der Studentenbewegung mitzumachen, nahm an Demonstrationen und Streiks teil, verteilte Flugblätter, diskutierte halbe Nächte hindurch und ließ mich in Gremien wählen. Meine Eltern kamen in meinem Leben eigentlich nicht mehr vor. Unser Kontakt war auf gelegentliche Pflichtbesuche reduziert, bei denen natürlich nicht diskutiert wurde.

In dieser Zeit suchte ich mir allerdings Stellvertreter. Wenn mir ein Mann im Alter meines Vaters begegnete und sich eine Unterhaltung ergab, brachte ich das Gespräch rasch auf den Krieg, fragte nach seinen Erlebnissen – und nach seiner Art, damit heute umzugehen. Berichtete er begeistert von der Front und von den abenteuerlichen Situationen, die er dort erlebt hatte, begann ich zu diskutieren, zu kritisieren, den anderen in die Enge zu treiben. So wie ich das gerne mit meinem Vater getan hätte. Gleichzeitig sammelte ich Geschichten von Männern und Frauen, die sich gegen die Nazis gewehrt hatten, die Mut zur Non-Konformität bewiesen hatten – wie die Gräfin Maltzan zum Beispiel, die Juden versteckt hatte, wie die Mitglieder des Kreisauer Kreises*, wie viele Sozialdemokraten und Kommunisten. Ich bewunderte ihren Mut – und entwickelte Hochachtung für ihre Klarsicht. Das Buch von Maria von Maltzan schenkte ich übrigens meinem Vater. Er hat es auch gelesen – und äußerte Respekt für diese Frau.

Als eine Freundin mir erzählte, ihr Vater habe immer noch Albträume wegen seiner Kriegserlebnisse in Italien, war ich gerührt. Da schob einer die Schrecken des Krieges nicht beiseite, die sich tief in ihn eingegraben hatten. Ich habe diesen Mann nie näher kennengelernt, aber er machte mir klar, daß ich mir einen solchen Vater wünschte, einen, der Leiden und Schrecken nicht verdrängte, sondern zulassen konnte – auch in seinen Träumen. Mein Vater schlief immer wie ein Stein. Heute denke ich: Was man einem Menschen alles vorwerfen kann!

* Eine Gruppe von rund 40 Personen um Helmuth James und Freya von Moltke und Peter und Marion Yorck von Wartenburg. Sie verstanden sich als Gegner des NS-Regimes und entwickelten seit 1940 ein Konzept für die Neugestaltung Deutschlands nach dem Krieg.

Wachsende Distanz

Briefe von September 1941 bis Oktober 1942

Ende August 1941 kehrt Rudolf nach Norwegen zurück, nachdem er fast ein halbes Jahr in einem Lazarett in Köln verbringen mußte. Aber bei diesem zweiten, dreizehn Monate dauernden Aufenthalt ist nichts mehr so wie es beim ersten Mal war. Als Rudolf in Gol ankommt, erfährt er, daß seine Batterie mittlerweile an die Westküste, nach Haugesund verlegt worden ist.* Er muß also weiter, nimmt aber die Bestätigung mit, daß er bei Gudrun und ihrer Familie immer ein willkommener Gast ist.

Einen Monat später wird er nach Voss versetzt, zu einer anderen Batterie. Hier gelingt es ihm ohne Schwierigkeiten, in der Militärhierarchie aufzusteigen, im Februar 1942 wird er zum Leutnant befördert. Aber der »richtige« Krieg findet nach wie vor an anderen Schauplätzen statt, und Rudolf fragt sich gelegentlich nach dem Sinn des Soldatseins.

Vielleicht ist seine Zugehörigkeit zum Offizierskorps dafür verantwortlich, vielleicht ist es die kleinstädtische Umgebung, vielleicht der langsam wachsende Protest gegen die deutsche Besatzungsmacht: In Voss hat Rudolf nichts mehr mit Norwegerinnen und Norwegern zu tun. Er bewegt sich ausschließlich im Kreis seiner Kameraden, im Dienst und in seiner Freizeit. Ausgerechnet in dieser Männergesellschaft lernt er im Sommer 1942 Siri kennen, eine junge Norwegerin, die für die Deutschen arbeitet –

* An den Ortsnamen konnte mein Vater sich auf Nachfrage erinnern. Aus seinen Briefen geht er nicht hervor. Dort steht anstelle der Ortsangabe nur »O.-U.«, Orts-Unterkunft. Diese Anonymisierung entsprach den Vorschriften: In Feldpost-Briefen durften keine Ortsangaben verwendet werden.

und verliebt sich zum zweiten Mal in Norwegen. Aber die Beziehung der beiden hat keine Chance. Die Gelegenheiten sich zu treffen sind rar – und ein paar Monate später wird Rudolf aus Norwegen abkommandiert.

Von der Norwegenbegeisterung der ersten Monate bleibt die Bewunderung der Natur übrig. Auch in Voss schwärmt Rudolf vom Schnee und vom Nordlicht, von der Sonne und vom herbstlichen Laub, von Stille, Kälte, Felsen und Wasser. Gudrun und ihre Familie in Gol bleiben für ihn noch viele Monate ein fester emotionaler Punkt, auf den er sich immer wieder bezieht.

1. 9. 41

Mein liebes Mütterlein!
Nach einer guten Reise bin ich hier in Gol ... mit viel Freuden aufgenommen worden. Es ist herrlich! Ich ... fühle mich wie in den Ferien. ... Man will mich gar nicht weglassen. Aber morgen ... geht es weiter. ... Nach dem halben Jahr hat sich allerlei geändert. Rut ist verheiratet. Nun ist das Haus schon leerer. ...

Kjaere Fru Schmitz Tusen tak for de fine gryteklutter Rudi bringte mig. Vi blev vaeldi overrosket naar vi fik se den kjaere gut vilde besöke os haer i Norge i jgen bare sind vi ikke kan faa ha lenger hos os. Vi skul gjaerne se han var i mange dage, det kommer til at bli saa ensamt etter ham igjen. Vi har det bare godt haer i Norge og det samme önsker vi at de har. Jeg sender min hjerteligste tak for presangen og en kjaerilg hilsen fra Guri L.

Kjaere mamma! Vil sende nogen ord med Rudi og mamma. Ja de kan tro vi blev glade da vi fikk se han igjen. Vi trodde nokk, ikke, vi skulle få se ham her i Gol. Hvordan står det til med deg? Med oss er det bare bra. Jeg skulle önske at Rudi fikk vaere her bestandig det var morro. Ja nu vil jeg slutte for denne gang. Lev vell. Hjaertelig hilsen Gudrun.*

* Liebe Frau Schmitz! Vielen Dank für die schönen Topflappen, die Rudi mir mitgebracht hat. Wir waren sehr überrascht, als Dein lieber

4. 9. 41

Liebe Mutter!
Ich bin schon wieder mitten im Dienst ... Es gefällt mir im Kameradenkreis doch besser als im Lazarett. ... Ich habe mich über die freundliche Aufnahme in Gol herzlich gefreut. Ich habe auch ein Geschenk mitbekommen. Ein Silberwappenschild mit eingraviertem Namen zum Einnähen in Mantel usw. Für Gudrun hatte ich in O. [Oslo] eine schöne Schachtel Pralinen erstanden. Auf dem Land gibt es so etwas jetzt auch nicht mehr. Ich soll Dich vielmals grüßen. Hoffentlich verstehst Du ihre lb. Zeilen. ...

4. 9. 41

Mein liebes Mütterlein!
... Hier regnet es täglich. Die Gegend ist aber trotzdem prima. Im Sommer ist es paradiesisch schön. Die Wiedersehensfreude war groß. Ich habe ein feines Quartier. Wohne mit einem Kameraden aus der alten 7. Battr. zusammen in einem knocken Sommerhaus. Gute Betten, schönes gemütliches Zimmerchen, das sich prima heizen läßt. ...

Junge uns hier in Norwegen wieder besuchte. Nur schade, daß wir ihn nicht länger hier bei uns haben können. Wir hätten ihn gerne viele Tage hier, es wird wieder so einsam werden, wenn er fort ist. Wir haben es gut hier in Norwegen und das gleiche wünschen wir Ihnen. Ich schicke meinen herzlichen Dank für das Geschenk und einen lieben Gruß von Guri L.

Liebe Mamma! Ich will ein paar Worte mit Rudi und Mamma schikken. Sie können glauben, daß wir froh waren, als wir ihn wieder hier sahen. Wir haben nicht geglaubt, daß wir ihn wieder hier in Gol sehen würden. Wie geht es Dir? Uns geht es gut. Ich wünschte, daß Rudi für immer hier bleiben könnte, das würde Spaß machen. Ja, nun will ich für diesmal schließen. Leb wohl. Herzliche Grüße Gudrun.

Es ist das erste und einzige Mal, daß Guri L., Gudruns Mutter, selbst einen Gruß unter einen Brief von Rudolf setzt, in einem altertümlichen Norwegisch und mit einer eigenwilligen Orthographie.

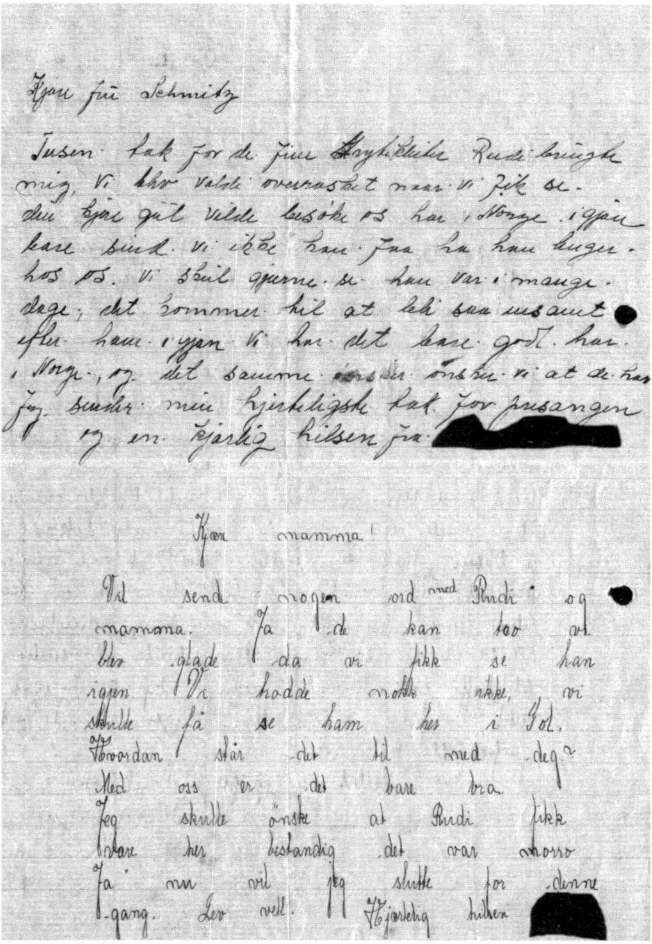

Kjære fru Schmitz

Tusen tak for de fine Fotografier Rudi bragte mig, vi blev veldig overrasket naar vi fik se den kjære gut vilde besøke os her i Norge igjen bare synd vi ikke har fra ha han lenger hos os. Vi skul gjerne se han var i mange dage; det kommer til at bli saa ensomt efter ham igjen Vi har det bare godt her i Norge, og det samme ønsker ønsker vi at de har. Jeg sender min hjerteligste tak for presangen og en kjærlig hilsen fra [redacted]

Kjære mamma!

Vi sender nogen ord med Rudi og mamma. Ja de kan tro vi ble glade da vi fikk se han igjen Vi hadde nokk ikke, vi skulle få se ham her i Gol. Hvordan står det til med deg? Med oss er det bare bra. Jeg skulle ønske at Rudi fikk være her bestandig det var morro. Ja nu vil jeg slutte for denne gang. Lev vell. Hjertelig hilsen [redacted]

Gruß von Gudrun und ihrer Mutter

6. 9. 41

Mein liebes Mütterlein!

… Gleich werde ich mein abendliches Training beginnen. Allmählich muß ich doch wieder zu Kräften kommen. Das Lazarett hat mich doch weich gemacht. … Nach dem Training werde ich mir mal den »danse på veien« Tanz auf der

Straße ansehen. Zur Treckspill-Musik* tanzt das junge Volk. Komisch was? Neben vielen freundlichen Leuten gibt es hier noch manchen England-syken. …

In der neuen Umgebung nimmt Rudolf das Leben der Norweger plötzlich mit distanziertem Blick wahr. Die Bräuche, die ihn ein Jahr zuvor noch in Begeisterungsstürme ausbrechen ließen, irritieren ihn nun. So rückt er statt »rassischer Verwandtschaft« das Andere, das Fremde in den Vordergrund, das für ihn eng mit einer anti-deutschen Einstellung gekoppelt ist. Allerdings spielt die politische Einstellung der Norwegerinnen und Norweger nur in zwei der knapp 150 Briefe eine Rolle, die Rudolf in dieser Zeit an Anna schickt. Einmal geht es um die »England-syken«, die »England-Kranken«, wie die Norweger herablassend genannt werden, die auf eine Befreiung ihres Landes durch die Briten hoffen. Das andere Mal erwähnt Rudolf die Hoffnung der »norskes«, der König käme zurück. Das ist alles.

8. 9. 41

Mein lieber Junge!
… Nun hat das dritte Kriegsjahr schon begonnen. Im Osten geht es ja vorwärts. Es ist fast übermenschlich, was dort geleistet wird.** Hört Ihr auch Radio? … Hoffentlich kommt auch einmal der Engländer dran, daß er selbst mal kämpfen muß. …

9. 9. 41

Mein liebes Mütterlein!
… Auch hier hat der Tommy Besuch abgestattet. Du wirst es wohl vom Rundfunk wissen.*** …

* »treckspill« – Ziehharmonika.

** Während Rudolf in Köln im Lazarett war, hat Deutschland am 22. Juni 1941 den Krieg gegen die Sowjetunion begonnen.

*** Englische Bomber griffen mehrfach militärische Ziele im Bereich der 69. Division an, zum Beispiel Tanklager oder Bahnhöfe.

14. 9. 41

Mein liebes, gutes Mütterlein!
Sonntag Morgen! Ich sitze in meinem Stübchen, mein Blick geht hinaus über Wiesen und Wald zum Fjord und auf den majestätischen Felsen. Das Meer rauscht, denn die Flut kommt. Die Brandung leckt den Felsen vor unserer Haustür. Gestern Nachmittag war ich mit dem Boot draußen. Allein Petrus war mir nicht gut gesinnt. Nicht eine Ölsardine hab' ich gefangen. ... Wöchentlich findet der Offizierstisch statt, an dem ich jetzt teilnehmen muß. Auch den O.[Offiziers]-Unterricht mache ich mit. ... Übrigens studiere ich täglich eine Stunde Anatomie. Es macht Spaß, denn ich komme ganz nett weiter. ... Sonst wüßte ich nichts Neues mehr zu berichten. Über die Ereignisse in U. berichtet ja die Presse.* ...

Im Lazarett hat Rudolf sich entschieden, beruflich umzusatteln. Er will nun endgültig Medizin statt Pharmazie studieren.

17. 9. 41

Mein lieber Junge!
... Wenn man ja hört, wie es den armen Jungen geht, die den Russen in die Hände fallen, das ist nicht mehr menschlich! Nach all den Strapazen und harten Kämpfen werden sie noch gemartert.** ... Nun noch etwas, Rudolf! Solltest

* Mit Sicherheit ein Schreibfehler, der vermutlich auf die norwegische Aussprache zurückzuführen ist. Statt U. meint Rudolf O., also Oslo, wo im September 1941 gestreikt und als Reaktion darauf der Ausnahmezustand verhängt wurde. Vgl. S. 108.

** Die NS-Propaganda stützte sich u. a. auf die Behauptung, daß die sowjetische Armee alle deutschen Soldaten, die kapitulierten und in Gefangenschaft gerieten, grausam ermordete. Als Beweis verwiesen Presse und Film zum Beispiel immer wieder auf Leichen ermordeter ziviler Gefangener des NKWD, die nach der Eroberung in Lwow (Lemberg) Anfang Juli 1941 gefunden worden waren. Außerdem wurden Informationen über tatsächliche Morde an Gefangenen und Leichenver-

Du vielleicht einmal Gelegenheit haben, Nüsse oder Mandeln zu kaufen, so denke bitte an mich resp. an die Weihnachtsbäckerei. Es wäre ja möglich, daß es dort in der Stadt etwas gibt. Auch würde ich mir vom Christkind ein Paar gute, warme Handschuhe wünschen, Wolle oder Leder, Größe 7½. …

19. 9. 41

Mein liebes Mütterlein!
… Seit gestern nehme ich regelmäßig am täglichen Offizierstisch teil. Der Kommandeur ist aus dem Urlaub zurückgekehrt, ebenfalls der Chef, ich habe mich bei ihnen zurückgemeldet und gesehen, daß sie gut auf mich zu sprechen sind, denn beide waren froh, mich wieder bei der Truppe zu sehen. … Die letzten Tage war der Tommi nicht hier. Wir haben es ruhiger als ihr daheim. …

21. 9. 41

Mein liebes Mütterlein!
… Ich habe mir die H.V. Blätter [Heeresverordnungsblätter] angesehen. Ich habe also ein vollkommenes Freistudium. Außerdem steht mir ein Unterhaltszuschuß von 50.00 RM monatlich zu. … Jetzt muß ich mich aber auch einmal um die deutschblütige Abstammung kümmern. Ohne die kann ich nicht immatrikuliert werden. Ich muß also einmal nach Paffrath schreiben. Oder kümmerst Du Dich darum? Geburts- und Taufscheine muß ich haben. Später kaufe ich mir dann einen Ahnenpaß.* …

stümmelungen systematisch gesammelt und wiederholt von der Propaganda genutzt.

* Einen Ariernachweis brauchte Rudolf für die Immatrikulation zum Medizinstudium und für die Offizierslaufbahn (vgl. Brief vom 14. 1. 1941). Eigentlich wollte er sich den Nachweis schon 1935 beschaffen, hatte dies aber immer wieder aufgeschoben. Als er im Herbst 1942 Norwegen verließ, hatte er immer noch nicht alle Unterlagen zusammen.

28. 9. 41

Meine liebe Mutter!
... Ich muß heute packen und noch reisen. Mit Wirkung vom 29. 9. 41 bin ich zu einer anderen Batterie versetzt. Wenn auch der Abschied von den alten Kameraden sein muß, freue ich mich auf meine neue Tätigkeit. Für mein Fortkommen wird die Versetzung nur günstig sein. Die Unterkünfte sollen gut sein, die Stadt ist mir bekannt. Ich war ja Weihnachten bis Neujahr noch dort. ...

Einen Monat ist Rudolf in Haugesund, dann wird er nach Voss versetzt, rund 100 Kilometer östlich von Bergen. Zwischen der kleinen Stadt und Rudolfs erstem Stationierungsort Gol gibt es einige Parallelen: Auch Voss liegt an der Bergen-Bahn und verfügt über günstige Straßenverbindungen – zum Hardangerfjord, zum Sognefjord und nach Bergen. Auch Voss ist damit für die deutschen Besatzer ein wichtiger Platz für »Verpflegung und Verwaltung«. Im Unterschied zu Gol wurde die kleine Stadt im Mai 1940 allerdings heftig umkämpft und dabei stark zerstört. Im Tätigkeitsbericht der 69. Infanterie-Division heißt es dazu: »Ende April (1940) wurde das I.R. 193 ... nach Bergen gebracht. Es wurde sofort ... gegen Voss in Marsch gesetzt. In Voss hatte der norw. General Steffens einige tausende norw. Soldaten zusammengezogen. Der Vormarsch ging in 3 Gruppen vor sich. ... Die Bergenbahn war zerstört. Auf den Vormarschstraßen befanden sich Straßensperren und gesprengte Brücken. ... Als der Intendant ... in Voss ankam, war die Stadt ein Trümmerfeld. Die meisten Häuser waren zerstört und die Bevölkerung war geflohen.«[94]

1. 10. 41

Mein liebes Mütterlein!
Fast bin ich bei der neuen Einheit eingelebt. Ich wohne mit einem Wachtmeister auf einer ruhigen, auch gut heizbaren

Stube. Bett gut, Verpflegung besser als in der 4.* Der Chef, Hauptmann sowieso, ein Adliger, machte auf mich den besten Eindruck. Habe auch einige alte Kameraden getroffen. Der Spieß** ist aus unserer Batterie hervorgegangen. Summa summarum der Wechsel scheint gut zu werden. Hier ist es bereits kühler als an der Küste. In den Höhenlagen liegt Neuschnee. Die nahe Stadt ist klein und weniger schön. ... Für die Urlaubsreise ist die Lage jetzt besser. Immerhin wird die Fahrt um 1 bis 2 Tage verkürzt. ...

Für Rudolf geht es in Voss darum, seinen Dienst ordentlich zu erledigen, sich körperlich fit zu halten und in der Offizierslaufbahn weiterzukommen. Eine Zeitlang übernimmt er die Funktion des »Spießes«, später wird er Batterie-Führer und ist damit für 120 Leute verantwortlich.

4. 10. 41

Meine liebe Mutter!
... Wie ich Dir schon schrieb, ist der Chef ein feiner Mensch mit großem Können. Trotzdem er von Adel ist, besteht zwischen ihm und dem Unteroffizierskorps eine gute Verbindung, selbstverständlich weiß er die Distance zu wahren. Die Unteroffiziere sind fast alle Abiturienten und Studenten. Überhaupt ist die Bildungs- und Ausbildungsstufe der ganzen Batterie eine höhere. ... Der Offiziersunterricht gefällt mir hier in der Abteilung besser, man kann sich ganz ungezwungen geben. ... Die Gegend ist wiederum auch schön. Hohe Berge und stille Seen sind uns gewohnter Anblick. Hier besteht wieder die Möglichkeit des Skilaufes. ...

* Rudolf meint die 4. Batterie.

** Ein »Spieß« ist der Vorgesetzte aller Mannschafts- und Unteroffiziersgrade. Er trägt die Verantwortung für den gesamten Innendienst, d. h. für den normalen Tagesablauf, und ist vom Rang her in der Regel Hauptfeldwebel bzw. Hauptwachtmeister.

5. 10. 41

Mein lieber großer Junge!
... gleich nach Mittag kommt Frau P., ich will mit ihr spazieren gehen. ... Sie meinte letzthin noch, für Dich wäre der Krieg bis jetzt nur eine Erholung gewesen. Es wäre nicht recht, daß immer dieselben Leute vorn wären usw. Ich gab ihr zur Antwort, daß 1. niemand etwas dazu kann + 2. der Krieg ja noch nicht zu Ende sei. ... Ein Norwegerurlauber meinte, ihr kämt nach Finnland. ... Hast Du auch die Führerrede gehört? Ja, vieles Schwere steht uns noch bevor + langes Alleinsein. »Wie Gott will«, er muß uns helfen. Wir wollen unsere Pflicht tun. ...

5. 10. 41

Mein liebes Mütterlein!
Sonntag Abend. Ein schöner Tag mit herrlicher Sonne geht zu Ende. Braun, rot und gelb leuchten die Birken an den Hängen. Aus ihrem bunten Flammenmeer stoßen bizarr geformte, nackte Felsmassive in den Himmel. Heute nach dem Mittagessen hatte ich Streifendienst. Unsere Fahrt führte uns in ein kleines Städtchen. Im warmen Sonnenschein war die ganze Bevölkerung auf der Straße. Die jungen pike* zeigten sich in ihrer bunten Nationaltracht. ...

11. 10. 41

Mein lieber Junge!
... letzte Nacht waren sie** wieder ordentlich da. Allein hier ... sind 5 Tote ..., auch allerlei Schaden. Bis 6 Uhr heute früh war Alarm. Nach solch einer Nacht ist es einem nicht sonderlich gut zu Mute. ... Bei Euch da oben ist wohl alles ruhig? ...

* »pike« – Mädchen.

** Anna nennt die Bomber der Royal Air Force häufig nur noch »sie« oder die »E.«, ein Zeichen dafür, wie häufig von ihnen die Rede ist und damit auch, wie häufig die Briten Köln als Ziel haben.

12. 10. 41

Mein liebes Mütterlein!

... Gestern und heute haben wir nur Streifen gefahren. Ich bin wieder mit Lust und Liebe beim Autofahren. Durch diese Fahrten habe ich wieder herrliche Gegenden kennengelernt. Schön ist es durch die herbstliche Landschaft zu fahren. Die goldgelben Birken machen sich prächtig neben den dunklen Tannen im schwarzen Fels. ... Auch hier nehme ich am Off.-Unterricht teil. Ich hoffe doch bald befördert zu werden. ...

Zu Rudolfs Division gehört auch ein Teil der »Grenzzone«, der unübersichtlichen Küste mit ihren Kontaktmöglichkeiten nach England. Daher sind hier deutsche Patrouillen an der Tagesordnung. Im Herbst 1941 nehmen sie sogar noch zu. Dazu heißt es im Tätigkeitsbericht der Division: »Im Berichtsmonat wurden erstmalig größere Streifenunternehmen im Divisionsbereich durchgeführt, und zwar mit folgenden Aufträgen: a) Prüfung der Grenzzonenausweise und Einreise-Erlaubnisscheine, b) Feststellung verbotener Rundfunk-Empfangsgeräte, c) Feststellung von Englandgängern, d) Durchsuchung von Häusern und Hütten nach unerlaubten Waffen und Sprengstoffen. ... Es wurden eine große Anzahl von Personen ohne die vorgeschriebenen Ausweispapiere festgestellt. Eine Reihe von unerlaubten Rundfunkgeräten wurde beschlagnahmt, die Besitzer bestraft. Auch fanden sich größere Mengen von Sprengstoff, ohne daß entsprechende Genehmigungen vorlagen.«[95]

13. 10. 41

Liebe Mutter!

... Kalt ist es schon –4, –5 °C. Aber die Sonne wärmt doch noch. An sonnenlosen Stellen geht der Reif nicht mehr ab. Auf den Bergspitzen liegt Schnee. Ordentlich froh wird man ja, wenn man von den riesigen, kaum vorstellbaren

Leistungen und Erfolgen in Rußland hört. Vielleicht bringt uns dieser Sieg doch bald eine große Wende, vielleicht doch den Frieden. ...

14. 10. 41

Mein lieber Rudolf!
... Ist das schön, wenn so unerwartet ein Päckchen kommt, ich danke Dir ... Den Kaffee werde ich mal verwahren, die Dose Fisch auch. Und der Silberschild mit Deinem Namen ist sehr schön. ... Es ist ein schönes, immerwährendes Andenken an die lieben Menschen, bei denen Du warst. Es war ein sinniges Geschenk. ... Sie waren wieder in Köln ... Zuletzt haben sie ... Kanister mit Posphor abgeworfen. Das Gemüse in den Gärten ist unbrauchbar. Morgen werden ... die Opfer des letzten Angriffs beerdigt, aus einer Familie drei Kinder ...

17. 10. 41

Mein liebes Mütterlein!
... In Rußland ist bald Schluß mit dem gewaltigen Ringen. Dann bekommt der Tommy sein Teil. Die längste Zeit hat er Euch beunruhigt, ganz bestimmt. Schade, daß immer soviel Blut vergossen wird. Wir Soldaten sind stolz auf unsere tapfere, opferbereite Heimat. ... In den Briefen fragst Du nach meiner Stellung in der neuen Einheit. Ich bin hier B.[Batterie]-Offizier, eine Offiziersstelle. Der Chef glaubt, daß ich bei ihm befördert werde. Am Sonntag gehe ich zu einem 10tägigen Kurs. Es wird interessant werden. ... Arbeit habe ich hier genug. Der Chef spannt uns ein. Er verlangt rege Mitarbeit. Das geistige Niveau des Uffz.[Unteroffiziers]-Korps ist hier auch wesentlich höher. Man kann sich hier wohlfühlen. ...

25. 10. 41

Mein liebes Mütterlein!
... eine Woche des Lehrgangs ist um. ... Riesig schnell vergehen die Tage, vielleicht kommt das durch den interessanten Dienst. Auch gestern hatten wir wiederum Scharfschießen. ... Wie schon gesagt ist der Winter nun auch bis zur Talsohle gekommen. Vergangene Nacht hat es ordentlich geschneit, bald kommt die schöne Zeit des Skilaufens. Hier können wir ordentlich Wintersport treiben. Das Skigelände ist geradezu ideal. ... Radio haben wir hier im Lager nicht, selten bekommen wir eine Zeitung zu sehen, d. h. Tageszeitung. Bei der Batterie haben wir es da besser. Auf unserer gemütlichen Bude haben wir einen großen Radioapparat und täglich bekommen wir die deutsche Zeitung in Norwegen. Da ist man immer auf dem Laufenden. ...

12 Seiten

Preis 20 Øre

DEUTSCHE ZEITUNG in Norwegen

Nr. 138 | Oslo, Sonntag, 27. Oktober 1940 | I. Jahrg.

Die Welt verharrt voller Spannung

Man wartet auf das Ergebnis der Führeraussprachen

Spanien fühlt sich den Achsenmächten in Kameradschaft verbunden
Paris atmet auf - „Die erste gute Botschaft seit Kriegsausbruch"

Deutsche Zeitung in Norwegen

26. 10. 41

Liebe Mutter!
Der Sonntag geht zu Ende. Wir sitzen im Unterhaltungsraum des Off.-Kasinos am lodernden Kamin. Die Birken-

scheite knistern und prasseln. Wir unterhalten uns über die Erfolge an der Ostfront, über die Heimat, z. B. Affäre von Galen.* Kameraden sitzen beim Doppelkopp, andere lesen. Wir trinken uns ein Fläschchen Bier und ruhen uns aus. …

2. 11. 41

Mein lieber Junge!
… Ja, in Rußland geht es weiter. Die Strapazen sind aber fast unmenschlich, und dann jetzt die Kälte. Dort ist viel Windkälte, das ist doppelt kalt. … Gestern Abend waren wir beim Heinrich,** Oma, Elli, Finchen, Georg und ich. Es war sehr gemütlich. … Er hatte gut zu trinken mitgebracht, feinen Kognak. …

4. 11. 41

Mein liebes Mütterlein!
… Heute ist der Chef abgereist, er ist versetzt worden. In den nächsten Tagen folgen noch viele Kameraden. Die bevorstehende große Reise macht ihnen Freude.*** … Samstag werde ich nach Gol fahren. …

* Der Begriff »Affäre« legt nahe, daß Rudolf von Galens Predigten negativ bewertet, in denen er die Euthanasie und die Beschlagnahmung von Kirchengut kritisiert. Vgl. S. 96.

** Ein Verwandter von Rudolf, genauso alt wie dieser, aber bereits Ehemann und Vater. Wegen seines Berufs als technischer Zeichner war er erst viele Monate später als Rudolf zum Kriegsdienst eingezogen worden. Im Herbst 1941 kam er von Frankreich aus, wo er stationiert war, auf Heimaturlaub nach Köln. Später wurde er an die Ostfront versetzt und zweimal verwundet, einmal davon schwer. Vgl. S. 218.

*** Der größte Teil von Rudolfs Kameraden wurde nach Finnland abkommandiert. Das Land hatte sich, nach dem verlorenen Winterkrieg gegen die Sowjetunion (1939/40), am 26. Juni 1941 am deutschen Angriff auf die Sowjetunion beteiligt und trat am 25. November 1941 dem »Antikominternpakt« bei, einem Bündnis zwischen Japan und Deutschland, das sich nach außen die Bekämpfung der Kommunistischen Internationale auf die Fahnen geschrieben hatte.

Der Kontakt zu Gudrun und ihrer Familie ist für Rudolf ein fester Punkt, auf den er sich von Voss aus immer wieder bezieht. Gleichzeitig sind diese Menschen die einzigen Norwegerinnen und Norweger, mit denen er zwischen September 1941 und Oktober 1942 näher zu tun hat. Ihre quasinatürliche, ländliche Existenzweise bleibt für ihn attraktiv, und daß sie in Gol »wie im Paradies« oder »wie im Frieden« leben, tut ihm wohl. So schreibt er Gudrun und ihrer Familie regelmäßig, besucht sie, beschenkt sie – und auch sie schicken Briefe an ihn und seine Mutter in Deutschland, beschenken und verwöhnen ihn.

10. 11. 41

Mein liebes Mütterlein!
... In Gol war alles beim Alten. Alle freuten sich, mich nochmals zu sehen. Die wenigen Stunden, die ich dort sein konnte, haben sie sich ordentlich bemüht. ... Gudrun freute sich natürlich riesig, sie läßt Dich herzlichst grüßen. Ihre erste Frage war nach Deinem Wohlbefinden. In Gol treibt man schon Wintersport in größerem Stil. Gudrun läuft den ganzen Tag im Skidress rum. Sie sieht gesund und frisch aus. Rut ist ja, wie ich Dir schon schrieb verheiratet. Letzte Woche hat sie ein Töchterchen bekommen. In Gol ist es sehr ruhig, die Leute bedauern es, für sie waren die Soldaten schon gute Bekannte geworden.* ...

11. 11. 41

Mein lieber Rudolf!
... Hast Du die Führerrede gehört? Da bekommt man wieder Mut. Im Osten wird ja Übermenschliches geleistet. Die Jungen, die dort kämpfen, lernen den Krieg mit allen

* In Gol waren seit dem Frühjahr 1941 nur noch rund 100 deutsche Soldaten stationiert, darunter eine Transportabteilung und eine Landesschützeneinheit. Als im Sommer 1942 ein Lager für sowjetische Kriegsgefangene eingerichtet wurde, gehörte deren Bewachung ebenfalls zum Aufgabenbereich der deutschen Soldaten.

Schrecken kennen. Wer weiß, vielleicht kommt Ihr auch noch dran. …

14. 11. 41

Mein lieber Rudolf!
… Warst Du in Gol? Wie war es dort? Ich habe letzte Nacht so viel von Gudrun geträumt. Hat das etwas zu bedeuten? …

14. 11. 41

Meine liebe gute Mutter!
… Abgelehnt – weil unentbehrlich! Wir haben soviele Kameraden nach Finnland abgegeben, daß das Regt. alle anderen Abstellungen ablehnen muß. … Mit dem Offz. scheint es nun doch zu klappen, darum bitte ich Dich nochmals, Dich um die arische Abstammung zu kümmern, weil ich dieselbe nachreichen muß, d. h. den Nachweis. … Daß wir einen neuen Chef haben, schrieb ich Dir ja schon. Ich kann es gut aushalten. Der Dienst nimmt einen halben Tag in Anspruch, die andere Hälfte habe ich für mich. …

Rudolfs Antrag auf eine Freistellung zum Medizinstudium ist abgelehnt. Trotzdem bleibt er bei seiner Entscheidung, später Arzt und nicht Apotheker zu werden, und setzt sein Eigenstudium bis weit in den Winter hinein fort. Allerdings werden seit dem Zeitpunkt der Ablehnung andere Freizeitbeschäftigungen wieder wichtiger.

15. 11. 41

Meine liebe Mutter!
… Im Städtchen gibt es einige, ziemlich primitive Cafés. Diese sind die einzigen Anziehungspunkte. Auch hier gibt es nicht mehr viel, etwas graues, hartes Gebäck, smørbrøds – Butterbrote mit Käse und natürlich Fisch. Der Kaffee und Tee ist auch nicht besser als in Deutschland. Man geht aber schon mal hin, um eine andere Umgebung zu haben. … Ich

habe festgestellt, daß es in dem Buchladen der Stadt auch deutsche Bücher gibt. Ich mache davon natürlich Gebrauch, besonders weil sie billig sind. …

20. 11. 41

Mein lieber, guter Junge!
Das waren aber feine Päckchen, leckere Sachen und das Stückchen S. [Seife] ist genauso viel wert. … Heute Abend will ich mit Elli die Heringshäppchen probieren, das ist ja eine Delikatesse. Die Büchsen mit Hummer will ich noch etwas verwahren, dann habe ich mal etwas für des Abends. Auch will ich T. Stina davon etwas zu Weihnachten schenken …

22. 11. 41

Mein lieber Junge!
… Möge doch unser Herrgott geben, daß es der letzte Winter in Norwegen ist. Ihr habt noch gute Quartiere. Denk mal an die Kameraden im Osten! Allerdings neben den vielen Strapazen ist ja auch das Vorwärtskommen, das Erleben, wenn auch unter Gefahren für einen Mann schön. Wer weiß, für Euch kommt bald vielleicht auch die Stunde des Handelns. …

24. 11. 41

Meine liebe Mutter!
… Freitag Abend bin ich mit einem Kameraden zum Weihnachtseinkauf in die Hauptstadt gefahren. Für die Kameraden haben wir noch nette Kleinigkeiten bekommen. Viel gibt es aber auch dort nicht mehr. Müde sind wir Sonntag Abend dann zurückgekehrt. … Gudrun hat mir geschrieben. Vielmals soll ich Dich grüßen! Dein Traum braucht Dich nicht zu erschrecken, mit Gudrun und mir steht es genau so wie früher. … Ich sehe ganz ruhig in die Zukunft. Wir müssen froh sein und Gott danken, wenn wir nur leben. …

26. 11. 41

Meine liebe Mutter!
Heute früh, zurückgekommen von einer Nachtübung, fand ich 2 Päckchen vor. ... Vielen, vielen Dank für das schöne Buch, das mich besonders interessieren wird, weil es das moderne Norwegen behandelt, welches ich ja nun gut kenne. ... Gestern hatten wir Gottesdienst, nach langer Zeit hörte ich eine Messe. ... Morgen haben wir wieder Kinovorstellung, was es gibt, weiß ich nicht. Übrigens habe ich schon den Film »Ich klage an« gesehen. ... Die Münchner Medizinische Wochenzeitschrift habe ich bestellt. Man muß was tun, um nicht stur und dümmer zu werden. Unser Kampf gilt im Augenblick dem Stumpfsinn, der alles töten will. ...

Seit November geht Rudolf mindestens einmal in der Woche ins Kino. In der Regel sieht er schlichte Unterhaltungsfilme, das legen jedenfalls Titel wie »Meine Tochter lebt in Wien«, »Krach im Damenstift«, »Das sündige Dorf« nahe. Aber auch Propagandafilme wie »Ich klage an« sind darunter, ein Film, der den »Gnadentod« für Todkranke und geistig Behinderte propagiert, als »künstlerisch besonders wertvoll« und »volksbildend« eingestuft wird und tatsächlich einen internationalen Preis bekommt.

29. 11. 41

Meine liebe Mutter!
... Du versuchst mich zu trösten ... So schlimm ist es nun wieder nicht, wir können es hier noch immer aushalten. Gewiß wird man einmal das Einerlei des Dienstes satt, dann beneidet man die Kameraden im Osten. Die Entbehrungen würden wir genauso tragen wie sie. Die wissen doch, warum sie Soldat sind. Ich mache nun hier schon im 5. Jahr Kasernenhofausbildung, das kann man leid werden. Aber es ist nichts zu machen, wir müssen aushalten ... Hier ist jetzt genau wie in der Heimat der dunkelste Monat. Vor

10^{30} Uhr wird es nicht hell, und um 16^{30} Uhr wird es Abend. Die Tage sind kurz, die Abende verbringe ich mit Schreiben, Lesen und Studium der Anatomie. ... Hoffentlich kommt meine Beförderung noch vor Urlaubsantritt heraus.* Der Chef meinte heute, ich sollte mir schon mal Schulterstücke besorgen. ... Junge, würde dann angegeben! Und doch – lieber nicht, wir haben es ja eigentlich nicht verdient. ...

1. Adventssonntag 1941

Mein lieber Junge!
... die Nachricht von der Ablehnung Deines Studienurlaubs [hat mich] befremdet. Denkt man nicht daran, wie alt Du wirst. ... Wenn Du im Einsatz wärest, dann könnte ich das verstehen; aber so, ich meine, auf einen Mann kommt es nun wirklich nicht an. Rechen mal nach: Noch 2 Jahre Krieg, dann bist Du 30, dann 5 Jahre Studium und 2 Lehrjahre, sind 37. Wann kannst Du mal ans Heiraten denken? ... Du hast dem Vaterlande 5 Jahre gedient, und was Du im Studium lernst, ist ja auch Dienst an der Volksgemeinschaft. Wenn man sieht, wie so viele rücksichtslos auch im Kriege nur ihren eigenen Vorteil im Auge haben, dann sind wir nur die Dummen ... Andere laufen herum + werden überhaupt nicht Soldat, die haben die besten Chancen ..., die setzen sich in gute Stellungen fest. Du weißt, ich bin kein Materialist, und ich möchte nicht, daß Du nicht Soldat wärest, wo so viele Blut + Leben opfern, aber man könnte Dich doch zu einigen Semestern beurlauben. ...

2. 12. 41

Meine liebe Mutter!
... Morgen ziehe ich nun endgültig in's Offiziersheim. Ich habe ein nettes Zimmer (Bett, Schrank, Nachttischchen, Tisch, Sessel, Kommode u. Waschbecken). Ich glaube, es

* Im Winter 1941 bekam Rudolf Weihnachtsurlaub und konnte nach Hause fahren.

wird gemütlich. ... Meine Wahl ist erfolgt,* ich warte jetzt noch auf den Befehl der Div. und des Regimentes. Wenn ich Glück habe, wird die Beförderung noch vor dem Urlaub ausgesprochen. ... Freitag haben wir Barbarafeier. Im Offz.Korps soll ich die Barbara spielen.** ...

8. 12. 41

Liebes Mütterlein!
... Habe ... 3 Nächte nicht geschlafen, ich bin schrecklich müde. 1. Nacht Barbarafeier 2. Fahrt nach G. [Gol] 3. Fahrt zurück. In G. alles beim Alten, ich soll Dich herzlichst grüßen. Gudrun hat sich besonders gefreut. Sie hat mir eine Kleinigkeit für Dich mitgegeben. ...

Gol den 7/12 41 Kjaere mamma! Sender deg en liten hilsen med Rudolf fra Norge. Håper at de har det bare bra. Her i Norge har vi det bra alle sammen. Sender med Rudolf et par strömper fra mamma og meg. Håper at de ikke fårsmår for det er ikke, så maget og tå kjöpt her i Norge. Alt godt önsker vi deg. Hjertelig hilsen mamma og Gudrun.***

* Im Kontext seiner Beförderung spricht Rudolf mehrfach von »Wahl«. Dabei erfolgte eine Beförderung, wenn die entsprechenden (Fortbildungs-)Kurse absolviert waren und die zuständigen Vorgesetzten positive Beurteilungen abgaben. Außerdem wurde die Länge der Dienstzeit berücksichtigt.

** Die heilige Barbara, deren Namenstag am 4. Dezember begangen wird, ist die Schutzpatronin der Artillerie und der Bergleute: Beide gehen mit Schießpulver um.

*** Liebe Mamma! Mit Rudolf schicke ich Dir einen kleinen Gruß aus Norwegen. Ich hoffe, daß es Ihnen gut geht. Hier in Norwegen geht es uns allen gut. Ich schicke mit Rudolf ein Paar Strümpfe von Mamma und mir. Ich hoffe, daß Sie sie nicht verschmähen – es gibt nämlich nicht viel zu kaufen hier in Norwegen. Alles Gute wünschen wir Dir. Herzliche Grüße Mamma und Gudrun.

Zum ersten (und einzigen) Mal benutzte Gudrun einen separaten Briefbogen für ihre Zeilen an Rudolfs Mutter.

10. 12. 41

Mein liebes Mütterlein!
... Mich hat das Reisefieber ordentlich gepackt. Gudrun schrieb heute, vielmals soll ich Dich grüßen. Morgen werde ich noch einige Einkäufe tätigen und übermorgen starte ich bereits. Montag, den 15. werde ich wohl zu Hause sein! ...

5. 1. 42

Mein liebes Mütterlein!
Die neue Woche beginnt und unser neuer Chef, schon wieder wechselten die Herren, fängt mit einem Dienstplan an, der sich sehen lassen kann. Ich glaube, daß ich mit dem neuen B.[Batterie-]Führer gut auskommen werde. ... Seit gestern endlich schönes, trockenes Frostwetter. Gestern bin ich einmal in dem neuen Soldatenheim gewesen und auf dem Heimweg sah ich ein ganz wundervolles Nordlicht, so schön hatte ich noch keines gesehen. ...

Soldatenheime sind für die deutschen Soldaten eine wichtige Anlaufstelle, denn dort verbringen sie einen großen Teil ihrer Freizeit. In Rudolfs Fotoalbum gibt es mehrere Aufnahmen des neuen Soldatenheims in Voss, darunter

Soldatenheim in Voss

eine Innenansicht mit Führerbüste und eine Außenansicht mit einer älteren mütterlich wirkenden Schwester, der Leiterin des Heims.[96] Ob im Soldatenheim, im Café, im Kino, im Restaurant – in Voss bewegt sich Rudolf ausschließlich im Kreis seiner Offizierskameraden. Auch als er wieder beginnt, Ski zu laufen, ändert sich das nicht.

6. 1. 42

Mein liebes Mütterlein!
... Morgen denke ich wieder einmal skizulaufen. Heute waren es –18 °C. ... Der neue Chef gefällt mir, er ist sehr ruhig, aber korrekt und gegen sich selbst sehr streng. Mein Stübchen ist recht gemütlich, gerne sitze ich hier und arbeite. Samstag werde ich wohl nach Gol fahren. Du kannst Dir denken, daß ich mich darauf freue. ...

8. 1. 42

Mein liebes Mütterlein!
... Wollen wir den Krieg als Prüfung und als Mittel zur Reife betrachten. Gott hat auch ihm seinen Sinn gegeben. ... Ich bin wie immer gesund und guter Dinge. Wir hatten wieder große Fleischportionen, ein hest* hatte sich die Gräten gebrochen. ... Im Hinblick auf baldige Besichtigungen ist der Dienst strammer und länger geworden. Wir müssen im Augenblick ordentlich ran. Schaden tut das aber nicht, eigentlich macht es uns allen Spaß. ... Ich komme diese Woche noch nicht nach Gol, ich muß es auf die nächste verschieben. Sicherlich warten die Guten schon mit Ungeduld auf mich. ...

10. 1. 42

Mein liebes Mütterlein!
... Zu Deiner großen Beruhigung kann ich Dir mitteilen, daß sich vorläufig hier oben nichts ändern wird, teils be-

* Hest – Pferd.

dauern wir das, oft aber werden wir uns noch darüber freuen können. Der Wehrmachtsbericht zeigt ja, daß wir doch einen Zweck haben, der nicht unterschätzt werden darf.[97] Hier geht alles im alten Gleis weiter! Kalt ist es jetzt mordsmäßig, na – man kann sich ja schützen. … Vergangene Nacht hatten wir Übung, wir waren draußen von 3⁰⁰ Uhr mittags bis zum anderen Morgen um 7⁰⁰. Wir hatten ein recht romantisches Biwak. In G. wird man auf mich warten. Nächsten Sonntag werde ich wohl fahren. Ich bin auf die Augen von Gudrun gespannt. Ich habe hier noch ein Buch für sie dazugekauft, auch nehme ich noch 2 Schachteln der Most Pralinen bzw. Konfitüren mit. Ich glaube, sie werden sich freuen. …

13. 1. 42

Mein lieber Rudolf!
… Hast Du noch nichts von Deiner Beförderung gehört? Der Abschluß der Wollsammlung* war ja überwältigend. Aber auch alle … machten Sachen fertig, so spontan ist wohl noch kaum geopfert worden. Nun ist es hier auch ordentlich kalt, da fühlt man doppelt mit den Soldaten draußen, die kein Quartier haben und in der Kälte noch kämpfen müssen. Von vielen hört man, denen die Füße erfroren sind. … Wir wollen hoffen und beten, daß wir mit den Russen im Frühjahr fertig werden und daß es dann weitergeht, damit die Pläne unserer Gegner zunichte werden. Gott der Herr möge uns helfen. …

16. 1. 42

Mein liebes Mütterlein!
… Wir haben jetzt –25°. Gestern hatten wir Schulschießen. Man ist ordentlich froh, wenn man wieder im Bau sitzt. … Noch immer bin ich nicht nach G. gekommen. Ab morgen

* Da die deutschen Soldaten an der Ostfront über keine angemessene Kleidung für das extreme Winterklima verfügten, wurde die Bevölkerung dazu aufgerufen, Wollbekleidung zu spenden und herzustellen.

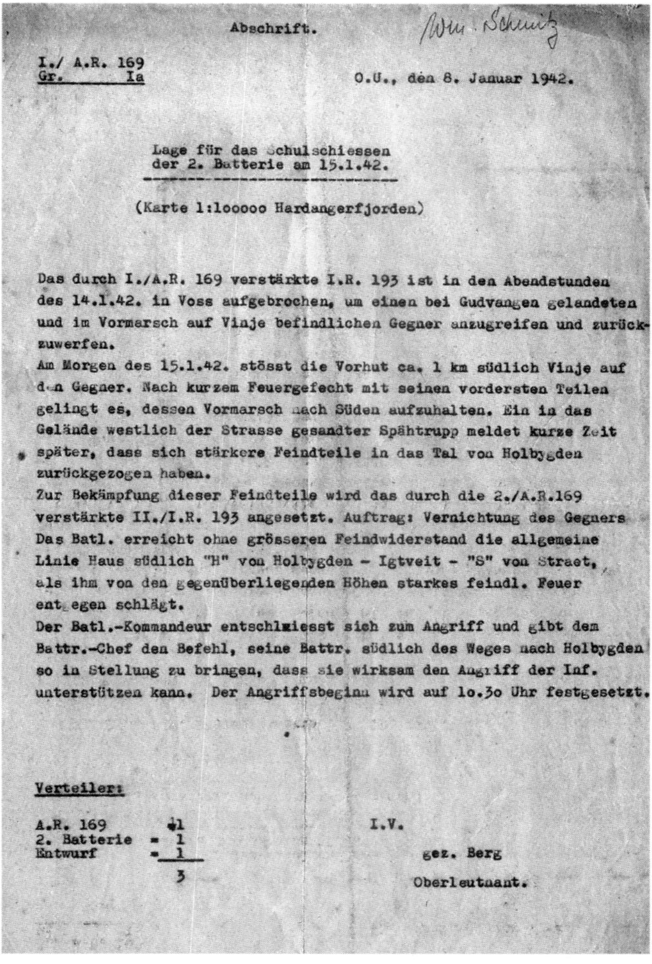

Abschrift. Wm. Schmitz

I./ A.R. 169
Gr. Ia

O.U., den 8. Januar 1942.

Lage für das Schulschiessen
der 2. Batterie am 15.1.42.

(Karte 1:100000 Hardangerfjorden)

Das durch I./A.R. 169 verstärkte I.R. 193 ist in den Abendstunden des 14.1.42. in Voss aufgebrochen, um einen bei Gudvangen gelandeten und im Vormarsch auf Vinje befindlichen Gegner anzugreifen und zurückzuwerfen.
Am Morgen des 15.1.42. stösst die Vorhut ca. 1 km südlich Vinje auf den Gegner. Nach kurzem Feuergefecht mit seinen vordersten Teilen gelingt es, dessen Vormarsch nach Süden aufzuhalten. Ein in das Gelände westlich der Strasse gesandter Spähtrupp meldet kurze Zeit später, dass sich stärkere Feindteile in das Tal von Holbygden zurückgezogen haben.
Zur Bekämpfung dieser Feindteile wird das durch die 2./A.R.169 verstärkte II./I.R. 193 angesetzt. Auftrag: Vernichtung des Gegners
Das Batl. erreicht ohne grösseren Feindwiderstand die allgemeine Linie Haus südlich "H" von Holbygden – Igtveit – "S" von Straet, als ihm von den gegenüberliegenden Höhen starkes feindl. Feuer entgegen schlägt.
Der Batl.-Kommandeur entschliesst sich zum Angriff und gibt dem Battr.-Chef den Befehl, seine Battr. südlich des Weges nach Holbygden so in Stellung zu bringen, dass sie wirksam den Angriff der Inf. unterstützen kann. Der Angriffsbeginn wird auf 10.30 Uhr festgesetzt.

Verteiler:

A.R. 169 = 1
2. Batterie = 1
Entwurf = 1
3

I.V.

gez. Berg

Oberleutnant.

Anleitung zum Schulschießen

muß ich den Spieß vertreten, weil er in Urlaub geht. Ich muß also noch etwas warten. Gudrun u. ihre Mutter haben mir aber auch geschrieben, daß sie am Sonntag, den 18. 1. nicht zu Haus sind, sie fahren auf Besuch zu Rut. …

18. 1. 42

Mein liebes Mütterlein!
Der Sonntag ist zu Ende gegangen, es war ein rechter Sonnentag. Ab 11^{00} Uhr bis zum Mittagstisch und nach dem Essen haben wir, d. h. Ltn. [Leutnant] B. und ich, im schönsten Sonnenschein skigelaufen. Es war herrlich. Heute Abend, im Augenblick noch, zeigt der nördl. Horizont ein farbiges, bewegtes Nordlicht. Schneegipfel liegen in seinem fahlen Licht. Ich wünschte, Du könntest einmal dieses Schauspiel sehen. …

21. 1. 42

Mein lieber, großer Junge!
… Dann wollte ich Dir noch mitteilen, daß das Priesterseminar in Bensberg vom Staat übernommen worden ist, mit allem Grundbesitz u.s.w., weil angeblich die Zöglinge in volks- + staatfeindlichem Sinne erzogen worden wären.[98] …

23. 1. 42

Mein liebes Mütterlein!
… Ich höre fleißig Radio und bin so auf dem Laufenden. Wird es denn Frühling, wird der große Sieg weitergehen und wir kommen dem Frieden näher. … Von der Beförderung noch nichts gehört, ich glaube aber, es klappt zum Ende dieses Monats. …

30. 1. 42

Mein liebes Mütterlein!
… Die Führerrede hat einen wieder aufgeweckt. Wo ist die Zeit seit 33 geblieben? Ist es Dir nicht auch so, als wenn das alles, die Machtübernahme usw. erst vorige Woche stattgefunden hätte. Tatsächlich, wir leben in einer schnelllebigen Zeit … Letzte Woche vor der Besichtigung, es geht mächtig rund! Ich muß die kompl. Batterie im allgemeinen Unterricht und im Fußdienst vorstellen. … Die Sonne der

Übungsschießen im Schnee

Mittagszeit nutzen wir täglich zum Skilaufen! ... Heute in acht Tagen werde ich nun wohl endlich nach G. fahren. Gudrun schrieb mir gestern eine Karte, daß sie wieder zurück wären und ich doch möglichst schnell kommen sollte. Von Rut schreibt sie nichts, das werden sie mir sicher erzählen wollen. ...

4. 2. 42

Mein liebes Mütterlein!
Ich glaube, Dir heute eine Freude machen zu können, wenn ich Dir von meiner Beförderung Mitteilung gebe. Mit Rückwirkung vom 1. 1. 42 bin ich also jetzt befördert worden. Mich freut besonders die herzliche Anteilnahme des Offz. und Uffzkorps. Nun fahre ich in den nächsten Tagen nach Oslo um mir die nötigen Spielsachen zu kaufen,* im

* Gemeint sind standesgemäße Bekleidung und Ausrüstung. Rudolfs spöttische Bezeichnung verweist auf seine Ambivalenz: Einerseits ist er stolz auf seine Beförderung zum Leutnant und will seinen Rang präsentieren, andererseits hält er Unterschiede in Kleidung und Ausrüstung für unwesentlich, Spielerei eben.

Vorbeigehen werde ich dann auch Gudrun aufsuchen. Die werden in G. sicher Augen machen. …

Anfang Februar wird Vidkun Quisling, der »Führer« von Nasjonal Samling, Ministerpräsident und beginnt, die norwegische Gesellschaft mit Gewalt zu nazifizieren. In der Bevölkerung entwickelt sich Widerstand,[99] der wiederum mit rabiaten Mitteln bekämpft wird. Rudolf verliert darüber in seinen Briefen kein Wort. Vielleicht will er seiner Mutter weiterhin ein Glanzbild von Norwegen präsentieren – und unfreundliche, abweisende, ja aufrührerische Norwegerinnen und Norweger passen einfach nicht in dieses Bild. Vielleicht hält er es – mit Blick auf Zensur und Briefkontrolle – nicht für opportun, davon zu berichten. Vielleicht interessiert es ihn einfach nicht. Daß er nichts über die politische Situation im Lande weiß, ist ausgeschlossen: Er liest Zeitung, hört Radio und erhält als Offizier zusätzliche Informationen.[100]

7. 2. 42

Mein liebes Mütterlein!
… Wie ich Dir schon schrieb, hatten wir Montag Besichtigung. 9^{30} stellte ich die Batterie im allgemeinen Unterricht vor, dann hatte ich noch Fußdienst zu leisten, zwischendurch, wir wollten gerade zum Uffz.-Unterricht, ließ mich der Kommandeur kommen, befreite mich vom Unterricht und gratulierte mir. Den Fußdienst stellte ich dann schon als Beförderter vor. … Diese Woche nun fahre ich nach Oslo, nebenbei natürlich auch nach G. Einen Lederriemen habe ich von einem Kameraden gekauft. Alles andere bis jetzt geliehen. Bin einmal auf die Auszahlung der Einkleidegelder gespannt. Ich denke, es gibt 350,00 Mark. …

8. 2. 42

Liebe Mutter!
Der Sonntag ist wieder vorbei. Ich habe mit Ass.-Arzt H. eine pfundige Skitour, besser gesagt Bergtour, gemacht.

Wir waren mit Skiern auf einem 2000er.* Es war einfach prächtig. Leider hatten wir keine Fernsicht, der Himmel war bedeckt, auf der Abfahrt hatten wir Schnee und nachher Schneesturm. Trotzdem sind wir glatt zu Hause gelandet. … Diese Woche hebt verstärkt Skiausbildung in der Battr. an. Ende der Woche fahre ich nach G. Ich werde viele Grüße bestellen. …

12. 2. 42

Mein lieber, lieber Junge!
Herzlichen Glückwunsch! … Wie ich mich für Dich freue. Also, Du hast es geschafft. Wieder einen Schritt weiter. … Und daß Du herzliche Anteilnahme findest, freut mich auch. Bin ich doch stolz, wenn mein Junge weiterkommt. … Warst Du auch in Gol? Was sagten sie da? Gudrun staunte doch sicher? ….

14. 2. 42

Mein lieber Junge!
… Heute früh war der Tommy hier, 4½ Uhr. In Gladbach/Gronauer Wald sind 6 B. [Bomben]** gefallen. Ein Ehepaar tot, 2 Häuser zerstört. Auch in Dünnwald soll es Tote gegeben haben. Ja, sobald jetzt das Wetter besser wird, kommt diese Plage wieder über uns. Möge Gott geben, daß das in diesem Jahre sein Ende findet! …

14. 2. 42

Meine liebe Mutter!
Aus G. sende ich Dir die besten Grüße. Endlich bin ich dazu gekommen, dorthin zu fahren. Es ist wirklich nett hier, ich bin wie zu Hause aufgenommen worden. Hier ist alles beim Alten, alle sind gesund und lassen Dich herz-

* In der näheren und weiteren Umgebung von Voss gibt es keine Berge, die 2000 Meter hoch sind. Rudolf übertreibt also.

** Die Treffer liegen nur wenige Kilometer von Annas Wohnung entfernt.

lichst grüßen. Es ist herrliches Wetter, leider konnte ich meine Skier nicht mitnehmen, weil ich ja heute bereits weiter fahre. L.s haben sich verändert, sie sind umgezogen und wohnen jetzt in einem netten, kleinen Bauernhäuschen mitten im Ort. Ich mache jetzt Schluß, Gudrun will noch einige Zeilen schreiben. Gruß und Kuss Dein Junge

Gol, den 14/2 1942 Kjaere mamma! Tusen takk for brevet, som jeg fikk i går. Tusen takk for den pene pressangen som jeg fikk hoss dem. Håper at de har det bare bra. Her i Norge har vi det bra alle sammen men det er så kaldt her. Skal hilse fra mamma å si takk for hennes pene gave. Lev vell mamma. Hjertelig hilsen Gudrun L.*

22. 2. 42

... Also, lb. Mütterlein, ich war in Gol, aber nur einen Tag; groß war Gudruns und ihrer Mutter Freude. Ich hatte jedem noch etwas zugekauft, Gudrun ein Buch, der Mama Holzschnitzerei und Reidar eine kleine Flasche Likör und 5 Schachteln Zigaretten. Sie sind alle gesund und zufrieden. Ihr Pelzgeschäft ist zu ihrer Zufriedenheit abgeschlossen. ... Nach meinem Besuch in Gol bin ich dann zur Stadt gefahren und hab' für meine Einkleidung gekauft. Viel gibt es auch hier nicht mehr ... Ich habe eine Feldmütze, eine Gebirgsjägermütze, Stoff für dunkle Kragen, einen Wettermantel, ein Paar Pelzhandschuhe, d. h. mit Lammfell gefütterte Nappa Handschuhe, Stoff für eine Reithose und einen Reitstiefel mit weichem Schaft gekauft. ... Vergangene Woche war ich mit 8 Mann auf einer zweitägigen Skistreife, es war anstrengend, aber doch ganz herrlich. ...

* Liebe Mamma! Vielen Dank für den Brief, den ich gestern bekommen habe. Vielen Dank für das hübsche Geschenk, daß ich von Ihnen bekommen habe. Ich hoffe, Ihnen geht es gut. Hier in Norwegen geht es uns allen gut, aber es ist so kalt. Ich soll Grüße von Mamma bestellen und danke für ihr schönes Geschenk sagen. Leb wohl, Mamma. Herzliche Grüße Gudrun L.

24. 2. 42

Mein lieber Rudolf!
Herzlich danke ich für die lieben Zeilen aus G. Auch für die lieben Grüße von Frau L. und Gudrun. Ich meine Gudrun schriebe etwas fremd! Was sagte sie denn? Kamst Du unerwartet? ...

6. 2. 42 (vermutlich 6. 3. 42)

Mein bester Junge!
... Also in Gol hat man sich gefreut? Was sagten sie zu Deiner Beförderung? ... Allerlei hast Du Dir also gekauft und auch noch gute Ware bekommen. ... Dann hast Du also einen kompletten guten Anzug und einen Dienstanzug? ... Fein, daß Du Stiefel hast! Sieh zu, daß Du noch Hemden bekommst. Ob ich hier noch etwas bekomme, ist sehr fraglich, alles ist sehr, sehr knapp. Alles wird immer mehr auf den totalen Krieg eingestellt!* ... Hier sind es schon 80** ... All das junge Blut. ...

Während Rudolf seiner Mutter ausführlich von seinen Einkäufen erzählt, spart er Beobachtungen und Erlebnisse, die er in Oslo macht, aus. Zu diesem Zeitpunkt ist die Stimmung in der Stadt gereizt. Einige Tage später, am 1. März, werden Anschläge auf den Ost- und den Westbahnhof verübt, an beiden Gebäuden entstehen große Schäden.

8. 3. 42

Mein liebes Mütterlein!
... Warum glaubst Du, Gudrun schriebe fremd? Sie und ihre Mutter haben sich riesig gefreut. Ich bin nicht uner-

* Schon im Frühling 1942 wurde der Begriff »totaler Krieg« benutzt. Die berüchtigte Rede im Sportpalast, in der Goebbels die Frage stellte: Wollt Ihr den totalen Krieg? hielt der Propagandaminister erst am 18. Februar 1943!

** Anna erwähnt zuerst einzelne Namen aus Rudolfs Bekanntenkreis und kommt dann auf eine Zahl von 80 Männern, die in ihrem Kölner Vorort bereits gefallen sind.

wartet gefahren. Ich hatte ihnen vor meinem Besuch geschrieben. ... 350,00 Mark bekam ich zur Einkleidung, davon habe ich dann auch die kleinen Feiern im Kasino, Uffz-Korps usw. bestritten. Ferner habe ich mir folgende Sachen gekauft. Regenmantel mit Schulterstücken, Lederriemen, Offz.Dolch mit Gehänge und Portépée [!], Reitstiefel mit weichem Schaft, Anorak und Skisocken, 2 Hemden, ein Schiffchen, 1 Gebirgsjägermütze, in der Du mich bald sehen kannst. (Ich schicke Dir, wohl im nächsten Brief, Bilder von einer Skipatrouille). Weiter kaufte ich Stoff, leider bekam ich nur Einheitsstoff, für eine Reithose, die ich in Arbeit habe. ...

12. 3. 42

Mein liebes Mütterlein!
... Geh'st Du vielleicht noch einmal nach Paffrath oder Gladbach* der arischen Abstammung wegen. Ich muß den Nachweis jetzt auch für die Mil.behörde haben. ...

14. 3. 42

Mein lieber Rudolf!
Ich erhielt Dein Päckchen mit ... den reizenden Sachen, abgesandt am 4. März. ... Also die Holzsachen und auch der Kerzenhalter sind sehr schön + eigenartig. ... Ich kann es kaum abwarten, bis das Bord** ankommt, und ich sehe, wie sie sich darauf ausnehmen. ...

* Für die Bestätigung der »arischen« Abstammung waren Kopien aus Kirchenbüchern und amtliche Geburtsurkunden erforderlich. Die Taufscheine galten als der eigentliche Beleg der arischen Abstammung, zeigten sie doch, daß der oder die Getaufte nicht jüdischen, sondern christlichen Glaubens war. Was allerdings die Religion und die vermeintliche »jüdische Rasse« miteinander zu tun haben, war eines der Geheimnisse der NS-Rassenpolitik.

** Anna ließ sich ein kleines Wandregal bauen, auf dem sie die norwegischen Souvenirs unterbringen wollte, die Rudolf nach Hause schickte.

15. 3. 42

Mein liebes Mütterlein!
... Der Führer sprach heute zum Heldengedenktag ernste, aber sichere und mutige Worte. Der Sieg wird unser sein, daran wollen wir nie zweifeln. Wir hatten heute morgen eine schlichte Feier, die uns mit allen Kameraden an der Front und in der Heimat verband.* ... Ich soll Dich vielmals von Gudrun und ihrer Mutter grüßen. In G. leben sie zufrieden und still ihr Leben wie im tiefsten Frieden. ...

18. 3. 42

Mein liebes Mütterlein!
... Mir geht es gut, nur habe ich wenig Zeit. Der Dienst geht emsig weiter, eine Besichtigung steht wieder einmal vor der Tür, übermorgen startet sie, und dazu kommen noch die Gesellschaften. Augenblicklich ist es toll, jeden Abend ist was los. Heute kommt zum Beispiel der a capella Chor der staatl. Musikhochschule Berlin, 10 Herren, 16 Mädel zu Besuch, das wird bestimmt wieder spät. ... Ich habe vom W.B.K. [Wehrbezirkskommando] eine Reihe Fragebogen bekommen. Darum bitte ich Dich, mir Deine Lebensdaten und Vater seine zu schicken. Vielleicht schickst Du mir auch den Nachweis der ar. Abstammung vom Vater, dieses ist ja amtlich beglaubigt. Nach Paffrath gehst Du doch bald, bitte – ich muß jetzt den Nachweis erbringen. ... Vielleicht fahre ich bald noch einmal nach Gol, ich muß mal sehen ob ich da nicht noch günstig einkaufen kann. Eingeladen und gerne gesehen bin ich da immer. ...

23. 3. 42

Mein lieber, guter Junge!
... Ich dachte heute früh, als ich aus der Kirche kam, wie schön es wäre, wenn nun Rudolf hier wäre. Heute wurde

* Im Frühjahr 1942 wurde die »Festung Norwegen« massiv ausgebaut, personell und materiell. Hitler fürchtete eine zweite Front mit der Sowjetunion in Nordnorwegen.

übrigens ein sehr scharfer Hirtenbrief vorgelesen. Ich habe mich gewundert! ...

29. 3. 42

Liebes Mütterlein!
... Wir haben wieder einmal ein klotziges Sammelergebnis heute am Tag der deutschen Wehrmacht, über 1100 Kronen hat die Batterie auf die Beine gebracht. Damit zeigen wir der Heimat, daß wir ihre Opfer zu schätzen wissen und tragen unseren Dank für ihren Fleiß und ihre Leistungen ab. ...

30. 3. 42

Mein guter Junge!
... So Gott will fahre ich morgen früh nach Gladbach zum Rathaus betr. der arischen Abstammung. Hoffentlich klappt die Sache jetzt! Sobald ich den Schein habe, schicke ich ihn. ... Hast Du von Heinrich Nachricht. Er ist am 29. 2. verwundet worden, Granatsplitter im Oberschenkel. Es scheint nicht schlimm gewesen zu sein ... Du hast sicher davon gehört, daß die Fleisch- und Brotrationen etwas gekürzt sind. Aber ich denke, wir werden doch satt werden. ...

1. 4. 42

Mein lieber Rudolf!
... Gestern früh war ich in Gladbach betreff der arischen Abstammung. ... Die Akten sind in Mülheim beim Standesamt ... Ich bin gleich nach Mülheim und habe dort die Sache erledigt. ... Nun muß ich noch Omas Urkunde haben ... Mußt Du auch meine Geburtsurkunde haben?* ...

* Die Unbeholfenheit, die Anna bei der Beschaffung des Ariernachweises an den Tag legte, hing vermutlich mit Rudolfs unehelicher Geburt zusammen. Der Gang zu Ämtern und Pfarreien konfrontierte sie wieder mit ihrer »Schande«.

Feier im Soldatenheim

3. 4. 42

Mein liebes Mütterlein!

Der Karfreitag ist mit herrlich warmem Sonnenschein gekommen. Das Wetter ist so schön und mild, daß ich mich zum Bräunen 1 Stunde in die Mittagssonne gesetzt habe. Im Anblick der weißen Wunderwelt der Berge und in der Erinnerung an manche Stunden heimatlicher Kartage … war diese Stunde fast andachtsvoll. Du kannst Dir die große Stille, die über dem kristallfunkelnden Tal lag, garnicht vorstellen. Der Ton jeglicher Arbeit war verstummt. Die Bevölkerung feiert schon seit gestern ihr eine Woche dauerndes Osterfest. …

Ostern 1942

Mein lieber, guter Junge!

… Alle Feste sind aber doch überschattet von dem großen Kriege. Gewiß, in der Kirche, beim Gottesdienst verliert man die Erdenschwere, vergißt man die täglichen Sorgen, und gerade auch da wieder denkt man zutiefst an Euch … Was wäre uns das Leben jetzt ohne den Glauben? Ohne Religion? Sie ist doch der starke Halt in jeder Lebenslage. … Darum ist es umso bedauerlicher, wenn Kräfte am Werk sind, dieses alles aus dem Volk herauszureißen.[101] …

6. 4. 42

Mein lieber, lieber Rudolf!

Gestern um 11½ Uhr … erhielt ich Dein Päckchen vom 24. Februar. … In den originellen Nußknacker bin ich ganz verliebt. Und die schöne Holzdose mit dem feinen Inhalt. Und das Säckchen mit den K.[Kaffee-]Bohnen. … Jetzt haben wir aber schon allerlei schöne Sachen aus Norwegen. Da werden wir später uns erinnern an diese Zeit, und sie werden unser Heim gemütlich machen. … In der vergangenen Nacht hat der Engländer uns seinen Osterbesuch abgestattet. Von 1½–5 Uhr saßen wir im Keller. 2 Flugzeuge haben wir brennend abstürzen sehen. Es heißt sie seien in Köln über der Stadt abgestürzt. … Ein Feuerwerk am Himmel, grandios kann man sagen. Soviel Scheinwerfer!!! 4 Tommy's waren auf einmal im Scheinwerfer. Einer flog brennend über uns weg. Was mögen wieder Menschenleben zu beklagen sein. Es ist doch furchtbar. …

9. 4. 42

Mein liebes Mütterlein!
… Ich bin in knokker Stimmung, denn heute ist so der rechte Frühlingstag mit strahlender Sonne, mit Erdgeruch, überall wo man hinschaut, kommt Mutter Erde. Das Grün ist den Augen nach all der kalten und harten Schneehelle noch ungewohnt. Ich habe heute schon Pläne gemacht für den Fall, daß wir über den Sommer hierbleiben sollten, ich werde im Offz.Heim einen Steingarten anlegen. Morgen fahre ich nach G. Ich darf doch Grüße bestellen? Ich bleibe bis Sonntag dort. Vielleicht kann ich da noch skilaufen! …

In dieser Zeit versucht Rudolf, die nun älter gewordene Gudrun für eine Liebesbeziehung zu gewinnen. Aber sie weist ihn zurück. Anna, die ein feines Sensorium für die Untertöne in den Briefen ihres Sohnes entwickelt hat, ahnt schon seit Wochen, daß sich etwas verändert. Aber Rudolf erzählt ihr nichts von seinen Ambitionen und Gudruns Reaktion, ein solches Thema ist zwischen Mutter und Sohn unmöglich. Auch mir erzählte mein Vater während unserer gemeinsamen Brieflektüre nur knapp von dieser Situation, die das vertraute Verhältnis zwischen ihm, Gudrun und ihrer Familie nachhaltig störte. Denn danach schreibt Gudrun nur noch selten, im Mai 1942 besucht Rudolf die Familie zum letzten Mal, seit Mitte Juni erwähnt er sie in seinen Briefen aus Norwegen nicht einmal mehr.

10. 4. 42

Mein lieber, guter Junge!
... Der Lachs ist ja so fein, selten habe ich solch leckeren gegessen. Ein Päckchen gab ich T. Stina, eins Fr. J., die immer noch krank ist. Viel Freude habe ich damit gemacht! Und Du mir. Auch mit dem feinen Schreibpapier. Hier ist es rar + schlecht. Mit Spannung sieht man dem kommenden Sommer entgegen. Hoffentlich fällt in Rußland die Entscheidung, damit es dort nicht noch mal einen Winterfeldzug gibt. Heinrich meint ja, wenn es erst einmal dort losginge, würde es nicht allzulange mehr dauern bis zum Ende.* ...

15. 4. 42

Mein liebes Mütterlein!
... Deine Bedenken über die Religionsfreiheit und deine Sorgen, weil gewisse Elemente die Kirche immer mehr zurückzudrängen versuchen, kann ich nicht teilen. Hier draußen mache ich immer wieder die Beobachtung, daß es neben vielen unsauberen Elementen doch noch viele anständige Kerle gibt, Leute, die sich nicht so ohne weiteres ihren Glauben nehmen lassen. Ich sehe da ganz optimistisch in die Zukunft, auch das wird im Frieden zu einer Klärung kommen. Der Führer selbst wird wohl dazu Stellung nehmen. ... Freitag bin ich nach G. gefahren und bis Sonntag Abend dort geblieben. Gudrun und die anderen haben sich über meinen Besuch und meine kleinen Geschenke sehr gefreut. Es waren schöne, gemütliche Stunden, die ich dort verlebte. Sie haben mich ordentlich verwöhnt. Da gibt es noch was zu futtern. Von G. bin ich sofort zu einem Kommando gefahren ... Ich soll Dich herzlich von Gudrun und ihrer Mutter grüßen ... Kannst Du mir auch Omas, Deines Vaters und Deine Taufscheine besorgen?

* Am 5. April erließ Hitler die »Führerweisung Nr. 41« für die deutsche Sommeroffensive im Südabschnitt der Ostfront – es sollte also bald wieder »losgehen«.

Anna wird zunehmend skeptischer gegenüber der NS-Politik, nicht nur beim Thema Kirche und Religionsfreiheit, sondern auch wenn es um den Krieg und die Erfolgsaussichten des Krieges geht. Rudolf hält dagegen, er tröstet und muntert auf, macht seiner Mutter aber auch Vorwürfe, wenn er in ihren Klagen Defätismus wittert. Diese Rollenverteilung zwischen Mutter und Sohn wird sich in den folgenden Monaten verfestigen.

19. 4. 42

Liebes Mütterlein!
Noch immer haben wir herrliches Sommerwetter, heute habe ich mich 3 Stunden in der Sonne geaalt. Ich habe mir einen Sessel auf die Veranda gerückt, habe gedöst, geschlafen und geträumt. … und wo träumt man wohl von? Vom schönen Frieden, vom Arbeiten und Streben als Zivilist. …

24. 4. 42

Mein lieber Rudolf!
… Das Rußland muß ja ein schreckliches Land sein, was man alles so hört und liest. Die armen Menschen, die dort sind, die lernen den Krieg von seiner grausamsten Seite kennen. Du warst wieder in Gol? Was macht Gudrun? Wie stehst Du zu ihr? Oder hat sie bald einen Verehrer? Schreib mir einmal darüber. Etwas Sorge habe ich ja dieserhalb, ob Du auch brav bist, wenn Du hinfährst! Nimm es mir nicht übel, Rudolf, aber auch Du bist nur ein Mensch, und ich möchte nur Dein Glück! Ja, dort leben sie wohl wie im Frieden, in jeder Beziehung. … Draußen wird es jetzt schon grün, langsam fangen die Bäume an zu blühen. Alles geht seinen Lauf nach ewigen Gesetzen und die Menschen morden sich gegenseitig auf die grausamste Weise. Ist das nicht widersinnig? Du denkst auch, Mutter ist wieder trübsinnig, nein, das bin ich nicht, man denkt zu viel nach. …

26. 4. 42

Mein lieber Rudolf!
... Der Samstag-Abend zu Hause ist ... sehr einsam. Aber das wird es noch oft sein, der Führerrede nach zu urteilen. Der Krieg fängt erst richtig an. Und Du meintest, bald sind wir wieder zu Hause. Ich las dieser Tage noch mal alle Briefe von 1939, da meintest Du schon, bald käme das Ende. ... Ich glaube, noch mal solange können wir rechnen, wie es bis jetzt gedauert hat. ...Ihr alle kommt noch nach Rußland, paß mal auf! Was ja die Jungen dort mitmachen, ist unmenschlich. Ist das noch Krieg? Und hier wird's auch nicht besser, im Gegenteil! ...

26. 4. 42[102]

Meine liebe Mutter!
... Hast Du die Führerrede gehört?[103] Wenn einer ihn, den ersten Soldaten Deutschlands, versteht, dann ist es der Soldat. Möge der Herrgott ihn uns lange erhalten. Die ewig Gestrigen können sich ja ihr Teil denken, denen hat er es nochmal gegeben, was? Ob der Tommy weiterhin friedliche deutsche Städte bombardieren wird, ich glaube, das war die letzte Warnung! ... In den nächsten Tagen werde ich, wenn es geht, nach O. fahren, um für meine Bekleidung einzukaufen. ... Ob ich dabei in G. Station mache weiß ich noch nicht. ...

27. 4. 42

Mein lieber Junge!
Eben kommen wir aus dem Luftschutzkeller, es ist ½3 Uhr morgens. ... Gott sei Dank, wir sind noch einmal verschont geblieben. Die armen Menschen, die umgekommen sind ... Jetzt haben wir etwas über 300 x Alarm gehabt des Nachts. Frau M. erzählte es mir, die es mit Tag + Datum aufgeschrieben hat. ... Nun will ich mich hinlegen. Morgen schreibe ich weiter.

Mein Junge, aus Köln zurückgekehrt, will ich Dir berich-

Verzagte Briefe schreibt man nicht:
Die Front erwartet Zuversicht!

Wenn ihr verärgert durch den Alltag geht
und alles mal in trübem Lichte seht,
wenn Kummer euch umflort und auch das Morgen
verzagt euch macht mit seinen Mühn und Sorgen,

Wenn auch die Träne mal im Auge steht
und euch vor Unmut alle Lust vergeht,
so hütet euch, ihr Mädchen und ihr Frauen,
dies einem Feldpostbrief anzuvertrauen.

Der nächste Tag hat vieles schon bereinigt,
ihr habt mit eurem Dasein euch geeinigt,
habt euch mit eurer Nachbarin vertragen,
jedoch der Brief ist fort mit euren Klagen.

Dem Mann da draußen, der sich drauf gefreut,
bereitet er statt Frohsinn Sorg und Leid.
Was ihr inzwischen längst schon überwunden,
schafft ihm, der hart am Feind steht, dunkle Stunden.

Drum unterlaßt im Frontbrief euer Klagen, beschwert ihn nicht mit Alltagsnot und Zagen
und werft nicht Feldpostbriefe in den Kasten, die auf dem Kämpfenden wie Alpdruck lasten.

Illustriertes Flugblatt

ten, was war. … In Deutz sieht es schlimm aus. … St. Gereon Kirche, St. Kunibert, St. Georg, St. Pantaleon, Maria in der Schnurgasse völlig ausgebrannt. Dann eine protest. Kirche am Filzengraben ganz in Trümmer, Marienhospital an

Kunibert 2 Stockwerke ausgebrannt, Klöckner Werk nach Poll zu ausgebrannt und viele Wohnungen ausgebrannt bei dem herrschenden starken Wind. Es ist traurig, wenn man alle die Zerstörungen sieht. Das ist die Antwort auf die Führerrede. Das geht bis zur völligen Vernichtung weiter. …

5. 5. 42

Mein liebes Mütterlein!
… Wir werden wohl noch lange hierbleiben, es bestehen gar keine Aussichten, daß wir hier wegkommen. Warum sorgst Du Dich wegen der Beziehung zu Gudrun? Auch da … steht alles gut und ist nach wie vor sauber. Gudrun ist zu mir wie ein Schwesterlein, ich hab sie gern und ich glaube, sie mich auch. Meine Besuche machen ihr viel Freude. Seit langem hat sie nicht mehr geschrieben, ich weiß garnicht warum. Ende nächster Woche fahre ich wahrscheinlich nach O., dann werde ich natürlich in G. aussteigen. Diese Ruhe, diesen Frieden würde ich Dir wünschen. Das ist es wohl, was Dir am meisten fehlt. Aber trotzdem, Mütterlein, danken wir dem Herrgott für … seinen gütigen Schutz. Noch leben wir, und das ist das Primäre, der Krieg zwingt uns zu Urinstinkten, das Leben, das nackte Leben ist das Kostbarste. … Ihr müßt die Ohren steifhalten, der Führer macht es richtig und seine Soldaten gehen mit ihm. Die Heimat darf die Nerven nicht verlieren* …

5. 5. 42

Mein liebes Mütterlein!
… Wenn ich ehrlich sein soll … haben mir Deine beiden letzten Briefe nicht recht gefallen wollen. Ich kann Dich … gut verstehen, trotzdem möchte ich Dir zurufen, nicht

* Rudolf bezieht sich auf die »Dolchstoßlegende«, die für die Niederlage im Ersten Weltkrieg das politische und moralische Zusammenbrechen der »Heimatfront« verantwortlich machte. Damit versucht er an Annas Durchhaltewillen zu appellieren.

mutlos zu werden, trotz allem weiter den Kopf hochzuhalten. Wir müssen tapfer sein, denn nur Tapferkeit und Opferfreudigkeit führen zum Sieg, an den wir glauben, ja glauben müssen, nur so können uns die feindlichen Besuche in der Heimat, die Opfer in der Ernährung und im täglichen Leben nichts anhaben. Wir Soldaten alle, besonders aber die Kameraden in Rußland, bringen ja auch Opfer und sicherlich die größten. Da muß die Heimat bei der Stange bleiben. Der Sieg muß unser werden, denn was gäbe es wohl sonst? …

9. 5. 42

Mein liebes, gutes Mütterlein!
… Das wird ein ruhiger Sonntag, wenigstens voraussichtlich. Die norskes glauben ja, morgen käme Kong Haakon, dann wäre es freilich mit der Ruhe aus, aber auch diesmal werden sie wohl vergeblich warten.[104] … einen ganz großartigen Sieg hatten die Japaner im Korallenmeer. Über diese zähen und tapferen Soldaten kann man sich nur wundern. … Von G. habe ich immer noch nichts gehört. Hoffentlich kann ich am kommenden Freitag fahren. …

10. 5. 42

Mein liebes Mütterlein!
Nochmals sende ich Dir viele herzliche Grüße und Glückwünsche zum Muttertag und möchte Dir mit einem Päckchen eine kleine Freude machen. Der Pullover ist mit selbstgezogener Schafwolle, selbstgesponnen und gestrickt und schließlich auch gefärbt, gearbeitet worden. … Wahrscheinlich kann ich Dir auch bald Wolle schicken. Ich lasse mir einen weißen Sportpullover stricken! …

13. 5. 42

Mein lieber Junge!
… Nun hat der Kampf in Rußland ja auch begonnen. Wir hier beten, daß alles zu einem guten Ende kommt! Und

dann noch England. Aber das dauert wohl noch etwas. Die ersinnen ja auch noch immer allerlei Neues. Wenn sie nur nicht bald mit Gas kommen.* ...

Pfingsten 1942 [24. 5. 42]

Mein liebes Mütterlein!
Meinen heutigen Brief muß ich gleich mit einer Entschuldigung für mein langes Schweigen beginnen. Umstände, über die ich noch nichts schreiben kann und darf, verhinderten mich, Dir auch nur einen kurzen Gruß zu senden. ... Ich hoffe, daß die traurige Stimmung, die aus Deinen letzten Briefen schaut, nachdem nun der Tommy wieder seltener kommt, die Ostfront in's Rollen kommt usw. besser geworden ist. ... Hier ist das Wetter wundervoll, leider können wir gewisser Umstände wegen nicht raus.[105] Vorigen Sonntag war ich in G. Vielmals soll ich Dich von Gudrun und ihrer Mutter grüßen. Ich war nur einige Stunden dort. ...

25. 5. 42

Mein liebes Mütterlein!
... Das Pfingstfest geht dem Ende zu! Heute morgen war ich mit dem Chef zur Erkundung im Gelände. Es war eine herrliche Autotour durch die frühlingshafte Natur. Die Birken werden grün. Langsam gehen die Anemonen auf. ... Morgen früh fahre ich wieder nach B.[Bergen] zum Offz. Unterricht. Ich bin jetzt viel unterwegs!** ...

* Anna spielt auf den Einsatz von Giftgas im Ersten Weltkrieg an.
** Der Radius, in dem sich Rudolf bei Erkundungen und Patrouillen bewegte, betrug circa 150 Straßenkilometer. Davon zeugt das Fotoalbum mit seinen Ansichtskarten. Sie stammen aus Flåm, Finse und Borgund, Modalen und Steinsdalen, Os und Bergen, Nesbyen und Gulsvik, Ål, Torpo, Ustoaset und Jotunheimen.

30. 5. 42

Mein liebes Mütterlein!
... Ich bin gesund und fühle mich wohl, zufrieden bin ich auch, denn wir tun alles, uns das Leben so angenehm zu machen wie eben möglich. Ich habe meine nette Bude, die Verpflegung ist ordentlich, und für das andere kann man noch gut sorgen. ... Richtig hast Du geraten, am Muttertag war ich in Gol, dort war alles beim alten, d. h. sie sind gesund, und zufrieden sind sie auch, denn die Leute auf dem Land können hier immer noch ganz gut leben. Nochmals bestelle ich die Grüße aus Gol. Ich fahre viel Auto, reite ab und zu, bin den ganzen Tag draußen. Noch immer bin ich ordentlich braun. Augenblicklich ist Impfperiode. 3 Choleraimpfungen mußten wir über uns ergehen lassen. ... Allmählich sieht man die ersten Blüten! Im nächsten Brief kann ich Dir einige kleine Blumen schicken. ... Die Batterie macht in Landwirtschaft. Kartoffeln haben wir gesetzt und allerlei Samen gesät. Wir haben einen netten Garten. ...

31. 5. 42

Mein lieber Junge!
... Noch lebe ich, noch haben wir unser Heim unversehrt. Du hörst ja wohl heute im Wehrmachtsbericht von dem Angriff, bisher dem stärksten auf Köln. Noch heute Nachmittag brannte die halbe Stadt. Nach Aussagen von Augenzeugen herrscht in Köln das Chaos. Keine Bahn fährt in + um Köln. ... Jeglicher Eisenbahnverkehr ruht. Von der Bastei bis zum Bayenturm, alles brennt. ... Um den Dom herum, Bahnhof, Domhotel, Eisenbahn-Direktion, Brükken, überall Zerstörungen + Brände. Die ganzen Fabriken in Deutz ... der Mülheimer Bahnhof ... also man kann es garnicht aufzählen. Also eine Schießerei, ein Flugzeug nach dem anderen, Bomben-Detonationen, es war unheimlich! Der Himmel taghell. Es ist zu arg. Wieviele Opfer mag der Angriff gekostet haben, und wie viele Werte sind vernichtet. ... Möge unser Gott im Himmel doch helfen, daß das

bald ein Ende nimmt! Unser schönes Köln. Nein, dieser Luftkrieg ist doch zu fürchterlich. Man ist noch ganz aufgeregt. Man kann Gott garnicht genug danken, daß man noch verschont ist.* …

31. 5. 42

Liebes Mütterlein!
… Komme eben mit Oberapotheker B. von einer Bergwanderung zurück, wir waren oben im Schnee, merkwürdig, wenn man bedenkt, daß wir schon Juni haben. Höre eben bei den Meldungen, daß der Tommy einen massierten Luftangriff auf Köln unternommen hat. Wie steht es? Ich hoffe und wünsche heiß, daß der Herrgott Dich beschützt hat. Schreib' mir bald, damit ich Gewissheit habe, daß Du froh, heil und gesund bist. Nur nicht mutlos werden!!! Ich bete für Dich! …

4. 6. 42

Mein lieber, lieber Rudolf!
… Über Köln wirst Du inzwischen gehört und gelesen haben. Unser schönes altes liebes Köln. Die Tränen kamen mir, als ich es sah. … Im Kriegsgebiet kann es nicht schlimmer sein. Überall brennt es noch. Schutt und Asche, Glas und alle möglichen Sachen liegen herum. Alle großen Kaufhäuser sind weg. Und wie viele Kirchen? … Und alle die armen Menschen, die umgekommen sind oder ihre ganze Habe verloren haben. … Noch solch ein Angriff, dann ist Köln ganz fort. … Auch unser Geschäft** ist nicht mehr, ich habe vorläufig acht Tage Ferien, was dann

* Nachdem das britische Kriegskabinett im Frühjahr 1942 beschlossen hatte, die »Moral der gegnerischen Zivilbevölkerung« durch Flächenbombardements zum Hauptziel ihrer Angriffe zu machen, flog die Royal Air Force in der Nacht vom 30. auf den 31. Mai 42 den ersten sogenannten 1000-Bomber-Angriff auf eine deutsche Stadt, auf Köln. Dabei kamen 474 Menschen ums Leben.

** Anna nähte in Heimarbeit Krawatten für eine Firma, die ihren Sitz in der Kölner Innenstadt hatte.

kommt, weiß ich nicht. ... Gott sei Dank ist in unserer Familie niemand umgekommen. ...

6. 6. 42

Mein lieber Junge!
... Wir bekommen allerlei Sonderzuteilung: ¼ Pfd. Fleisch, ¼ Wurst, ¼ Butter, ¼ Zucker, ½ Reis, ½ Nudeln, ½ Hülsenfrüchte, ¼ Nüsse, ½ Erdbeeren, 50 Gr. Öl, 1 Pfd. Brot. Der Führer war in Köln ...

7. 6. 42

Mein liebes, gutes Mütterchen!
... Ja, ich sorge mich um Dich, kein Wunder, wenn der Rundfunk, wenn die Tageszeitungen von dem britischen Terrorakt auf die rheinische Metropole, auf mein geliebtes Köln sprechen. ... Ich bin frisch und froh, treibe täglich Frühsport. Nächsten Sonntag werde ich beim Sportfest der Einheit tüchtig mitmachen. ... Gudrun schrieb mir in dieser Woche, ich soll Dich herzlich grüßen. Ich glaube, sie sorgt sich schon um Dich, das kleine Mädel. In G. würde ich Dich für die Kriegszeit gerne wissen, dort könntest Du Dich erholen, dort wirklich wie im Frieden leben. ...

8. 6. 42

Mein lieber Rudolf!
... für das Bildchen danke ich Dir. Da siehst Du aber schmal und spitz aus. Bekommst Du auch die schlanke Linie wie wir hier.* ... Du warst wieder in G.? Ist das nicht gefährlich, wenn Du so allein herumfährst? Wie ist da die Stimmung?** ...

* Die Lebensmittel waren in Deutschland schon lange rationiert und wurden immer knapper, den Menschen war die Not mittlerweile anzusehen.

** Es ist das erste Mal, daß Anna Sorgen um Rudolfs Sicherheit erwähnt, weil er allein unterwegs ist. Vielleicht wurde ihr die Tatsache, daß Rudolf in einem besetzten Land lebt, angesichts der wachsenden Gefahr in ihrer Heimatstadt bewußter.

13. 6. 42

Mein liebes Mütterlein!

… Du glaubst gar nicht, wie sehr ich auf Deine Nachricht vom 31. gewartet habe, ich war in Unruhe und Sorge wie noch nie. … 305 Todesopfer sind ein schrecklicher Sieg des Tommy. Wer das zu verantworten hat. Der Tommy wird es heimgezahlt bekommen! Armes England! Die graben ihr eigenes Grab! Wir hier draußen achten und ehren Eure Opfer, die Ihr für unsere heilige Sache bringt … Aber ihr und wir müssen durchhalten, ein Zurück gibt es nicht. Mit Vertrauen wollen wir auf den Führer sehen, der uns ein einfaches, verantwortungsfreudiges, mutiges und siegreiches Leben vorlebt, der die Schwere der Zeit sieht wie kein Zweiter, der uns in eine bessere Zukunft, in einen langen, gesegneten Frieden führen will und wird! Wir wollen für ihn im Gebet bitten! Vorläufig, d. h. wahrscheinlich immer ändert sich hier nichts – wir sind auf dem toten Gleis. … Vorgestern und heute bekam ich von Heinrich Post, einmal aus einem Lazarett aus Brjiansk,* den zweiten Brief aus Warschau … Nein, Menschenskind, hat der Glück beim Unglück. Hat er Euch geschrieben, wie es sich ereignet hat? Mir schilderte er den Vorgang genau, ebenfalls die Art der Verwundung. Ich fürchte für seinen Fuß bzw. sein Bein! … Ich muß mich über seine Gefaßtheit und seinen Mut und sein Vertrauen wundern. Ich bewundere seine Zufriedenheit. Er freut sich auf seine Rückkehr ins Reich. … für Heinrich ist der Krieg aus. Hoffentlich lernt er wieder gehen! … Von Gol kann ich Dir nur Gutes berichten, die leben wie im Paradies so still und friedlich. Ich soll Dich vielmals grüßen, besonders von dem kleinen Mädchen Gudrun. … Morgen haben wir Sportfest. … Sport ist unsere Abwechslung und unser bester Überwinder der Langeweile. …

* Brjansk gehört heute zur Russischen Föderation und liegt etwa auf der Hälfte der Strecke zwischen der Weißrussischen Grenze und Moskau.

Hummerkauf

Während Heinrich dem gleichaltrigen Rudolf genau schildert, wie er verwundet wurde, spart er dies in den Nachrichten an seine Frau und an seine Mutter aus. Sie sollen nicht beunruhigt werden, deshalb teilt er ihnen nur mit, daß er verwundet wurde und auf dem Weg in die Heimat ist. Gleichzeitig hat er aber das Bedürfnis, sich zu entlasten – und das funktioniert unter Männern und Kameraden offensichtlich besser als gegenüber Frauen.

15. 6. 41

Liebes Mütterlein!
… Warum meinst Du, daß es gefährlich sei, nach G. zu fahren? Ich kenne die Eingeborenen doch alle. Herzlich soll ich von Gudrun grüßen, ich soll ihr bald mitteilen, ob Du beim Fliegerangriff keinen Schaden erlitten hast. …

25. 6. 42

Meine liebe, gute Mutter!
… ich treibe Sport, fahre häufig bil* und schieße Möwen, Krähen, Krammetsvögel, letztere geben eine ausgezeichnete

* Bil – Auto.

Suppe. Hier ist jetzt Hummerzeit! Ein Kilo lebender Hummer kostet rund 4,00 Kronen, fehlt nur Mayonnaise. …

28. 6. 42

Meine liebe Mutter!
… ich sitze auf der Veranda und schaue beim Sonnenbad dem Flug der silberweißen Möwe und der Flottille wilder Enten zu. … Heute genieße ich die unendliche Stille besonders. Die Straße herunter kommt ein Bauer mit seinem Milchkarren, zur Seite springt mit seinen staksigen Beinen ein Füllen. Nette, blonde Mädel radeln zum Städtchen. Hier kann man den Krieg vergessen, erleben ihn nur durch den Rundfunk, der diese Woche so phantastische Erfolge gemeldet hat.* Feldmarschall Rommel ist wohl der populärste Mann der Welt. Mein Chef ist auf der Wiener Kriegsschule sein Schüler gewesen. …

2. 7. 42

Mein lieber, großer Junge! …
Hier arbeiten jetzt viele Russinnen auf dem Radium b. Walther.** Die sehen aus, alle laufen barfuß, haben nichts an! Ein armes Volk! …

2. 7. 42

Meine liebe Mutter!
… Wir stehen noch ganz im Bann der Sondermeldungen von den gigantischen Erfolgen in Afrika und vor Sewastopol.*** Der deutsche Soldat greift an, der Marschschritt riesiger

* Am 21. Juni 1942 eroberten deutsche und italienische Truppen die Festung Tobruk an der libyschen Küste nahe der ägyptischen Grenze.

** Die Firma Walther und Cie. war ursprünglich eine Dampfkessel- und Maschinenfabrik und stellte seit Mitte der dreißiger Jahre vor allem Feuerlöscher, Sprinkleranlagen etc. her. Wie viele andere Firmen beschäftigte sie sogenannte Fremdarbeiterinnen aus Osteuropa.

*** Sewastopol liegt auf der Krim in der heutigen Ukraine.

Soldatenbegräbnis

grauer Kolonnen wird Herrn Churchill, Roosevelt und Stalin auf die Nerven gehen. Wir können ganz beruhigt in die Zukunft sehen. Der Friede rückt näher. ... Ich lege Dir noch einige Bilder vom Hardanger und vom Begräbnis eines Batteriekameraden auf dem Heldenfriedhof in Bergen bei.* ...

2. 7. 42

Mein liebes Mütterlein!
... Der Kursus ging gestern zu Ende, gestern Abend reisten wir in der Hauptstadt ab. ... Wenn ich eine Woche lang nicht geschrieben habe, mußt Du das entschuldigen, es war uns verboten, aus dem Kurs zu schreiben ... Mir geht es ganz ausgezeichnet, die Seeluft hat mich nett gebräunt, gestern war ich mit Hptm. Sch. und Fliegeroffizieren zum Segeln, es war einfach prima. ... War der Tommy wieder da? Duisburg soll ja noch schlimmer aussehen als unsere Heimatstadt, der kann sich freuen, wenn wir im Osten fertig

* Fotos von Begräbnissen tauchen häufig in Fotosammlungen aus dem Zweiten Weltkrieg auf, unabhängig vom Kriegsschauplatz. Dieser Kamerad Rudolfs war an einer Sepsis gestorben.

sind, und da geht der Siegeszug sicher und schnell ostwärts, bis zum Winter werden wir's schaffen, dann haben wir die Luftwaffe frei ...

8. 7. 42

Liebes Mütterlein!

... Ich konnte Dir leider nicht früher antworten, weil ich für einige Tage in B. zum Abtlgs-Sportfest war. ... Unsere Batterie hat 50 % aller Preise geholt, unser Training hat die schönsten Früchte gebracht. ... Ich bin nun doch schon oft in B. gewesen, aber immer entdeckt man Schönes und Sehenswertes, immer zeigt diese schöne und alte Hansestadt sich von einer anderen Seite. ...

18. 7. 42

Mein liebes Mütterlein!

... Immer noch fahren wir wöchentlich nach B. zum Offz.-Unterricht, für uns Provinzler ist das Abendessen im O.-[Offiziers-]Heim eine kultische Handlung. Wir haben wieder ganz pfundig gegessen, Hummerbrot, gebratenen Lachs und rote Grütze, dazu gab es gutes, altes, deutsches Bier. ... Bei einem solchen herrlichen Sonnentag ist B. eine der schönsten Städte, die ich kenne. ... Wir haben leider auch noch einen anderen Anlaß zu dieser Reise, wieder stand die Batterie am Grab eines Kameraden, der durch einen tragischen Unglücksfall von unserer Seite gerissen wurde. Beim Säubern der Pistole wurde er von einem Kameraden erschossen, die Kugel ging durch's Gehirn, er war sofort tot. Ich konnte ihm nur noch die Hände falten und die Augen zudrücken. ... Allmählich sehen wir auch die Erfolge unserer Gartenarbeit, Kartoffeln, Bohnen, Erbsen, und vor allen Dingen Kohl stehen gut. ... Augenblicklich futtern wir täglich 1 Kilo Kirschen, der Hardanger liefert sie, wir essen sie mit Heißhunger, Du glaubst nicht wie hungrig wir auf Obst und Gemüse sind. ...

19. 7. 42

Mein liebes Mütterlein!

... Meine Liebe zur Natur, die schöne Gottesgabe der Naturbewunderung macht mich ... hier im schönen Nordland zufrieden, sie machen viel Unschönes gut und erträglich. Mir gefällt es hier gut, nur müßte ab und zu mal etwas los sein, damit man wüßte, wozu man Soldat ist. Na, es soll wohl so sein, Meldungen sind ja leider zwecklos. ... Es scheint fast so, als ob ich praedestinierter Junggeselle sein soll. ... Manchmal sehnt man sich erklärlicherweise nach Frau und manchmal auch nach einem Kind, aber vor mir sehe ich dann die Frage Zarathustras: Bist Du auch rechtwinklig gebaut an Leib und Seele?[106] Dann könnte man Komplexe bekommen. Ich komme mir vor wie ein Primaner und ganz bald schon bin ich 30 Jahre, es ist aber gleich, man ist so alt wie man sich fühlt. Die Stimmung der Kameraden im Osten möchte ich sehen, jetzt wo der siegreiche Angriff rollt, wird der harte, unmenschliche Winter vergessen, da wird Hochstimmung herrschen, und wir können nur zusehen. ...

Sehr geehrter [!] Frau Schmitz! Aus meinen wunderbaren Urlaubstagen in Voss erlaube ich mir Ihnen die besten Grüsse zu senden! Siri G.

Rudolf hat die junge, blonde Siri kennengelernt – und sich in sie verliebt. Siri ist neun Jahre jünger als er, hat gerade das Abitur hinter sich und arbeitet für die deutsche Marine in Bergen, als eine Art Anlaufstelle für neu angekommene deutsche Offiziere und als Dolmetscherin. Sie spricht nämlich, wie ihre ganze Familie, fließend deutsch, ihr Vater ist Mitglied in der norwegischen nationalsozialistischen Partei Nasjonal Samling. Damit repräsentiert Siri eine nicht bedrohliche Seite Norwegens, die Seite der Kollaborateure. Rudolf, der seit seiner Stationierung in Voss keinen Kontakt mehr zu »Eingeborenen« hat (mit Ausnahme der Familie L.), stürzt sich zwar in diese neue Beziehung, bleibt

Siri in Uniform

aber skeptisch und ist kaum in der Lage, seine Distanz aufzugeben, die er Norwegerinnen und Norwegern gegenüber entwickelt hat. Ihn interessiere das »Milieu dieser Kreise«, schreibt er seiner Mutter – als wäre er ein Sozialforscher.

21. 7. 42

Liebes Mütterlein!
… Sehr wahrscheinlich muß ich zu Anfang nächster Woche zu einem mehrtägigen Kursus in die Hauptstadt. Ich glaube, es wird interessant. Ich bin heute etwas in Abschiedsstimmung, heute ging der Urlaub eines kleinen, blonden Mädel aus Bergen zu Ende, die ich hier kennen lernte. Sicher hast Du Dich bereits über den Gruß gewundert. Ich habe schöne

Stunden mit ihr verlebt. – Nun, mach Dir nicht gleich Sorgen, es war alles in Ordnung. …

24. 7. 42

Mein lieber, guter Junge!
… Was sprichst Du da von Junggeselle? Nein, Du bist zur Ehe geschaffen, such Dir eine liebe Frau, die gesund ist und Dir Kinder schenken kann, Du bist doch so ein großer Kinderfreund. Komplexe brauchst Du nicht zu haben. Du bist gesund und frisch und unverbraucht. … Zu alt bist Du noch lange nicht. …

24. 7. 42

Meine liebe Mutter!
… Ich stehe noch ganz unter dem Eindruck der heutigen Sondermeldung vom Fall Rostows.* Großartig wie die Kameraden das schaffen, man kann es fast nicht glauben, daß so Gewaltiges geleistet wird. Der Russe bekommt jetzt Schläge, die er so schnell nicht verwinden kann. Es geht bestimmt mit den Sowjets zu Ende. So gewaltig und lebendig das Geschehen im Osten ist, so ruhig, fast friedlich ist es hier. Beim Umschauen in der herrlichen Natur könnte man den Krieg ganz vergessen. Es ist jetzt zu schön. Die Luft erfüllt von Heuduft, es riecht prächtig. Die Straßengräben haben sich mit blühendem und duftendem Mädesüß geschmückt. Ich gehe fast täglich in's Wasser, kalt ist es, aber schön. … Ich habe heute wieder einmal ein pfundiges Essen gehabt. Gestern hatten wir ein Schwein geschlachtet, davon gab es heute ein großes, saftiges Kotelett, der Oberapotheker stiftete eine Büchse selbstgezogenen, gestochenen u. eingeweckten Spargels, dazu hatten wir Kartoffeln. … Kirschen gibt es in rauhen Mengen, das Kilo kostet 3,00 Kr. Man sieht im Städtchen kaum einen, der nicht Kirschkerne spuckt. Wir essen uns fast krank. …

* Rostow gehört heute zur Russischen Föderation und liegt in der Nähe des 40. Längengrads.

30. 7. 42

Mein lieber Rudolf!
... Nun bin ich aber sprachlos! Nun weiß ich auch, warum Du keine Lust + Zeit zum Schreiben hattest! Ein kleines Mädel war der Grund! Na, das mußt Du mir erzählen. Vorläufig kann ich mir noch kein Bild darüber machen! ...

7. 8. 42

Mein liebes Mütterlein!
... Ich habe viel Arbeit, ich muß jetzt den Kursus auswerten und überall Vorträge halten oder Unterricht leiten. Wenn nicht immer die langen Reisen wären, könnte es sehr nett sein. ... Dann machst Du Dir sicher Gedanken über meine neue Bekanntschaft, auch da brauchst Du keine Sorgen zu haben, es ist ein nettes, frisches Mädel aus gutem Haus. Mich reizt der Einblick in diese norwegischen Kreise. Die Familie ist deutschfreundlich, N.S., und wohnt im schönsten Vorort von Bergen. Wie ich Dir schon schrieb, lernte ich sie hier in V.[Voss] auf dem Sportplatz kennen. Sie war hier in Ferien! ...

Die Beziehung zwischen Rudolf und Siri ist nur von kurzer Dauer. Ein paar Mal sehen sich die beiden noch, dann wird Rudolf versetzt und verläßt Norwegen. Siri antwortet nicht auf seine Briefe. Anderthalb Jahre später geht sie nach Berlin, um dort einen in Norwegen stationierten deutschen Korvettenkapitän zu heiraten, und zieht zu seinen Eltern.[107] Im Juli 1944 bringt sie eine Tochter zur Welt, drei Monate später fällt der Ehemann, im April 1945 stirbt die 22jährige an einer Gelbsucht.

Rekonstruieren konnte ich diesen Teil von Siris Biografie nur mit Hilfe einer Norwegerin, die sich mit der Suche nach ›verlorenen‹ Personen auskennt. Über eine Mitgliederliste von Nasjonal Samling fand sie Siris Nachnamen heraus – aus den Briefen meines Vater geht er nämlich nicht eindeutig

Mit Siri

hervor. Dann entdeckte sie Siri in einem alten Melderegister, erfuhr dort von ihrer Heirat in Deutschland und von ihrem Tod. Die wichtigsten Informationen aber kamen von Siris Geschwistern. Sie waren bereit, am Telefon von der traurigen Geschichte ihrer Schwester zu erzählen.

8. 8. 42

Mein liebes Mütterlein!
… Mir geht es wie immer – also gut. Ich fühle mich bei unserem intensiven Sportbetrieb wohl und frisch, mächtig hungrig sind wir nach dem Training, werden aber immer noch satt. … Mit den Kirschen ist es zu Ende, jetzt müssen wir wohl warten, bis es Äpfel gibt, denn andere Obstsorten wachsen hier nicht. Die Battr. sammelt fleißig Waldbeeren, Beerenpflücken steht z. B. auf dem morgigen Dienstplan. 2 Zentner haben wir wohl schon zusammen und zu Marmelade eingekocht. Das wird uns an den Portionen natürlich abgezogen, aber sie wird wohl schmackhafter sein. So muß man für den Winter sorgen. Von der großen Übung am Hardanger hab ich Dir ja schon geschrieben. Am Montag ruft ein anderer Dienst, dann geht's für einige Tage in's Gebirge. … Von der neuen Bekanntschaft werde ich Dir im Urlaub erzählen. Ich habe das Mädel in B. wiedergesehen. …

Mit diesem Brief kündigt Rudolf seinen dritten Heimaturlaub an. Seit Weihnachten ist er nicht mehr in Köln gewesen. Eine Woche später ist er allerdings immer noch in Voss – länger als 14 Tage kann dieser Urlaub also nicht dauern. Der erste Brief, in dem er von der Rückkehr nach Norwegen berichtet, stammt vom 9. September.

9. 9. 42

Mein liebes Mütterlein!
Höre und staune, schon heute bin ich um 7^{00} Uhr in der Früh wohlbehalten hier angekommen. Ich hatte eine gute Reise … Die Überfahrt verlief glatt und bei ruhiger See. Ich

hatte immer einen schönen Fensterplatz. ... Nun bin ich wieder hier, frisch und munter geht's an die Arbeit. Ab morgen muß ich den Battr.-führer spielen. Der Chef ist für 6 Wochen zu einem Kursus nach Frankreich. ...

18. 9. 42

Mein liebes Mütterlein!
... Ich habe wirklich allerlei zu tun, habe alle Hände voll, muß ich doch jetzt für 120 Leute sorgen und gerade stehen. Ich bin für alles Geschehen verantwortlich, trotzdem bin ich froh, daß man mir soviel Vertrauen schenkt. ... Fast täglich hatte ich Besichtigungen, heute z. B. Nachrichtenbesichtigung durch die Div. Gestern Kfz.appell durch Herren des höh. Kommandos. ... Am Mittwoch war ich in B. zum Offz.Unterricht, habe Siri aber nicht gesehen. Sie liegt noch zu Bett! ... Ich schickte Dir ein Päckcken mit Heringen, sind sie gut angekommen? Heringe sind ab 15. d. M. auch rationiert worden. Was soll man jetzt noch kaufen? ... Ich glaube, ich muß ein Schwein schlachten, wir bekommen sie nicht mehr satt, es ist schade, aber sie fangen an, Gewicht zu verlieren. Hier geht alles den gewohnten Gang, von Versetzung kann wohl keine Rede sein. ...

Tatsächlich wird Rudolf am 27. September 1942 vom Artillerie-Regiment 169 zum Artillerie-Regiment 347 versetzt. Diese Versetzung hat unmittelbare Folgen für seine Stationierung in Norwegen.

28. 9. 42

Mein lieber, guter Junge!
... Und Siri ist noch krank? Da war es doch wohl etwas Ernstliches? ... Viele Todesnachrichten sind wieder eingelaufen. ... Die Ostfront kostet Opfer. ...Das ist furchtbar. Ja, unser Herrgott sucht uns heim. ...

30. 9. 42

Mein liebes Mütterlein!
... Hier oben ist seit 3 Tagen wunderschönes Herbstwetter, die Sonne hat zwar keine Kraft mehr, desto mehr bemüht sie sich, die Landschaft, die jetzt bunte Bergwelt, in die buntesten und herrlichsten Farben zu tauchen. Nun ist Norge besonders schön. Ich schrieb Dir ja schon, daß man uns d. h. mir jetzt besonders auf die Finger sieht. Eine Besichtigung jagt die andere, jeden Tag kommt eine andere Kommission. Gestern reiste der Kommandeur ab, er war für zwei Tage hier. Gemeckert hat er nicht, also scheint er zufrieden zu sein. Ich lege meinen Stolz darein, dem Chef eine saubere Einheit zurückzugeben. ... Ich hatte mich gefreut, morgen nach B. fahren zu können, der Unterricht fällt aber aus. Siri wird traurig sein, wir haben uns nun so lange nicht mehr gesehen. ...

3. 10. 42

Liebe Mutter!
Heute kam der Befehl, noch heute reise ich ab, ich bin versetzt. Ich melde mich morgen in O. [Oslo]. Dann soll es weiter nach Deutschland gehen. ... Wohin es geht, kann ich Dir noch nicht schreiben, jedenfalls kommt der Osten fürs Erste nicht in Frage, Du brauchst Dir also keine Sorgen oder Gedanken zu machen. Ich bin teils froh, teils fällt der Abschied schwer. Man läßt so manchen Kameraden zurück. Ich habe alle Hände voll zu tun ... Ich muß die ganzen Geschäfte übergeben. ...

Der Zeitpunkt von Rudolfs Versetzung wiederholt spiegelbildlich die Situation seiner Ankunft in Norwegen. Im Juni 1940 waren die Kämpfe beendet und die Besetzung des Landes weitgehend abgeschlossen. Kurz nachdem Rudolf das Land Anfang Oktober 1942 verlassen hat, wird in den Gebieten, in denen er bisher stationiert war, mit der massiven Bekämpfung der Widerstandsbewegung begonnen. Am 31.

Oktober 1942 marschieren Wehrmachtsoldaten aus Gol mit der Osloer Gestapo zu einer Patrouille ins Hemsedal, um ein Versteck der Kommunisten aufzuspüren. Tatsächlich werden Widerstandskämpfer entdeckt, und ein Norweger wird dabei erschossen.

5. 10. 42

Liebe Mutter!
Die Battr. mit ihrer Arbeit und mit all dem Dienst, unser schönes, gemütliches und ruhiges Heim im herrlichen Tal von Skulestad, in dem nun der Herbst eingezogen ist, viele alte und liebgewordene Kameraden habe ich nun zurücklassen müssen. Der Abschied ist nicht so leicht gefallen, und doch freue ich mich nun auf die bevorstehende Abwechslung, auf die Veränderung. Wohin mag uns das Schicksal noch treiben. Vorläufig sitzen wir, allein 8 Herren des Rgts. [Regiments], hier in O. und warten auf die Weiterleitung. Morgen soll es losgehen, zuerst reisen wir zu einem Übungsplatz in der Lüneburger Heide und werden vorerst in Bergen, so heißt der Platz, einige Tage bleiben … Siri habe ich nicht wiedergesehen, ich konnte mich nicht einmal telefonisch von ihr verabschieden. Die wird wohl Augen machen, wenn sie meinen Brief erhält. Junge, das ging aber auch allzu plötzlich, 12^{30} Uhr kam der Anruf, 12^{45} Abmeldung beim Rgt's Kommandeur … ja, und dann ging's an's Packen. … Abends 19^{50} ging der Zug. … Heute machen wir uns noch einen netten Tag, wollen noch einmal kultiviert zu Mittag essen, um dann gut gestärkt die Reise anzutreten. Wir sind O. aber auch schon über … bieten kann die Stadt außer Kino, Kaffee und Hotel nichts. …

»Langeweile«, »Stumpfsinn«, »totes Gleis«: Im zweiten Norwegen-Jahr tauchen diese Begriffe in Rudolfs Briefen wieder auf, wie damals, als er auf dem Truppenübungsplatz in Hinterpommern »festsaß«. Aber nun hat der 27jährige gelernt, mit dieser Situation umzugehen. Manchmal beschwert er sich zwar über den »Kasernenhofdienst« und die viele Arbeit, aber er akzeptiert seine Stationierung weit weg vom Schuß, denn ändern, so glaubt er, kann er daran sowieso nichts. Aufkommende Frustration verdrängt er mit Hilfe privater oder dienstlicher Aktivitäten. Wenn es sich ergibt, verweist er auf den Wehrmachtsbericht, der seiner Stationierung in Norwegen Sinn verleiht. Und manchmal läßt er sogar durchblicken, daß er seinem randständigen Aufenthaltsort auch positive Aspekte abgewinnen kann. Dann schwärmt er davon, wie friedlich es im Lande ist (die Proteste der norwegischen Bevölkerung ignorierend) und genießt das Leben: das gute Essen, die Schönheit der Landschaft, die körperliche Aktivität.[108]

Und doch: Der Gedanke, daß der »richtige« Krieg ohne ihn stattfindet, rumort im Untergrund weiter, auch wenn Rudolf es nicht zugibt. Als Anna ihm von einer Bekannten schreibt, die meint: »Für Dich wäre der Krieg bis jetzt nur Erholung gewesen«, weist er diesen Vorwurf weit von sich. Ein schlechtes Gewissen läßt er sich nicht mehr einreden. Aber tief im Innern wünscht er sich doch, »dabei« zu sein. Wenn »der siegreiche Angriff rollt« und »phantastische Erfolge« zu verzeichnen sind, dann begeistert er sich, schwärmt von der »Hochstimmung«, die seiner Meinung nach an der Ostfront herrscht – und konstatiert traurig: »Wir können nur zusehen.«

Viele Jahre lang habe ich mit diesem Wunsch, »dabei« zu sein, gehadert; und manchmal tauchen die Fragen an meinen Vater auch heute noch auf. Warum war er nicht zufrieden und glücklich, auf einem ruhigen Posten zu sitzen, während andere längst tot oder schwer verwundet waren? Warum wollte er beim großen Morden »dabei« sein? Als ich von Kollegen, Freunden, Interviewpartnern hörte, ihr Onkel, Bruder, Großvater, Cousin habe alles mögliche unternommen, um aus Norwegen fortzukommen in den

»richtigen« Krieg, verlor der Wunsch meines Vaters immerhin seinen exotischen Status. Andere hatten ähnlich empfunden wie er, waren sogar aktiv geworden, um ihre Lage zu verändern.

Mittlerweile habe ich begriffen, daß dieser Wunsch, »dabei« zu sein, ganz unterschiedliche Facetten und Hintergründe hatte – und vielleicht deshalb so stark war. Da war die Ideologie, die diesen Krieg als »gerechten Krieg« und als »heiligen Kampf« deutete und damit eine stabile Legitimation für Handeln und Wünsche lieferte. Da arbeitete die NS-Propaganda, die ununterbrochen allgemeine Euphorie über das Kampfgeschehen herzustellen versuchte und denjenigen eine Steigerung versprach, die daran teilhatten. Da wirkte ein geschlechtsspezifisches Muster, das von jungen Männern Tatkraft, Mut und Aufstiegswillen forderte und im »Dabeisein« an der Front einen Männlichkeitsbeweis sah. Da spielte das Alter eine Rolle: das Bedürfnis junger Menschen, sich auszuleben und Grenzen zu erfahren, ein Bedürfnis, das sich alle Militärs zunutze machen, bis heute.[109] Schließlich ein persönliches Motiv: Mein Vater war ein unsicherer Mensch, der von Bestätigung abhängig war und mitmachte, wenn das von ihm erwartet wurde.

Glaubt man Rudolfs Briefen an seine Mutter, dann hat er sich trotzdem in seinem zweiten Norwegen-Jahr ein Stück aus diesen Zwängen herausbewegt. In diesen dreizehn Monaten konnte er eine andere Seite zulassen: Den Wunsch, durchzukommen und den Krieg zu überleben. Wie instabil dieser Wunsch allerdings war, zeigt die weitere Entwicklung. Ein Jahr später kehrt sich Rudolfs Haltung wieder um. Denn zu diesem Zeitpunkt hat er alles satt: den Dienst, das Land, in dem er nun stationiert ist, und die Leute.

Andere Perspektiven

»Peinlich war er, der erste Besuch bei meinem zukünftigen Schwiegervater«, erzählte neulich meine norwegische Freundin Bodil. »Ich kann mich noch ganz genau an die Situation erinnern, obwohl sie fünfzehn Jahre her ist.« Der Schwiegervater war im Krieg in Norwegen gewesen und schwärmte Bodil davon vor: Alle Türen hätten offengestanden, die deutschen Soldaten konnten überall eintreten und sich nehmen, was sie wollten ... Bodil wußte nicht, was sie dazu sagen sollte. Ihr späterer Mann saß dabei und schämte sich für seinen Vater. Und dieser merkte nicht, daß er der jungen Norwegerin nicht etwa ein Kompliment über ihr Land machte, sondern sich als naiver Besatzer und unsensibler Nachkriegsdeutscher bloßstellte.

Seit ich mich mit meinem Vater und seiner Soldatenzeit in Norwegen beschäftige, werde ich von allen Seiten mit Geschichten über dieses Land und diese Zeit versorgt. Wie zufällig begegne ich seitdem Menschen, die selbst Erfahrungen mit den fünf Besatzungsjahren gemacht haben und sich gut daran erinnern können: Männern, die als deutsche Soldaten in Norwegen waren, deutschen Frauen, die damals dort gearbeitet haben, Norwegerinnen, die mit deutschen Soldaten liiert waren, Frauen und Männern der Kindergeneration, die mit den Folgen der fünf Besatzungsjahre zu kämpfen haben ... Ihre Berichte haben einen anderen Fokus und eine andere Blickrichtung, sie sind alles andere als repräsentativ, und doch zeigen sie, daß die Erfahrungen meines Vaters keine singulären waren. Selbst dann, wenn sie von Ereignissen berichten, die mein Vater nicht wahrnahm, nicht wahrnehmen konnte, nicht wahrnehmen wollte – oder ausblendete.

Leutnant und Oberfähnrich: Zwei andere deutsche Soldaten

Bis zu 400 000 deutsche Soldaten waren gleichzeitig in Norwegen stationiert. Und da ständig einzelne Personen und ganze Einheiten versetzt wurden, liegt die Zahl der Männer, die für kürzere oder längere Zeit als Wehrmachtsoldaten in Norwegen eingesetzt waren, noch höher. Sie alle haben unterschiedliche Erfahrungen mit diesem Land und mit dem Krieg in diesem Land gemacht. Für einen Gebirgsjäger, der im April und Mai 1940 in den Raum Narvik geschickt wurde, sah die Situation anders aus als für meinen Vater, der erst im Juni, nach der Kapitulation, ankam und dann im Süden des Landes blieb. Und ein junger Artillerie-Offizier, der 1944 in Mittelnorwegen eingesetzt wurde, erlebte das Land, die Leute und den Krieg anders als ein ebenso junger Oberfähnrich, der kurz vor Kriegsende mit seinem Schiff in verschiedenen südnorwegischen Häfen lag. Und doch sind ähnliche Grundmuster – zumindest in den Erfahrungen der drei zuletzt Genannten – erkennbar.

Fritz T.

Fritz wurde mir von Kåre Olav Solhjell als Gesprächspartner empfohlen, dem norwegischen Historiker, der über den Krieg im Hallingdal gearbeitet hat. Fritz kenne sich aus, mit der Wehrmacht und mit Norwegen. Er sei als deutscher Soldat in Mittelnorwegen gewesen, und später habe er sich viel mit dieser Zeit beschäftigt. Also schickte ich Fritz eine E-Mail, und der 78jährige antwortete freundlich: Er sei bereit, sich mit mir zu treffen und mit mir über seine Kriegserfahrungen zu sprechen.

Als ich ihm gegenübersaß, wurde mir schnell klar, was der norwegische Historiker gemeint hatte. Daten, Namen, Zusammenhänge, Hintergründe, das alles breitete Fritz präzise und detailliert vor mir aus. Er habe sich schon als Junge intensiv mit dem Heer und der Kriegsmarine beschäftigt, erklärte er fast entschuldigend. Außerdem sei er gerne Soldat gewesen, denn draußen sein, sich bewegen, nicht viel reden müssen – das habe ihm damals sehr entsprochen. Aber Fritz ist dabei nicht stehengeblieben. Er gehört zu denjenigen, die sich mit dem Krieg und mit dem »Soldatsein« auseinandergesetzt haben und noch immer auseinandersetzen. Er geht in Bibliotheken und Archive, er forscht und schreibt – unter anderem über den Krieg in Norwegen. Seine eigenen Erfahrungen hat er allerdings noch nicht veröffentlicht. Die seien unspektakulär und alltäglich, meint er.

Auch Fritz erzählt vor allem Positives über seine Stationierung in Norwegen. »Es war eine sehr eindrucksvolle und prägende Zeit«, erklärt er und ergänzt: »Eigentlich eine gute Zeit.« Das ist der Nenner, auf den er seine Norwegen-Erfahrung bringt. Im April 1942, direkt nach dem Abitur, war er eingezogen worden. Bis Oktober wurde er ausgebildet, dann kam er als Kriegsoffiziersbewerber an die Ostfront, in den »Sack von Rshew« im Mittelabschnitt, zur Frontbewährung. Sieben Monate blieb er dort, erlebte Schlamm und Kälte, Kampf und Tod – und trotzdem hat er Rußland »nicht in schlechter Erinnerung«. Im Juni 1943 wurde er befördert und zur Kriegsschule nach Hannover geschickt. Nach einer weiteren Beförderung – diesmal zum Leutnant – ging es schließlich im Februar 1944 nach Norwegen.

Schon als er sich in Oslo beim Stab des Befehlshabers Norwegen meldete, bekam er einen Eindruck von dem Betrieb, der ihn erwartete: »Was wollen Sie denn hier?« wurde er gefragt. »Es ist doch Samstag! Kommen Sie mal am Montag wieder!« So hatte Fritz ein Wochenende lang Gelegenheit, Oslo und seine Soldatenheime kennenzulernen. Zwei Tage später fuhr er weiter nach Trondheim und landete schließlich beim Grenadierregiment 722 in Namsos. Dort herrschte »reiner Friedensbetrieb«: Hin und wieder gab es eine Besichtigung, einen Probealarm, eine großangelegte Übung im Gelände. »Es war ein ständiges Ausbilden und eine ständige Bereitschaft«, faßt Fritz zusammen. Und dann erzählt er Anekdoten: Wie er einmal bei einer Besichtigung vergaß, den Stahlhelm aufzusetzen und statt dessen mit seiner Feldmütze erschien. Oder wie er ausgerechnet vor seinem Kommandeur mit seinen Skiern hinfiel und im tiefen Schnee nur schwer wieder auf die Beine kam. Von Norwegern und Norwegerinnen erzählt er nichts – er hat keine kennengelernt.

Im April 1944 wurde Fritz zu einer Radfahrkompanie abkommandiert, einen Monat später zu einer Schützenkompanie. Im Juli kehrte er zu seiner ursprünglichen Waffengattung zurück: Da wurden ihm vier Haubitzen, sechzig Mann und zig Pferde unterstellt. Im Herbst bekamen Einheiten seines Regiments den Auftrag, im Namdalen 160 Kilometer Eisenbahnlinie und die parallel laufende Reichsstraße zu sichern. Für den Rückzug der deutschen Truppen aus Finnland und Nordnorwegen hatte die einspurige Eisenbahntrasse eine enorme Bedeutung und wurde deshalb zum Ziel von Sabotage-Aktionen.[110] Im Januar 1945 zum Beispiel sprengte eine Widerstandsgruppe eine Eisenbahnbrücke, und 78 deutsche Soldaten und zwei Norweger kamen zu Tode, als ihr Zug in die zerstörte Brücke hineinfuhr. Fritz, rund 75 Kilometer entfernt, erfuhr lediglich etwas von einem »Eisenbahn-Unglück«. Von Widerstand und Sabotage, erzählt er, habe er in Namsos einfach nichts mitbekommen, der große Rückzug aus Finnland und Nordnorwegen beherrschte alles. Im Mai 1945 mußte sich seine Einheit selbst entwaffnen. Bis Oktober blieb Fritz interniert, dann kehrte er nach Hause zurück.

Zwölf Jahre nach Kriegsende fuhr Fritz wieder nach Namsos, das nach der Bombardierung im April 1940 noch nicht wieder aufgebaut war. Vier Wochen lang streifte er durch die Gegend, in der er sich als Soldat aufgehalten hatte, und machte kein Geheimnis daraus, daß er im Krieg dort stationiert gewesen war. Als er dem Buchhändler davon erzählte, meinte der: »Wenn Sie hier niemand aus dem Weg gehen müssen, dann sind Sie herzlich willkommen.« Fritz brauchte niemand aus dem Weg zu gehen: Er hatte kein Kind gezeugt, er hatte niemand verprügelt oder ungerecht behandelt, er hatte ein gutes Gewissen. Wenn er mit jemandem ins Gespräch kam, wurde er freundlich behandelt und willkommen geheißen. Vielleicht auch deshalb, weil er dänisch sprach und sich damit verständlich machen konnte.

In den folgenden Jahrzehnten fuhr Fritz immer wieder nach Norwegen, lernte Leute kennen und gewann Freunde. 1993 begegnete er Kåre Olav Solhjell im Militärarchiv in Freiburg – eine Begegnung, die seine Sicht auf das Land im Norden verändern sollte. »Kåre hat mir die Augen geöffnet«, meint Fritz nüchtern. »Ich habe immer gedacht, in Norwegen lebt man frei und großzügig und demokratisch. Ich habe immer gedacht, alles ist dort in Ordnung.« Nun erfuhr er, wie einseitig die Besatzungszeit von der offiziellen norwegischen Geschichtsschreibung verarbeitet wurde und welche Konsequenzen das hatte. Nun erfuhr er zum ersten Mal von den »schlimmen Dingen«, die die deutschen Besatzer zu verantworten hatten: von Verhaftungen, verschärften Vernehmungen, Deportationen, Geiselnahmen, Erschießungen. Nun erst begann er zu begreifen, daß alles, was Reichskommissariat und deutsche Polizei, Gestapo und Sipo in Norwegen angerichtet hatten, nur möglich war, weil deutsches Militär im Land war. Nun erst wurde ihm klar, daß er selbst Angehöriger einer Besatzungsmacht gewesen war. Lange hatte er gedacht: »Wir hatten einen militärischen Auftrag: Sicherung der Küste, dann Sicherung der Eisenbahnlinie, zuletzt Beobachtung und Sicherung der Schwedengrenze. Aber ich habe mich nie als Besatzungsmacht empfunden.« Er habe weder das Gefühl gehabt, die Norweger seien seine Feinde, noch habe er erlebt, daß er von ihnen als Feind oder später als ehemaliger Feind betrachtet wurde.

Vielleicht war dieses Gefühl eine gute Voraussetzung dafür, daß Fritz und der norwegische Historiker sich an einen Tisch setzen konnten, um ein Buch zu schreiben: über Ereignisse, die sich 1944/45 in dem Geländeabschnitt abgespielt hatten, für dessen Sicherung Fritz' Regiment zuständig gewesen war, über Ereignisse, die mit Sabotage und Widerstand zu tun hatten, über Ereignisse, die Fritz als deutscher Soldat nicht wahrgenommen hatte.

Mittlerweile hat der 78jährige alle Unterlagen, die er im Laufe seiner Norwegen-Recherchen zusammengetragen hat, in eine Kiste gepackt und weggeräumt. Dieses Kapitel sei für ihn abgeschlossen, sagt er, und an eine Norwegen-Reise sei auch nicht mehr zu denken. Dazu sei er jetzt einfach zu alt. »Grüßen Sie das Land meiner Jugend, wenn Sie hinfahren«, gibt er mir mit auf den Weg. Und das klingt ein bißchen sehnsüchtig.

Hein W.

Hein habe ich als gutsituierten älteren Mann kennengelernt, der viel arbeitete und es gleichzeitig schaffte, sein Leben zu genießen, der gerne aß und trank, ins Theater ging und reiste. Und wenn wir uns gelegentlich unterhielten, drehte sich das Gespräch um eine neue Inszenierung oder ein neues Buch – und nicht um den Krieg in Norwegen, den er als Soldat ein paar Monate lang miterlebt hatte.

Daß er in Norwegen gewesen war, wußte ich von seiner Tochter, mit der ich seit vielen Jahren befreundet bin. Aber erst nach seinem Tod erzählte sie mir von den Feldpostbriefen, die er an seine Familie geschrieben hatte, und an Gisela, seine spätere Ehefrau (und Mutter meiner Freundin). Deren Sammlung, rund hundert Briefe und Karten, bekam ich zur Lektüre und zur Auswertung.

Nach dem Abitur im Mai 1943 mußte Hein sofort in den Krieg. Als Norddeutscher landete er bei der Marine und wurde zuerst auf ein Schiff kommandiert, das in niederländischen Gewässern unterwegs war. Nach der ersten Bewährung folgte ein Lehrgang in Eckernförde und Glückstadt, der mit der Beförderung zum Fähnrich endete. Danach mußte Hein wieder »an Bord«, sein Schiff war zuerst an der belgischen, später an der französischen Atlantikküste stationiert. Im August stand der nächste Lehrgang auf dem Programm, diesmal fuhr Hein nach Stralsund und nach Kulmsee. Als Oberfähnrich kam er Anfang Januar 1945 schließlich nach Südnorwegen, und dort blieb er bis zum Ende des Krieges. Am 3. August 1945 kehrte er nach Hause zurück, knapp vier Wochen später begann er sein Studium.

Vom Geschehen »an Bord« teilt Hein in seinen Briefen nur Bruchstücke mit, und die Orte, in denen er sich aufhält, muß Gisela erraten. »Wir sind da, wo wir im letzten Jahr schon waren« oder »wir sind in einer Hafenstadt auf dem 63. Breitengrad«. Auch vom Krieg ist in seinen Briefen selten die Rede: Hein erlebt keine Kampfhandlungen, von der angloamerikanischen Invasion in der Normandie ist er nur »indirekt« betroffen, denn »die Ereignisse spielen sich in einiger Entfernung« ab. Nach einem Jahr empfindet der junge Mann den Krieg als verlorene Zeit: »Die schönsten Jahre gehen doch zweifellos in diesem Krieg und beim Militär drauf«, schreibt er im Mai 1944. »Unsere Eltern haben schon viel schönere Zeiten erlebt, richtige Friedenszeiten. Während wir doch eigentlich nur immer den Kampf gesehen haben. Wir können uns doch bald gar nicht mehr an den Frieden erinnern.« Hein lehnt den Krieg nicht ab, sondern glaubt durchaus an seine Rechtmäßigkeit und ist wie die meisten bis kurz vor Kriegsende von einem deutschen Sieg überzeugt. Aber er hat einfach andere Pläne und setzt andere Prioritäten.

In seinen Briefen geht es vor allem um Musik und Bücher, um Theater und Filme – und um die Liebe. An erster Stelle steht die Beziehung zu Gisela, aber häufig erzählt Hein auch von anderen Mädchen. Schließlich trifft er sie überall, in holländischen, belgischen, französischen, deutschen und später auch in norwegischen Häfenstädten. So sehr sich Hein an Gisela gebunden fühlt, so verlockend scheinen diese Frauen für ihn zu sein, denn immer wieder richtet er regelrechte Mauern aus Argumenten auf, um die anderen Frauen abzuwehren. Manchmal bemüht er Moral und Fairness: »Was sollen denn meine Eltern und Angehörigen von mir denken«, schreibt er bereits einen Monat nachdem er eingezogen worden ist. »Vor allen Dingen, was sollt Ihr deutschen Mädel sagen, wenn wir uns hier im Ausland die Frauen aussuchen und mit nach Hause brächten.« Manchmal argumentiert er mit seinen eigenen Gefühlen. Die »Marine-Mädchen«, wie er die aufdringlichen jungen Frauen nennt, irritieren ihn. Denn sie vertauschen die Rollen: Sie sind es, die den Kontakt herstellen, die Komplimente machen, die rasch direkt und körperlich werden – Verhaltensweisen, die der junge Mann nicht einordnen kann. Er ist empört über den Verfall der Moral »im fünften Kriegsjahr«, und einmal weiß er sich nicht anders zu helfen, als zur Abwehr ein paar Ohrfeigen auszuteilen. Mit solchen Frauen will er nichts zu tun haben, aber »ordentliche Mädchen gibt es nur sehr selten«, berichtet er seiner Freundin.

Vor allem in Norwegen fällt ihm der Unterschied zwischen »ordentlichen Mädchen« und den anderen auf. Als Gisela ihn damit konfrontiert, daß norwegische Frauen bei deutschen Männern sehr beliebt seien, antwortet er: »Ich möchte mal wissen, wie Du auf die Idee kommst, ich könnte hier in Norwegen eine Frau fürs Leben finden. Norwegen hat sehr nette Mädchen, aber die wirklich netten wollen nichts mit den deutschen Soldaten zu tun haben.« Tatsächlich erlebt Hein Norwegen in den letzten Monaten des Krieges, in denen sich die Bevölkerung immer stärker von der deutschen Besatzungsmacht distanziert und viele direkt gegen sie agieren. Und er erlebt Hafenstädte, in denen Prostitution traditionell einen festen Platz hat.[111] Beides wirkt sich auf das Verhalten der »wirklich netten Mädchen« gegenüber den deutschen Soldaten aus: Sie sprechen nicht einmal mit ihnen.

In Heins Feldpostbriefen finden sich keine weiteren Hinweise auf die politische und militärische Situation Norwegens. Das Land ist für ihn vor allem eine Inkarnation von Natur und Landschaft. »Norwegen ist wirklich ein schönes Land«, schreibt er an Gisela. »Ich kann den tiefen Eindruck gar nicht so wiedergeben, den die Felsen der Fjorde auf mich gemacht haben. Mit unserem kleinen Boot komme ich mir immer vor wie in einer kleinen Nußschale. Am schönsten ist es abends, wenn die Sonne untergeht. Da hat man alle fünf Minuten ein anderes Bild. In jeder Himmelsrichtung sind die Farben anders. Auf den Felshängen liegen vereinzelte Häuser, in denen die ersten Lichter und Lampen brennen. Wenn dann die Felsen verschneit sind, dann ist es doppelt so nett. Obwohl es hier eine Unmenge von Fjorden gibt, so sind sie doch alle verschieden.« Hein betrachtet diese Landschaft nicht nur, er beginnt sie auch zu erkunden. Statt seine freie Zeit wie in Holland, Belgien und Frankreich mit Lektüre, Kino und Theaterbesuchen zu verbringen, unternimmt der junge Oberfähnrich jetzt Bergtouren. »Es hat sich aber auch wirklich gelohnt«, teilt er seiner Freundin einmal mit. »Die Sonne stand auf den verschneiten Felsen. Ein wunderbarer Ausblick, besonders als die Sonne schon ziemlich tief stand.« Und dann verspricht er Gisela: »Wenn wir später mal unsere Deutschlandreise hinter uns haben, fahren wir auch … nach Norwegen.«

Sekretärin, Schwester, Mutter: Deutsche Frauen in Norwegen

Am 10. Mai 1945, drei Tage nach der Kapitulation der deutschen Besatzungsmacht, meldete die Abteilung II b des OK/WBK [Oberkommando/Wehrmachtbefehlshaber] dem Armee-Oberkommando 20 die Personalstärke des »weiblichen Wehrmachtgefolges« und der weiblichen Angestellten der Polizei in Norwegen. 4806 deutsche Frauen waren als Nachrichtenhelferin oder als Stabshelferin bei der Marine oder beim Heer angestellt.[112] Dazu kamen Rote-Kreuz-Schwestern und -Helferinnen und sogenannte Braune Schwestern,[113] die in Lazaretten und Soldatenheimen arbeiteten, und manchmal auch in Heimen des Lebensborn.[114] Und schließlich gab es deutsche Frauen, die beim Reichskommissariat angestellt waren, zum Beispiel als Sekretärinnen.

Viele von ihnen waren dienstverpflichtet, und viele – so ist zu vermuten – nahmen diese »Pflicht« gegenüber dem »Vaterland« ernst.[115] Trotzdem mischte sich Verpflichtung und Pflicht häufig mit dem Wunsch, etwas von der Welt zu sehen und etwas zu erleben. Ein Einsatz in Norwegen bot den meist jungen Frauen die Möglichkeit, ihren Aktionsradius zu erweitern und die engen Geschlechterstereotype zu durchbrechen. Und anders als an der Ostfront[116] war die Gefährdung in Norwegen gering: Hier wurde nicht gekämpft – hier war es ruhig, hier regierte nicht das Chaos –, hier herrschte Ordnung. Hier konnte einer alleinstehenden jungen Frau eigentlich wenig passieren.

Während meiner Arbeit über den Lebensborn lernte ich vier Frauen kennen, die eine Zeitlang in Norwegen gelebt und gearbeitet haben, drei von ihnen beim Lebensborn. Die Sekretärin Beate D. war bereits seit 1938 Lebensborn-Angestellte und wurde 1941 nach Norwegen versetzt, um dort beim Aufbau von Entbindungsheimen für norwegische Frauen mit deutschem Kindesvater mitzuarbeiten.[117] Sie blieb bis 1943 und arbeitete in den Heimen »Hurdal Verk« und »Klekken«, beide rund hundert Kilometer von Oslo entfernt. Bernhild B. gehörte zu den Braunen Schwestern und leitete von 1941 bis 1945 die Heime »Hurdal Verk« und »Godthåb«, eins der beiden Kinderheime des Lebensborn, das am Stadtrand von Oslo lag. Dort erlebte sie auch das Kriegsende und die ersten Nachkriegsmonate. Anita J. trat

1941 eine Sekretärinnen-Stelle bei der deutschen Polizei in Norwegen an. Dort ging sie eine Beziehung zu einem Angehörigen der SS ein und wurde schwanger. Nach Hause durfte sie mit einem unehelichen Kind nicht kommen, also wandte sie sich an den Lebensborn, der sie zur Geburt in sein Heim »Klekken« schickte. Später ging Anita J. mit dem Baby ins Lebensborn-Kinderheim »Godthåb«, weil man ihr dort eine Sekretärinnen-Stelle und einen Platz für das Kind anbot. Zwei Jahre später, im September 1944, wurden sie und ihr kleiner Sohn zusammen mit norwegisch-deutschen Lebensborn-Kindern »heim ins Reich« geschickt. Schließlich Walburga B. Sie kam im Januar 1941 als Sekretärin zum »Reichskommissariat für die besetzten norwegischen Gebiete« und arbeitete zuerst in Oslo, dann in Tromsø und zum Schluß in Stavanger. In Tromsø lernte sie einen Luftwaffenoffizier kennen, 1944 heirateten die beiden vor einem sogenannten Feldgericht. Als verheiratete Frau durfte Walburga allerdings nicht in Norwegen bleiben.[118] Deshalb fuhr sie im Januar 45, mittlerweile im fünften Monat schwanger, nach Deutschland zurück.

Eigentlich müßten Beate, Bernhild, Anita und Walburga eine Menge über Norwegen und die Besatzungszeit erzählen können, schließlich lebten sie zwei, drei, vier, fünf Jahre dort. Aber ihre Berichte fallen spärlich aus. Das politische Geschehen um sie herum erwähnen sie mit keiner Silbe, und auch von näheren Kontakten mit Norwegerinnen und Norwegern ist fast nie die Rede. Beate ist die einzige, die von einer freundschaftlichen Beziehung berichtet. Sie kannte eine »nette, deutschfreundliche« Tierarztfamilie, bei der ihr späterer Ehemann immer logierte, wenn er sie besuchen kam. Selbst in den Lebensborn-Heimen, in denen vorwiegend norwegische Frauen ihre Babys bekamen und auch viele norwegische Angestellte arbeiteten, herrschte Distanz zwischen Norwegerinnen und Deutschen. »Sie sind ja sehr zurückhaltend, unsere nordischen Völker«, versucht Beate das Phänomen zu erklären. Außerdem hätten die meisten Norwegerinnen kein deutsch gesprochen, abgesehen von den Brocken, die sie »bei ihrem deutschen Soldaten« gelernt hätten. Aber die Sprache war nicht die eigentliche Hürde, Beate konnte schon nach kurzer Zeit norwegisch sprechen; als Sekretärin mußte sie schließlich mit Behörden, Lieferanten etc. verhandeln. Kontakte oder gar Freundschaften zwischen norwegisch sprechenden deutschen Angestellten und nicht deutsch sprechenden Norwegerinnen waren nicht erwünscht. Sie hätten Hierarchie und Machtverhältnisse unterminiert.

So geriet Norwegen für die deutschen Frauen zur Folie, zum Hintergrund, vor dem sie arbeiteten, sich verliebten und Kinder bekamen. In ihren Erinnerungen steht daher vor allem die Landschaft und das Wetter im Vordergrund – und die Ernährung. Beate schwärmt von den kleinen Skitouren, die sie in der Mittagspause regelmäßig unternahm, und von der Sahne, die es in Norwegen noch gab, als sie 1941 ankam. Anita, für die Norwegen ein »Erlebnis« war, erzählt begeistert von Oslo und Bergen und von der grandiosen Gebirgswelt rund um Stalheim. Dort lag das zweite Lebensborn-Kinderheim, und dorthin brachte Anita hin und wieder Kinder, die ohne ihre Mütter im Heim blieben. Walburga, die sich für einen Einsatz in Norwegen gemeldet hatte, weil sie etwas erleben wollte, erzählt immer wieder von abenteuerlichen Fischkutter-Fahrten in Tromsø – und von den Kameraden ihres späteren Mannes, die sie zu erobern versuchten. Bernhild schließlich erinnert sich vor allem an die gute Behandlung, die sie nach dem Krieg in Norwegen erfahren hat. Zuerst durfte sie ihre Arbeit im Lebensborn-Heim fortsetzen, schließlich mußten die Kinder weiter versorgt werden, die von ihren Müttern dort zurückgelassen worden waren. Später mußte sie zwar in ein Internierungslager, hatte dort aber eine gewisse Bewegungsfreiheit und Arbeit. Und freundlich behandelt wurde sie auch.

Tyskerjenter – »Deutschenmädchen«: Norwegerinnen mit einem deutschem Freund

Wenn der Oberfähnrich Hein W. 1945 die Erfahrung machte, daß die »wirklich netten Mädchen« sich nicht mit deutschen Soldaten einließen, so mochte das für die letzten Kriegsmonate zutreffen. Tatsächlich gab es in den fünf Besatzungsjahren viele norwegische Frauen und Mädchen, die eine Beziehung mit einem deutschen Mann eingingen. Die Publizistin Ebba Drolshagen schätzt ihre Zahl auf 80 000 bis 90 000, ausgehend von den rund 9 000 Kindern, die aus solchen Verbindungen stammen. Setzt man die Zahl der Beziehungen ins Verhältnis zu den rund 400 000 Frauen zwischen 15 und 30 Jahren, die am Kriegsanfang in Norwegen lebten, dann heißt das: Jede fünfte Norwegerin dieser Altersgruppe hatte eine Beziehung zu einem deutschen Soldaten, SS-Mitglied oder Angehörigen der deutschen Polizei.[119]

Die Exilregierung in London versuchte mit moralischem Druck, den norwegisch-deutschen Beziehungen entgegenzuwirken. Im Mai 1941 ließ sie zum Beispiel von Radio London (BBC) die Aufforderung verlesen: »Im Kampf gegen die Fremdherrschaft kann eine feste und abweisende Front norwegischer Frauen Wunder wirken. ... Die Soldaten, die durch Europa gestiefelt sind und sich nach ihren Verwüstungszügen in Norwegen ausruhen, sind eine Gefahr für die Volksgesundheit. Und die Frauen, die nicht als Prostituierte gelten möchten, schulden es den besten und gesündesten Kräften des norwegischen Volkes, sich von moralischer und körperlicher Herablassung fern zu halten.«[120] Viel Erfolg hatten solche Appelle allerdings nicht.

Die deutsche Besatzungsmacht reagierte wohlwollend auf die Beziehungen zwischen deutschen Männern[121] und norwegischen Frauen, ob es nun One-Night-Stands waren oder feste Liebesbeziehungen, kurze Freundschaften oder bezahlter Sex.[122] Kontakte mit Frauen verstärkten die Zufriedenheit der Soldaten, trugen zur Normalisierung des Besatzungsalltags bei und erhöhten die Geburtenrate. Auch dies war von deutscher Seite durchaus erwünscht, schließlich attestierte sie den Norwegerinnen – mit Ausnahme der samischen Frauen – eine hohe »rassische« Qualität.[123] Bald zeigte sich aber, daß Schwangerschaften und Geburten eine Vielzahl von Problemen mit sich brachten. Daher traf die deutsche Seite eine Reihe von Maßnahmen, um die Schwierigkeiten abzumildern. Den Männern sicherte man zu, daß zu Hause niemand etwas von ihrer Vaterschaft erfahren würde. Nicht wenige Soldaten waren nämlich verheiratet. Außerdem wurden sie für die Dauer des Krieges von Alimenten befreit – die übernahm die Wehrmacht. Sie zahlte den Müttern dreißig bis vierzig Kronen im Monat. Auf Antrag erhielten die norwegischen Frauen auch finanzielle Unterstützung vor der Geburt, und der Lebensborn richtete Heime ein, in denen sie ihre Kinder auf die Welt bringen konnten, heimlich, wenn sie es wünschten. Darüber hinaus boten die Heime den Müttern an, ihre Kinder bei der Entlassung zurückzulassen, vorübergehend oder für immer. Denn wenn bekannt wurde, daß eine norwegische Frau von einem Deutschen schwanger war, hatte sie es schwer. Solange sie »nur« mit dem Mann liiert war, nahm ihre Umgebung es hin, allenfalls wurde schlecht über sie geredet. Eine Schwangerschaft aber war etwas anderes: Jetzt galt die Frau in den Augen vieler als Landesverräterin, die sich der »horizontalen Kollaboration« schuldig gemacht hatte. Jetzt drohte Verachtung, Ausgrenzung, Bestrafung. Deshalb verließen viele Frauen ihren Heimatort, und rund 5000 gingen zur Geburt in ein Lebensborn-Heim.[124]

Wollte ein norwegisch-deutsches Paar heiraten, hatte es mit vielen Hindernissen zu kämpfen. Nach einer Heiratsverordnung der Wehrmacht waren solche Eheschließungen zuerst grundsätzlich verboten. Im Winter 1941 regte sich in SS-Kreisen Widerstand, und Vidkun Quisling protestierte in Berlin: »Das rassisch hochstehende norwegische Volk muß ein solches generelles Heiratsverbot als eine tiefe Kränkung empfinden.«[125] Am 28. Februar 1941 ordnete Hitler an, daß »gegen Eheschließungen von Wehrmachtsangehörigen mit rassisch verwandten Personen der germanischen Nachbarvölker Holland, Norwegen, Dänemark und Schweden an sich nichts einzuwenden ist«.[126] Allerdings galt ein strenges Reglement: Grundsätzlich war eine Heiratserlaubnis einzuholen, und dafür mußte die Frau Abstammungsnachweise beibringen und sich einer Rasseprüfung unterziehen. Außerdem mußten sie dem künftigen Ehemann geistig ebenbürtig sein und sich mit ihm auf deutsch unterhalten können. Und schließlich zwang man sie, nach der Eheschließung Norwegen zu verlassen und nach Deutschland zu gehen, zu ihren Schwiegereltern. Offiziell dienten diese Vorschriften der »Erziehung« der norwegischen Frau, in Wirklichkeit sollten Eheschließungen erschwert werden.[127]

Ragnhild F. und Milli D. gehören zu den Norwegerinnen, die sich nicht »von moralischer und körperlicher Herablassung« fernhielten, wie die Exilregierung 1941 von ihnen gefordert hatte. Beide gingen eine Liebesbeziehung mit einem Deutschen ein, beide heirateten diesen Mann nach dem Krieg und gingen mit ihm nach Deutschland, wo sie seitdem leben. Das machte mir eine Begegnung mit ihnen leicht, nicht nur wegen der räumlichen Nähe. In Norwegen ist ein Gespräch über die »Liebe zum Feind« immer noch schwierig. Bis heute sind viele Frauen nicht bereit, offen darüber zu sprechen: Die alte Diskriminierung und die alten Verletzungen wirken auch noch Jahrzehnte später nach. Und Angst vor später Ächtung haben viele alten Frauen auch.

Ragnhild F.

»Ich war ein Deutschenflittchen«: Mit diesem Satz stellte sich mir die 78jährige Ragnhild vor. Und wischte mit ihrem Selbstbewußtsein und mit ihrem Lachen alle negativen

Konnotationen vom Tisch, die mit dem Begriff »Deutschenflittchen« vielleicht einmal verbunden waren.

Ragnhild habe ich bei einer Konferenz getroffen, auf der es um »Kriegskinder« ging, um Frauen und Männer mit norwegischer Mutter und deutschem Vater. Ragnhild kennt sich mit den Kriegskindern aus: Sie hat schon vielen geholfen, den deutschen Vater zu finden und dann den Mut aufzubringen, Kontakt zu ihm aufzunehmen und ihn zu treffen. »Vielleicht mache ich das, weil meine Mutter ein Adoptivkind ist und ich miterlebt habe, wie sehr sie sich gefreut hat, als wir ihre Geschwister gefunden haben«, erklärt sie mir. Aber Ragnhild engagiert sich auch, weil sie selbst Norwegerin ist und ihren deutschen Ehemann während der Besatzungszeit in Norwegen kennengelernt hat.

Im April 1940 war Ragnhild 16 und ging noch zur Schule. Der Vater, ein arbeitsloser Ingenieur, meldete sich sofort beim norwegischen Militär, um gegen die Deutschen zu kämpfen. Zwar wurde in Fredrikstad, wo die Familie lebte, eine Freiwilligenbrigade aufgestellt, aber gekämpft hat sie nie. Aus Vorsicht entschloß sich die Familie kurz darauf, die Stadt zu verlassen und den Sommer auf ihrer Hütte zu verbringen. Ragnhild als ältestes von vier Kindern und der Vater radelten allerdings jeden Tag in die Stadt, um den Lebensmittelladen der Mutter zu betreiben und damit die Familie zu ernähren. Für die Schule hatte Ragnhild jetzt keine Zeit mehr. Im Herbst, als sich die Verhältnisse beruhigt hatten, kehrte die Familie in die Stadt zurück, Ragnhild arbeitete weiter im Laden und traf dort viele deutsche Soldaten, die bei ihnen einkauften. Da der Vater gut deutsch sprach, war der Laden bei den Soldaten beliebt – und Ragnhild lernte die Sprache auf diese Weise auch. Später mußten die Eltern den Laden jedoch schließen: Sie bekamen nicht genug Ware zugeteilt. War es der Familie schon vorher materiell nicht gut gegangen, begann sie jetzt zu verarmen. Eines Tages entschloß sich die Mutter, für die deutschen Marineoffiziere Wäsche zu waschen. Und Ragnhild suchte sich eine Stelle als Hausmädchen in Oslo. Zuerst arbeitete sie bei einer Familie, die zu Nasjonal Samling gehörte, dann bei einem deutschen Offizier, aber diese Arbeit gefiel ihr nicht. Eines Tages rief die Ortskommandantur an und erklärte Ragnhilds Vater, sie wolle das junge Mädchen in der Heeresunterkunftsverwaltung beschäftigen: Mittlerweile sprach Ragnhild nämlich gut deutsch. Der Vater war dagegen. Aber als er hörte, man könne Ragnhild auch zwangsverpflichten, dann bekomme sie allerdings kein Geld für ihre Arbeit, gab er nach. Im Herbst 1942 begann Ragnhild, im Lohnbüro zu arbeiten, und war bald für die Löhne der rund 5000 Norwegerinnen und Norweger zuständig, die in dieser Region für die deutsche Wehrmacht arbeiteten – als Tischler und Elektriker, als Putzfrauen oder Köche, als Lagerarbeiter oder Büroangestellte. Später nahm auch ihr Vater, der aus seiner Ablehnung der deutschen Besatzung nie einen Hehl gemacht hatte, eine Stelle bei der Wehrmacht an.

Ihren späteren Ehemann lernte Ragnhild im Elternhaus kennen: Erich ließ bei Ragnhilds Mutter waschen. Irgendwann verliebte sich die mittlerweile 18jährige in den wesentlich älteren, geschiedenen Mann und ging eine Beziehung mit ihm ein. Die Familie reagierte zwiespältig. Sie mochte an Erich, daß er höflich und nett war – und ein überzeugter Antifaschist. In Deutschland hatte er aktiven Widerstand geleistet, in Norwegen setzte er diese Arbeit fort, brachte Flugblätter aus Deutschland mit und verteilte sie, nahm Kontakt zu norwegischen Widerstandskämpfern auf, leitete Informationen an sie weiter ... Ragnhild kann sich daran erinnern, daß sie und Erich (in Uniform) im Wald auf Norweger trafen, die zum Widerstand gehörten. Einmal überraschten sie sogar einen Trupp, der eine Sabotage-Aktion auf einer Eisenbahnstrecke vorbereitete.

Aber Ragnhilds Familie hatte auch Einwände gegen den Freund ihrer ältesten Tochter. Schließlich war Erich geschieden und hatte einen Sohn. Als die Eltern allerdings sahen, wie ernst es dem Paar war, gaben sie ihren Widerstand auf.

In den ersten Wochen nach dem Krieg hatte Ragnhild keine Probleme wegen ihrer Verbindung mit Erich. Andere Norwegerinnen, die mit deutschen Soldaten zusammengewesen waren oder noch zusammen waren, wurden in dieser Zeit massiv drangsaliert, und viele wurden monatelang interniert.[128] Ragnhild stand unterdessen unter dem Schutz der Arbeiter, deren Lohnlisten sie bearbeitet hatte. Wochenlang gaben sie ihr Geleitschutz, damit sie zu ihrer Arbeitsstelle gehen konnte und auf der Straße nicht beschimpft und belästigt wurde. Denn Ragnhild mußte die Lohnlisten abschließen und den norwegischen Behörden übergeben, eine Arbeit, die bis in den September dauerte.

Schwierigkeiten bekam Ragnhild erst, als sie im Oktober heiratete. Erich war schon viele Monate interniert, nun mußte auch Ragnhild ins Lager. Dort ging es ihr schlecht, es herrschte nämlich Hunger. Erst im Juni 1947 durften Ragnhild, Erich und ihr 1946 geborenes Töchterchen das Lager verlassen – sie gehörten zu den letzten, die nach Deutschland transportiert wurden. In Berlin, wo sie schließlich landeten, hatte die junge Norwegerin es noch einmal schwer. Viele, auch ihre Schwiegermutter, sahen sie schief an: Schließlich hatte sie den deutschen Frauen einen Mann weggenommen!

Milli D.

Milli ist 82, als ich sie auf Empfehlung einer Kollegin kennenlerne: eine kleine, lebhafte, redegewandte Frau, deren ganzer Stolz die Familie ist. Ihre Wohnung ist vollgestellt mit den Fotos ihrer vier Kinder, 13 Enkelkinder und zehn Urenkel.

Seit mehr als fünfzig Jahren lebt Milli in Deutschland. 1946 kam sie zusammen mit ihrem Mann und ihrer kleinen Tochter Walli aus Oslo nach Potsdam, später zogen sie nach Berlin. Und dort ist Milli geblieben, auch als ihr Mann vor zehn Jahren starb. »Die Kinder leben doch hier«, erklärt sie, »bis auf Walli.« Außerdem gibt es einen Freund. Und einen Garten. Im Sommer lebt Milli manchmal wochenlang draußen.

Milli stammt aus einem Dorf in der Nähe von Harstadt im Norden Norwegens. Mit 16 verließ sie das Elternhaus. Der Vater war tot, die Mutter neu verheiratet, und mit dem Stiefvater verstand sich Milli nicht besonders. Zuerst ging sie nach Narvik, später zog sie nach Drammen, in die Nähe von Oslo. Dort arbeitete sie im Haushalt, lernte einen Mann kennen, verlobte sich. Und dann begann der Krieg. An den 10. April 1940 kann Milli sich genau erinnern. Sie hatte das Radio eingeschaltet, hörte aber nicht richtig hin, bis jemand anrief und sie darauf aufmerksam machte, was da gesendet wurde: Nachrichten über die Besetzung des Landes. Sie sah Flugzeuge über die Stadt fliegen und glaubte, es seien Maschinen vom Roten Kreuz – bis ihr klar wurde, daß sie keine roten Kreuze sah, sondern Hakenkreuze. Viele Menschen flohen, Milli nahm ihr Fahrrad und machte sich auf den weiten Weg zu ihrem Verlobten auf der anderen Seite des Oslofjords. Unterwegs sah sie marschierende Kolonnen deutscher Soldaten, aber Angst bekam sie deshalb nicht. Der Verlobte wurde zur Armee einberufen und nach Nordnorwegen geschickt, also radelte Milli zurück nach Drammen. Erst als sie auf dem Weg einen Verwandten traf, dessen Lkw für den Transport toter Soldaten beschlagnahmt war, begriff sie, daß Krieg herrschte. »Das war das einzige, was ich vom Krieg mitgekriegt habe«, erklärt Milli. »Wir waren zwar besetzt, aber es gab keine Übergriffe.« Deshalb hatte die junge Frau auch keine Angst, sie empfand eher Mitleid mit den deutschen Soldaten, die »tun mußten, was ihnen befohlen war«.

Wie viele Norwegerinnen und Norweger stellte Milli sich auf die neue Situation ein, nach der Devise: »Man muß sich, wenn man ein besetztes Land hat, einigermaßen danach richten.« Politik interessierte sie nicht, aber »Heil Hitler« mochte sie nicht sagen. »Ich habe immer mit ›guten Morgen‹ oder ›guten Tag‹ geantwortet.« Sie begann allerdings, Deutsch zu lernen, mit Hilfe des Radios, wo jeden Freitag eine halbe Stunde Deutschunterricht ausgestrahlt wurde.

Dann platzte die Verlobung, und Milli begann, mit ihrer Freundin und deren deutschem Freund auszugehen, ins Kino zum Beispiel, wo es deutsche Filme zu sehen gab, oder ins Café. Und dort lernte sie Otto kennen, einen deutschen Soldaten, der zur selben Clique gehörte wie der Freund der Freundin. Es kam, wie es kommen mußte: Milli und Otto wurden ein Liebespaar. Lange dauerte das Glück allerdings nicht. Otto wurde nach Deutschland geschickt, und Milli stellte fest, daß sie schwanger war. Otto meldete die Schwangerschaft und erklärte, daß er vorhabe, die Kindesmutter zu heiraten, »wenn die Zeit da ist«. Milli wandte sich an den Lebensborn: Sie wollte ihre Mutter mit der Schwangerschaft nicht belasten, »weil es ein deutsches Kind war«. Nachdem sie ihren »Rassenachweis« erbracht hatte, wurde sie zur Geburt ins Lebensborn-Heim »Hurdal Verk« geschickt. Dort kam im Februar 1942 Walli auf die Welt. Zwei Jahre lang blieb Milli mit der kleinen Tochter beim Lebensborn: Sie hatte eine Stelle in der Nähstube, und das Kind wurde vom Pflegepersonal versorgt. 1944 wollte der Lebensborn Walli nach Deutschland bringen, aber Milli wehrte sich und setzte sich durch. Das Heim mußten die beiden allerdings verlassen. Nun fand Milli eine Stelle bei einer Luftwaffeneinheit, in der Nähstube, wo sich auch Walli tagsüber aufhalten konnte.

Otto war vor Wallis Geburt zu einem Lehrgang nach Deutschland geschickt worden. Danach blieb er offensichtlich verschwunden, jedenfalls taucht er in Millis Bericht erst wieder auf, als sie vom Kriegsende erzählt und von Ottos Internierung. Er mußte nämlich – als Internierter – die Leitung seiner bisherigen Dienststelle (Fuhrpark der Landmarine) übernehmen, weil seine Vorgesetzten geflüchtet waren.

Ein paar Wochen später holte Otto Milli und Walli zu sich, ins Internierungslager: Er hatte Angst, daß den beiden etwas passieren könnte. Milli war wie immer furchtlos und fest davon überzeugt, daß ihr nichts passieren würde, sondern nur solchen Frauen, die jeden Tag einen anderen deutschen Soldaten gehabt hatten. Und das glaubt sie bis heute. Dabei hat sie selbst schlechte Erfahrungen gemacht in der Zeit, als sie noch nicht im Internierungslager lebte. Einmal wurde zum Beispiel ihre Wohnung von Leuten aus der Nachbarschaft aufgebrochen und geplündert. Milli wehrte sich und ging zur Polizei, die ihr tatsächlich half, einen Teil ihrer Sachen zurückzubekommen.

Im Internierungslager durfte Milli zuerst ein- und ausgehen. Nach der Heirat[129] mit Otto änderte sich das schlagartig: Nun wurde die junge Frau ebenfalls festgesetzt. 1946 fuhren Otto, Milli und die kleine Tochter nach Deutschland. Milli hätte noch zwei Jahre in Norwegen bleiben können, aber ohne Otto wollte sie das nicht. Vielleicht hätte sie anders entschieden, wenn sie gewußt hätte, wie schwer das Leben werden würde. Zuerst konnte sie nicht einmal nach Hause schreiben. Sie war nämlich in der Sowjetischen Besatzungszone gelandet, und dort mußten Briefe – der Zensur wegen – auf deutsch oder russisch verfasst sein. Und als Milli später nach Norwegen reisen durfte, mußte sie ihre Kinder als Pfand in Deutschland lassen. 1961 fuhr die mittlerweile 19jährige Walli zum ersten Mal allein nach Norwegen und entschied sich zu bleiben: Sie hatte das Land immer als ihre Heimat empfunden.

Krigsbarn – Kriegskinder

Kriegskinder heißen sie heute, die Frauen und Männer, die eine norwegische Mutter und einen deutschen Vater haben und in der Besatzungszeit gezeugt und geboren wurden.

Früher wurden sie »Deutschenkinder« genannt, »tyskerunger«, und das war ein Schimpfwort.

Rund 9000 Kriegskinder sind in Norwegen aktenkundig,[130] d. h. sie tauchen in den Akten des Lebensborn auf, die nach Kriegsende unbeschadet in die Hände norwegischer Behörden kamen. In diesen Dokumenten sind alle Schwangerschaften, alle Geburten, alle Mütter- und Väternamen verzeichnet, die der SS-Organisation Lebensborn gemeldet wurden – und das geschah etwa 9000mal. Denn der Lebensborn bot Unterstützung: Geld oder eine Ausstattung für das Kind oder einen Platz in einem seiner Entbindungsheime. Manche Mütter bekamen nach der Geburt eine Stelle in einem der Heime, und die Kinder konnten zwei Jahre lang dort bleiben. Da der Lebensborn der Auffassung war, daß es für »wertvolle Kinder« nicht gut sei, in einem Heim aufzuwachsen, brachte er sie anschließend in Norwegen oder in Deutschland in Pflege- oder Adoptivfamilien unter.[131] Die meisten Kinder wuchsen allerdings bei ihren Müttern oder bei einem Familienangehörigen auf.

Das erste Kriegskind, das in Norwegen an die Öffentlichkeit ging, war Turid O. 1986, mehr als vierzig Jahre nach Kriegsende, fand sie den Mut, ihre Kindheitsgeschichte zu publizieren, nachdem sie mit Unterstützung der Journalistin Veslemøy Kjendsli[132] herausgefunden hatte, was mit ihr geschehen war. Die Kinderjahre waren für Turid bis dahin ein großes schwarzes Loch. Sie konnte sich an nichts erinnern und wußte nur, daß die Eltern, bei denen sie aufgewachsen war, nicht ihre leiblichen Eltern waren. Und dann fand sie heraus: Sie war 1942 im norwegischen Lebensborn-Heim »Klekken« auf die Welt gekommen, als Kind einer norwegischen Mutter und eines deutschen Vaters. Die Mutter hatte sie im Heim zurückgelassen und zur Adoption freigegeben. Aber Turid kam nicht in eine norwegische Familie, sondern wurde nach Deutschland gebracht, wo sie zuerst in einem Heim und dann bei deutschen Pflegeeltern unterkam. Im Februar 1948 wurde sie von einer internationalen

Organisation, ohne Wissen der Pflegeeltern, in einer Blitzaktion nach Norwegen zurücktransportiert. Bis ihre späteren Adoptiveltern sie aufnahmen, lebte sie wieder eine Zeitlang im Heim. Eine traumatische Geschichte, die bis heute blinde Flecken aufweist und zu neuen Verletzungen geführt hat. Denn als Turid ihre leiblichen Eltern gefunden hatte, lehnten beide einen Kontakt zu ihrer Tochter ab.

Die Veröffentlichung von Turids Geschichte hatte Folgen. Nun fanden auch andere Kriegskinder den Mut, über sich zu sprechen. Einige gründeten einen Verband, um sich gegenseitig zu unterstützen und bei der Suche nach den Eltern zu helfen.[133] Aber es dauerte noch einige Jahre, bis die norwegische Öffentlichkeit bereit war, sich mit den Kriegskindern zu beschäftigen – wohlwollend, und selbstkritisch. Denn mit jeder Lebensgeschichte, die bekannt wurde, zeigte sich, unter welch schwierigen Bedingungen die Kriegskinder in der norwegischen Nachkriegsgesellschaft aufgewachsen waren. Fast alle, unabhängig davon, ob sie bei der Mutter aufwuchsen, bei Verwandten, bei Adoptiveltern oder in Heimen, hatten unter Diskriminierung zu leiden: Sie wurden gehänselt, beschimpft, verprügelt, von Gleichaltrigen und von Erwachsenen. Lehrerinnen und Lehrer verweigerten Unterstützung, Förderung und Schutz. Verwaltungsangestellte errichteten Hürden und Hindernisse. Selbst die Mütter projizierten manchmal die Verantwortung für die eigene schwierige Situation auf ihre Kinder und ließen sie es spüren!

Die Situation der Heimkinder war unvergleichlich schlimmer. Sie hatten nicht nur die Kränkung zu verarbeiten, zurückgelassen und weggegeben worden zu sein. Sie waren wirklich ganz allein – und wurden auch so behandelt. Norwegische Behörden versuchten in den Nachkriegsjahren, sie nach Deutschland zu schicken oder nach Australien.[134] Ärzte attestierten ihnen schlechte, weil deutsche Gene und lieferten den Behörden damit ein vermeintlich wissenschaftliches Argument, die Kinder weder zu fördern noch zu unterstützen. Einige Kinder wurden in Heime für geistig Behinderte abgeschoben, obwohl sie dort nicht hingehörten. Das Pflege- und Betreuungspersonal ging häufig rabiat mit den Kindern um, sexuelle Ausbeutung und Mißbrauch waren nicht selten.

Schlimme Kindheitserfahrungen, die bis heute nachwirken, psychisch, physisch und sozial. Deshalb haben sich einige Kriegskinder dazu entschlossen, nicht nur über ihre Erfahrungen zu berichten, sondern den norwegischen Staat auf Entschädigung zu verklagen. Juristisch sind sie bisher erfolglos geblieben, aber sie haben das Mitgefühl der Öffentlichkeit gewonnen. Vor allem wird der norwegischen Gesellschaft immer deutlicher bewußt, wie einfach sie es sich nach dem Krieg gemacht hat, als die Welt eingeteilt wurde in gut und böse, in weiß und schwarz. Auf der einen Seite die »Helden«, die Widerstand gegen die deutsche Besatzung geleistet hatten – auch wenn es nur in den letzten Tagen vor der Kapitulation war. Und auf der anderen diejenigen, die sich unübersehbar mit den Besatzern eingelassen hatten.

Dem größten Teil der Kriegskinder ging es in den letzten Jahren weder um Entschädigung noch um öffentliche Aufmerksamkeit. Sie wollten vor allem eins: ihre Wurzeln entdecken, den Vater und manchmal auch die Mutter finden und endlich die ganze Wahrheit über ihre Entstehung erfahren. Wie die Eltern sich kennengelernt haben, warum sie ein Kind gezeugt haben, wie sie zu der Schwangerschaft gestanden haben. Vielen Frauen und Männern ist es mittlerweile gelungen, ihren deutschen Vater zu finden. Manchmal kamen sie zu spät und der Vater war bereits gestorben, manchmal mußten sie erfahren, daß der Vater nichts mit ihnen zu tun haben wollte. Aber häufig wurden sie freundlich und neugierig aufgenommen, vom Vater, von seiner Ehefrau, von den Halbgeschwistern. Für die norwegischen Mütter ist es bis heute viel schwerer, wenn sich plötzlich ihr Kriegskind meldet. Die Nachkriegserfahrungen wirken nach, und oft verhindern Verletzungen, Schuldgefühle und Angst jeden Kontakt.

»Bei meiner Mutter war das anders«, erzählte Elna J., mit der ich über Ragnhild F. in Kontakt kam. Vor 18 Jahren hat die Mutter allen Mut zusammengenommen, die Telefonnummer der Tochter gewählt und ihr gesagt: Ich bin deine Mutter. Für die damals 43jährige Elna war das ein Schock: Sie hatte bis dahin nicht einmal gewußt, daß sie ein Adoptivkind war. Und nun erfuhr sie von dieser völlig fremden Frau: Ihr Vater war ein deutscher Soldat, sie war im Lebensborn-Heim in Geilo geboren und später im Lebensborn-Kinderheim »Stahlheim« aufgewachsen. Bis man sie nach Deutschland bringen wollte. Da griff die Mutter ein. Über eine Kleinanzeige suchte sie nach Pflegeeltern, fuhr zum Kinderheim, holte das zweijährige Töchterchen ab und brachte es zu Pflegeeltern nach Bergen. Aber die lieferten Elna nach ein paar Tagen wieder bei ihrer Mutter ab, den Rücken »verziert« mit einem Hakenkreuz. Sie hatten erfahren, daß Elnas Vater ein Deutscher war. Die zweiten Pflegeeltern waren tolerant, nahmen Elna auf und adoptierten sie später. Nur von ihrer Herkunft erzählten sie ihr nichts.

Elna traf sich mit ihrer Mutter. Sie erfuhr, wie die Eltern sich kennengelernt hatten, daß sie sich geliebt hatten. Die Mutter erzählte ihr, daß der Vater an die Ostfront versetzt worden war und nach einem Lazarettaufenthalt versucht hatte, wieder nach Norwegen zu kommen, zu seiner Verlobten und zu seinem Kind. Aber der Versuch scheiterte, zwang den Vater sogar zu desertieren und sich bis Kriegsende zu verstecken.

Elna erfuhr den Namen ihres Vaters. Sie nahm Kontakt auf, reiste nach Deutschland und traf den alten Mann, seine Ehefrau und ihre Halbgeschwister. Den Vater zu verstehen, der nach dem Krieg nicht mehr nach Norwegen gefahren war, sondern eine Jugendfreundin geheiratet hatte – das fiel

Elna nicht schwer. Aber die Entscheidungen ihrer Mutter trieben sie um. Warum hatte sie sie weggegeben? Warum war in ihrer späteren Familie – denn auch die Mutter hatte nach dem Krieg geheiratet und Kinder bekommen – kein Platz für sie gewesen? Warum hatte die Mutter dreiundvierzig Jahre gewartet, bis sie Kontakt zu Elna aufnahm? »Ich weiß genau, wie schwer die Frauen es nach dem Krieg hatten. Aber bei meiner Mutter hilft es mir nicht«, versucht Elna ihre Gefühlslage zu beschreiben. Und dann fügt sie halb lachend, halb schuldbewußt hinzu: »Ich habe immer gedacht, ich wäre eine moderne Frau. Aber diesen Widerspruch kann ich nicht auflösen: Verständnis für meinen Vater, Probleme mit dem Verhalten der Mutter …«

Norwegen im Zweiten Weltkrieg (3): Widerstand und Befreiung

Als mein Vater im Oktober 1942 Norwegen verläßt, ist es im Land relativ ruhig. Daß sich die Situation nach seiner Abreise Schritt für Schritt zuspitzt, ahnt er nicht. Wahrscheinlich kann er sich das nicht einmal vorstellen.

Zuerst ist die Stimmung unter der Bevölkerung niedergedrückt. Auf die große, erfolgreiche Protestwelle gegen die Zwangsnazifizierung haben die norwegische NS-Regierung und die deutsche Besatzungsmacht mit starken Repressalien reagiert. Außerdem ist es ihnen gelungen, viele Widerstandsgruppen zu zerschlagen. Und die Hoffnung auf eine britische Invasion wird ein ums andere Mal enttäuscht.[135]

Aber Anfang 1943 entwickelt sich neuer Widerstand. Am 22. Februar beschließt die Quisling-Regierung ein »Gesetz über den nationalen Arbeitseinsatz«. Frauen zwischen 21 und 40 Jahren und Männer zwischen 18 und 55 unterliegen nun einer allgemeinen Arbeitspflicht. Als erstes werden alle aufgefordert, sich bei den Arbeitsämtern registrieren zu lassen. Widerstandskreise befürchten, daß damit ein Arbeitsdienst vorbereitet wird oder sogar ein Militärdienst für Deutschland – und geben Boykottparolen aus. Die Betroffenen reagieren pragmatisch: Viele entziehen sich, machen falsche Angaben oder zögern die Registrierung hinaus. Zum festgelegten Termin sind schließlich nur 25 Prozent der Betroffenen registriert. Rabiate Gegenmaßnahmen – im Herbst wird zum Beispiel die Osloer Universität geschlossen und ein Teil der männlichen Studenten verhaftet – zeigen keine Wirkung. So erfolgreich die Verweigerung also ist, die Arbeitspflicht bleibt ein Dauerthema. Noch 1944 fordert die Exilregierung über BBC: »Niemand erscheint zur Musterung oder befolgt einen Aufruf in den Arbeitsdienst. Um des Landes und deiner selbst willen – befolge diesen Appell!«[136] Und Widerstandsgruppen verüben Anschläge auf die Arbeitskontore, in denen die Registrierung vorgenommen wird.

Nach dreieinhalb Jahren Besatzung ist deutlich zu spüren, was es für ein Land bedeutet, ökonomisch ausgebeutet zu werden und 400000 deutsche Soldaten zu versorgen. Denn mittlerweile hat die Wehrmacht die »Festung Norwegen« auf volle Stärke ausgebaut, um einer möglichen alliierten Invasion begegnen zu können. Die Folge: Lebensmittel sind rationiert, viele Gebrauchsgüter sind aus den Läden verschwunden, andere werden beschlagnahmt, Wolldecken zum Beispiel, Rucksäcke und Anoraks. Unter diesen Bedingungen wird der Alltag immer mühsamer, vor allem in den Städten. Gleichzeitig verschlechtert sich die militärische Lage Deutschlands rapide, die Zeit der Eroberungen und Blitzsiege ist längst vorbei, seit dem Winter 42/43 und der Kapitulation der 6. Armee in Stalingrad folgt eine Niederlage der anderen. Ein Sieg der deutschen Wehrmacht wird also immer unwahrscheinlicher. In dieser Situation beginnt die norwegische Exilregierung, sich auf die Rückkehr vorzubereiten. In Schweden wird zu diesem Zweck eine Polizeitruppe aufgebaut, und von England aus kommen kleine Gruppen der Milorg nach Süd- und Mittelnorwegen, um den Aufbau einer Untergrundarmee zu organisieren.

Für die Wehrmacht beginnt im Herbst 1944 der Rückzug. Anfang September beendet Finnland den Kampf gegen die Sowjetunion und fordert Deutschland auf, das finnische Territorium zu räumen. Angesichts der militärischen Gesamtlage entschließt sich die Wehrmacht, ihre Truppen nicht nur bis zur finnisch-norwegischen Grenze zurückzuziehen, sondern bis zum Lyngen-Fjord. Dort ist Norwegen nur wenige Kilometer breit und damit gut kontrollierbar. Das bedeutet aber, daß die beiden Provinzen Finnmark und Nord-Troms aufgegeben werden.

Als Hitler dem Plan zustimmt, beginnt die »Operation Nordlicht«: der Rückzug von 200000 voll ausgerüsteten deutschen Soldaten und einer großen Zahl von Kriegsgefangenen unter den Bedingungen des arktischen Winters. Da Terboven, Quisling und die Wehrmacht fürchten, daß die Rote Armee auf norwegisches Gebiet nachrückt oder die Exilregierung aus London nach Nordnorwegen zurückkehrt, werden die Bewohner der beiden aufgegebenen Provinzen zwangsevakuiert. Ein Drittel der rund 150000 Menschen entzieht sich allerdings der Evakuierung und versteckt sich. Danach wird die Infrastruktur der beiden Provinzen vollständig zerstört: Häuser und Fabriken werden in Brand gesteckt, Hafenanlagen, Schiffe und Straßen gesprengt. Am Ende steht in manchen Landesteilen kein Stein mehr auf dem anderen.

Der Rückzug, die Zerstörung und die Befreiung der beiden Provinzen haben enorme Auswirkungen auf die Stimmung in Norwegen. Einerseits wächst die Hoffnung auf das Ende der Besatzung, andererseits steigt die Angst vor neuen Terrormaßnahmen. Beide Gefühlslagen bringen der Widerstandsbewegung Zulauf. Die Zahl der Sabotageakte auf Brücken, Schiffe und Eisenbahnnetz steigt sprunghaft an, Attentate auf prominente Kollaborateure nehmen zu.

Im Januar 1945 berät eine hochkarätig besetzte Runde[137] in Berlin über Sabotagebekämpfung in Norwegen. Reichskommissar Terboven drängt auf drakonische Gegenmaßnahmen, plädiert für Verhaftung und Erschießung von Geiseln. Quisling versucht, Mitglieder von Hird, einer SA-ähnlichen Organisation, zu bewaffnen und damit eine Truppe für einen möglichen Bürgerkrieg zu schaffen. Aber zu einem Bürgerkrieg oder einem Endkampf kommt es in Norwegen nicht. General Franz Böhme, der letzte Wehrmacht-Befehlshaber in Norwegen, kann eine kampflose Beendigung der Besatzung und damit die Kapitulation durchsetzen. Am 7. Mai 1945 ist in Norwegen der Krieg zu Ende, am 31. Mai kehrt die Exilregierung nach Oslo zurück, am 7. Juni König Håkon VII.

Insgesamt haben die fünf Besatzungsjahre 10 262 Norwegerinnen und Norwegern das Leben gekostet, darunter 3 670 Seeleuten. 366 Menschen wurden hingerichtet, 39 zu Tode gequält. Von den politischen Gefangenen starben 2 091, davon 658 in Norwegen, die anderen in deutschen Konzentrationslagern. Auf deutscher Seite sind rund 11 500 Soldaten gefallen.

Terboven begeht Selbstmord, Quisling wird verhaftet, zum Tode verurteilt und am 24. Oktober 1945 hingerichtet. NS-Mitglieder und viele Kollaborateure werden festgenommen, sie sollen zur Verantwortung gezogen werden. Ein Vorgang, der Gerichte, Polizei und Bevölkerung zehn Jahre lang beschäftigt: So lange dauert die »Rechtsabrechnung«.[138] Auch die Frauen, die eine Beziehung mit einem deutschen Soldaten hatten, werden bestraft. Die deutschen Soldaten allerdings, die zum Teil noch viele Monate – unbewaffnet und offiziell mit dem Status von Kriegsgefangenen – in Norwegen leben, bleiben weitgehend unbehelligt.

Ersehnte Schlacht

Briefe von Oktober 1942 bis März 1945

Am 6. Oktober 1942 verläßt Rudolf Norwegen. Vier Wochen verbringt er auf einem Truppenübungsplatz in der Lüneburger Heide, dann wird er nach Nordholland geschickt. Sofort beginnt er, die Niederlande und Norwegen zu vergleichen – zum Nachteil für das »platte Land mit den schnurgeraden Straßen und den vielen Kanälen«. Aber nicht nur die Landschaft und das Wetter lassen ihn wehmütig an das »gigantische und rätselvolle« Norwegen zurückdenken. Auch die Menschen, die er in Holland trifft, können auf die Dauer sein Herz nicht gewinnen – abgesehen von einigen wenigen, mit denen er unmittelbar Kontakt hat. Denn in Holland wird er zum ersten Mal mit Widerstandsaktionen konfrontiert, und auch im Alltag schlägt ihm schon bald Ablehnung entgegen. Rudolf fühlt sich in seinem Selbstverständnis als »guter Besatzer« mißverstanden, ist gekränkt und trumpft auf. »Plötzlich lernen wir, wie wir uns als Sieger im besetzten Land zu benehmen haben«, schreibt er seiner Mutter. Wenige Wochen bevor er im September 1943 das Land verläßt, lernt er Ali kennen, eine junge Niederländerin, in die er sich heftig verliebt und die seine Gefühle erwidert. Nun begreift er zum ersten Mal, wie problematisch eine Beziehung zwischen einem deutschen Soldaten und einer Frau aus einem besetzten Land ist. In Norwegen hatte er darauf keinen Gedanken verschwendet! So stellt Rudolf seinen Wunsch, sich zu verloben, zurück, und Ali meint realistisch: »Eerst moet de oorlog afgelopen zijn en dan komt onze tijd.« Erst muß der Krieg vorbei sein, dann kommt unsere Zeit.

Vom »richtigen« Krieg erfährt Rudolf nach wie vor nur aus den Medien und aus Briefen, die er von seiner Mutter und von ehemaligen Kameraden bekommt. Sie sind mittlerweile von Norwegen an die Ostfront versetzt worden, in die Region von Leningrad. Rudolf hat also den »Einsatz« verpaßt, trotzdem bleibt er anfangs gelassen: »Wer heil aus diesem Oorlog* kommt, der hat das große Los gezogen«, schreibt er im Februar 1943 seiner Mutter. Trotzdem versucht er, aus Holland fortzukommen. Noch einmal beantragt er eine Freistellung zum Medizinstudium, dann stellt er einen Versetzungsantrag. Schließlich wird er zu einem Kursus nach Guben an der Oder geschickt. Schon nach wenigen Tagen ist klar, daß er nicht nach Holland zurückkehrt, sondern zur Division Großdeutschland** versetzt wird und für Januar 1944 seine »Feldabstellung« bekommt.

Von der Ostfront sind nur zwei Briefe erhalten, die Rudolf nach Hause geschrieben hat. Seine Stationierungsorte lassen sich aber anhand von Archivmaterial rekonstruieren.[139] Seit dem 5. Februar 1944 gehört er zum Panzer-Artillerie-Regiment Großdeutschland, das der Panzergrenadier-Division GD unterstellt ist. Mit dem Ersatz, den die Division aus Guben bekommt, landet er in der Ukraine und wenig später in Rumänien. Hier erlebt er eine gigantische Schlacht, den »Angriff aus Jassi nach Targul Furmos« am 2. April 1944. Mitte August wird er nach Norden verlegt, nach Ostpreußen und ins Baltikum. Als der Krieg zu Ende geht, steckt er im ostpreußischen Kessel, eingeschlossen von der Roten Armee, und kann sich noch einmal retten. In einem

* Oorlog (niederländisch) – Krieg.

** Die Division Großdeutschland (GD) war ein selbständiges Regiment von circa 6000 Mann und galt als Eliteeinheit. Nachdem sie 1942 vollständig vernichtet worden war, wurde sie neu aufgestellt und existierte dann bis zum letzten Kriegstag, weil sie ständig Ersatz bekam. Die Angehörigen von GD waren hochmotiviert, trotz ihrer hohen Verluste.

der ersten Briefe, den er viele Monate später seiner Mutter aus einem Lazarett in Lüdenscheid schreibt, schildert er, wie der Krieg für ihn zu Ende ging: »Die Ostpreußen-Schlacht, Kesselkämpfe und Gefechte in Samland und Pillau hatte ich gut überstanden, als ich am 25. 4. 45 noch auf der Frischen Nehrung durch Steckschuß im linken Unterschenkel (wie sich später herausstellte im Schienbein) verwundet wurde. Nach einem Durchbruch durch gelandete Feindinfanterie kamen wir noch einmal hinter eigene Linien und mir gelang es noch, ein Schiff nach Dänemark zu erwischen. Die Überfahrt ging merkwürdigerweise glatt. So kam ich nach Aarhus wurde dort 2 x operiert und in leidlichem Zustand bei Auflösung des Lazaretts nach hier.«

11. 10. 42[140]

Mein liebes Mütterlein!
… wir kommen wieder an's Meer, aber nicht mehr so weit nach Norden. … Nun bin ich zu einem Abtlgs.stab als A.v.K. Führer versetzt, d. h. als Führer des Artl.Verbindungskommandos. Zum Tragen kommt diese Funktion nur beim Einsatz, bei ruhender Truppe bin ich 2. Adjutant und befasse mich mit Kraftfahrzeugen, mit Waffen und Gerät und bin Ordonnanz, Luftschutz und Gasabwehroffz. …

12. 10. 42

Mein lieber, lieber Junge!
… Mein Kind, ich habe mit Dir gefühlt, als ich hörte, Du müßtest fort von Norwegen. Wo man so zwei Jahre gewesen ist, da fühlt man sich fast daheim. Und so liebe Menschen hast Du da kennen gelernt, Kameraden sowohl als auch Einheimische. Ja was wird Siri sagen + Gudrun + Frau L. Hast Du allen geschrieben? Aber vielleicht kommst Du wieder hin? Allerdings so recht glaube ich nicht daran, ich glaube, es geht nach Rußland! …

15. 10. 42

Mein liebes Mütterlein!

... In Norwegen ist der Abschied nicht ganz leicht gefallen. Allen, Siri, Gudrun und ihrer Mutter habe ich natürlich von Oslo aus geschrieben und Abschied genommen. Die haben bestimmt Augen gemacht. ... Wie ich Dir schon schrieb, kommen wir nicht zum Einsatz, daraufhin setze ich alles in Bewegung um zu Studium zu kommen. Ich bin beim Divisionsarzt ... vorstellig geworden. Er hat mir geraten, an ihn ein Gesuch um Aufnahme an die militärärztliche Akademie Berlin zu richten. Das Gesuch ist geschrieben, ich bitte Dich um Stellungnahme. Also – ich muß dann aktiver Sanitätsoffizier werden! Sollte das Gesuch durchgehen ist es jedenfalls eine Ausnahme, denn ich habe das Höchstalter zur Aktivierung* bereits überschritten. ... Vorteile dieses Schrittes wären, Studium schon im Kriege, ohne Kosten und andere Sorgen. Nachteile eine lange Verpflichtung. Wenn ich bedenke, daß der Staat auch über die Zivilärzte nach Kriegsende unumschränkt bestimmen wird, ist letzteres doch nicht so schlimm. Ob ich nun als Zivilarzt oder in Uniform einige Jahre im Osten verbringen muß! ...

Rudolf glaubt im Oktober 1942 fest an einen Sieg der Wehrmacht; ein Ende des nationalsozialistischen Regimes kann er sich nicht einmal vorstellen. Darauf baut er seine Lebenspläne auf: Er sieht sich schon als Arzt im Osten, also in der eroberten Sowjetunion, wo die Nationalsozialisten eine gigantische Besiedlungs- und Ausbeutungspolitik planen (»Generalplan Ost«).

24. 10. 42

Mein lieber Rudolf!

... Ich hätte das Gesuch noch nicht eingereicht! Um ein Jahr früher fertig zu sein, bindest Du Dich fürs Leben.

* Aktivierung bedeutet: Rudolf wird Berufssoldat.

Und was wird aus mir? Nähen bis ans Lebensende* und Alleinsein. …

25. 10. 42

Mein lieber Rudolf!
… Ich habe alles überdacht … Du wirst es Dir ja auch überlegt haben, denn es geht ja um Dich, um Deine Zukunft! Und Du bist ja alt genug, daß Du weißt, was Du willst. … Frau P. hat mich auch ein bißchen beschwätzt. Also, sehen wir allem in Ruhe entgegen. …

27. 10. 42

Mein liebes Mütterlein!
… Nach reiflichem Überlegen und Gesprächen mit vielen erfahrenen Offz. und Ärzten bin ich zu diesem Entschluß gekommen, der mich nicht reut. … damit käme ich sofort zum Studium, es würde mich nichts kosten. Wer weiß wielange der Krieg noch dauert? … Das Studium selbst ist gleichwertig jedem Studium an jeder anderen Universität. … Und dann wird Dir jeder praktische Arzt heute sagen, daß er nach Kriegsende doch dahin gehen muß, wohin man ihn stellt. Ob ich nun in Uniform oder in Zivil Befehle ausführen muß, bleibt sich wohl gleich. Das Verdienst ist nicht allzu hoch, erlaubt aber jedenfalls einen gut bürgerlichen Haushalt …

In der Heide Oktober 42

Liebes Mütterchen!
… Heute erhielt ich einen Brief von Gol. Alle, besonders Gudrun, bedauern es, daß wir nicht mündlich Abschied nehmen konnten, sie erkundigen sich mit rührender Teilnahme nach meinem jetzigen Aufenthalt. Ich soll Dir viele Grüße ausrichten! …

* Anna arbeitet nach wie vor als Heimarbeiterin und näht meistens Krawatten.

Ende Oktober bekommt Rudolf einen Marschbefehl nach Holland, wo er in Wieringerwerf stationiert wird, einem kleinen Ort im Norden, weit weg von größeren Städten und der Nordseeküste.

Allerheiligen 1942

Mein Junge!
... Nun lernst Du wieder ein anderes Land, andere Menschen kennen. Aber Norge wirst Du nicht vergessen. Wie ich Dich kenne, sagen Dir die Menschen dort sehr zu + auch das herbe, schöne Land. ... Ich kann mir denken, daß Gudrun Dich gerne noch einmal gesehen hätte. Schon über zwei Jahre kannte sie Dich. Es war doch ein Erlebnis für sie, das sie nie vergessen wird. ... Siri kanntest Du wohl noch nicht lange genug. Sie war wohl auch ganz anders. Du wirst an L.s doch wohl noch hin + wieder schreiben, sie waren Dir doch gut!? Für ihre lieben Grüße danke ich herzlich. Ich kann ihnen wohl nicht schreiben? ...

5. 11. 42

Mein liebes Mütterlein!
... ich bin wieder einmal auf einem schönen Erdenfleck und unter netten, freundlichen Leuten. Augenblicklich sitze ich in meiner sauberen, nett eingerichteten Stube und schreibe, während draußen der Novemberwind Regen von der See her gegen die Scheiben wirft. Ich habe eben mit den Quartierleuten, einem jungen Ehepaar und dessen Besuch zu Abend gegessen, ich glaubte zu Hause zu sein, als man zu Tisch betete, vom Rheinland sprach und mir der junge Mann, Zivilingenieur, mit Stolz seinen zwei Monate alten Sohn zeigte. Es ist schön hier, wenn auch die Umstellung vom Hochgebirge auf ein von unzähligen Kanälen durchzogenes Flachland krass ist. Es gibt noch allerlei zu kaufen, die Preise aber sind unverschämt. ... In Hotels usw. ißt man gut, in der Familie lebt man einfach

und längst nicht mehr so fett wie früher. ... Daß Gudrun geschrieben hat, habe ich Dir schon mitgeteilt. Die Kameraden oben haben sich scheinbar auch verändert, ich hörte, sie seien weiter nordostwärts gezogen.* ...

7. 11. 42

Mein liebes Mütterlein!
... Überall sieht man, daß das Land keinen Krieg kannte, überall blüht auch heute noch Handel und Gewerbe. Wohlstand und Gemütlichkeit allenthalben. Es gibt noch allerhand zu kaufen, die Preise sind allerdings märchenhaft ... es blüht der Schwarzhandel. ... Aber sonst gefällt mir der Menschenschlag besser als der Norweger, ich meine jetzt nicht Äußerlichkeiten, schöne Menschen sieht man hier kaum, sondern sie sind gerade, aufrecht und grundanständig. Frommer als in der Heimat ist man hier auch, sehr gepflegt wird das Tischgebet. Ich habe wirklich nette Quartierleute gefunden. Gestern habe ich bis spät in die Nacht hinein mit ihnen gesessen und habe von daheim und von Norwegen erzählt. Die junge Frau ist sehr wißbegierig, die Rheinländer sind gerne gesehen ...

13. 11. 42

Liebe Mutter!
... Eine Hoffnung ist mir wieder zerschlagen worden. Mein Gesuch auf Versetzung an die militärärztliche Akademie Berlin ist höheren Orts abgelehnt worden. ... Wenn man mit 28 Jahren gesagt bekommt, man wäre zu alt, ist das doch sehr traurig ... Hoffentlich geht der Krieg bald zu Ende, hoffentlich dauert er nicht noch Jahre. ... Und trotz allem muß man dem Herrgott dankbar sein, daß man überhaupt noch da ist und dabei noch gesund ist. Wie gut und leicht könnte es ganz anders sein! ...

* Angehörige von Rudolfs ehemaligem Regiment sind am Ladogasee und am Wolchow in der Nähe von Leningrad stationiert.

14. 11. 42

Liebes Mütterlein!

... Die Nachricht vom Fall Tobruks* hat uns einigermaßen erschüttert. Trotzdem, eine Niederlage können wir wohl besser als die Tommys vertragen, das Kriegsglück wechselt eben, an der Tapferkeit unserer Kameraden hat es bestimmt nicht gefehlt. Der Nachschub war wohl zu schwierig. Der Tommy wird jetzt eine wüste Reklame machen. Wir aber wollen voll Vertrauen in die Zukunft schauen, denn unsere Sache ist gerecht und unser Kampf heilig, geht es doch um unser Volk, um die sichere Zukunft kommender Geschlechter. ...

17. 11. 42

Liebe Mutter!

... Heute erhielt ich einen lieben und guten Brief von Gudrun, ich soll Dich von ihr und von ihrer Mutter grüßen. Nochmals bedauern sie, daß wir nicht Abschied nehmen konnten und beide geben der Hoffnung Ausdruck, daß wir uns einmal wiedersehen. Ob ich wohl jemals wieder nach N. komme? ... In G. liegt jetzt bereits Schnee, schön wird es dort sein, ich erinnere mich gerne der abendlichen Fahrten auf Skiern von L.s über den vereisten Fluß nach Hause, der Mond und das Nordlicht leuchteten mir und machten Eis und Schneekristalle zu Diamanten. ...

1. 12. 42

Mein lieber, lieber Rudolf!

... Gestern kamen aus G. die beiden Briefe an. Ich kann nicht lesen, was Gudrun schreibt, übersetze es mir bitte. Meint sie, Du wärst zu Hause? Ich schicke ihr einen Weihnachtsgruß an die Adr. des Briefabsenders. Es sind doch

* Am 23. Oktober 1942 begann die 8. britische Armee eine Offensive an der El-Alamein-Front und überrannte die deutsch-italienischen Stellungen. Am 7./8. November landeten die Alliierten in Marokko und Algerien.

liebe Menschen, die Dich nicht vergessen. Hat Siri eigentlich noch nicht geschrieben??? …

5. 12. 42

Mein lieber Rudolf!
… In Rußland sind wieder heftige Kämpfe im Gange. Wo die Sowjets alles Material nur hernehmen.* Auch in Tunesien kämpfen wir tüchtig. Der Amerikaner wird sich wundern. Das beste sind ja die Versenkungen, das geht den Westmächten an den Lebensnerv. … Morgen werde ich Gudrun einen Weihnachtsgruß senden. Da möchte ich mal hin! …

5. 12. 42

Liebe Mutter!
… wurde … freudig überrascht durch ein schönes Buch von dem Norweger Falkberget, das mir die 2. Battr. zur Erinnerung schickte. Sie schrieben eine nette Widmung hinein und alle Unteroffiziere haben sich eingeschrieben, ich sehe die guten alten Kameraden wieder vor mir und ihnen sende ich von ganzem Herzen viel Soldatenglück und eine frohe Rückkehr aus der harten Front im Osten. Hier spricht man davon, daß sie am Wolchow stehen. Ich bin also wieder nicht zur Zeit dabeigewesen, meine Versetzung ist zu früh gekommen! Oben wurde ich damals beneidet, bei der Verabschiedung durch den Rgtskommandeur glaubte derselbe auch, daß wir eher als sie zum Einsatz kämen. …

* Am 18. November 1942 eroberten die 6. Armee und die 4. Panzerarmee 90 Prozent von Stalingrad. Drei Tage später wurde die Mehrzahl der eingedrungenen deutschen Streitkräfte von der Roten Armee eingeschlossen. Am 25. November begann die Versorgung der deutschen Truppen aus der Luft. Obwohl sich die Lage in Stalingrad immer weiter zuspitzte, wird das Thema »Rußland« in den Briefen erst am 20. Januar 1943 wieder erwähnt. Seit dem 26. Januar ist dann offen von »Stalingrad« die Rede.

1. 1. 43

Mein liebes Mütterlein!
… Von Siri hörte ich überhaupt noch nichts. Gudrun hat lange nicht geschrieben … Der Weg ist für die Feldpost ja auch reichlich lang! Dort oben liegt nun Schnee, hier regnet es fast täglich, und heftige Winterstürme gehen ungehindert über das Land. So hart und kalt wie im vergangenen Jahr wird der Winter allem Anschein nach nicht. Die Kameraden im Osten werden das besonders begrüßen. – Der Tagesbefehl des Führers ist hart und ernst, aber voller Siegeszuversicht, und die Berichte der Kameraden, die aus dem Osten kommen geben uns das Recht auf Optimismus. …

In Hitlers Tagesbefehl heißt es: »Wie schwer auch im einzelnen dieser Kampf ist und sein wird und wie sich auch scheinbar die Waage des Erfolges zu unserem Gegner neigen mag, am Ende, das wißt ihr, wird als Abschluß der deutsche Sieg stehen. … Als Kämpfer seid ihr ohnehin jedem anderen eurer Feinde überlegen. Trotzdem weiß ich – nicht nur als Euer Oberster Befehlshaber, sondern auch als einstiger Soldat selbst – mit wieviel Bitternis, Leid, Todesangst und Heldenmut auch die glorreichsten Siege verbunden sind. … Während ihr, meine Soldaten der Ostfront, die schwerste Blutlast getragen habt, … hat auch an allen anderen Fronten der deutsche Soldat seine Pflicht in höchstem Maße erfüllt. … Das Jahr 1943 wird schwer sein, aber sicherlich nicht schwerer als die zurückliegenden. Wenn uns aber der Herrgott die Kraft gegeben hat, den Winter 41 auf 42 zu überwinden, dann werden wir diesen Winter und das kommende Jahr erst recht überstehen.«[141]

13. 1. 43

Mein liebes Mütterlein!
… Ich kann nicht verstehen, warum ich keine Post von Siri bekomme, Gudrun schrieb einen netten Brief zum Neuen Jahr. Ich habe gleich zurückgeschrieben. …

17. 1. 43

Mein bester, lieber Rudolf!
… Du scheinst … nicht meinen ausführlichen Brief von Weihnachten, 25. 12., dem ersten Feiertag erhalten zu haben, darin hatte ich das Briefchen von Siri, ein kurzer Weihnachts- + Neujahrsgruß, beigelegt. Es war an Deine Heimatadresse geschickt. ….

22. 1. 43

Mein liebes, gutes Mütterchen!
… Zu hören, daß Siri doch an mich gedacht hat, freut mich sehr, leider ist Dein Brief mit ihrem Gruß nicht in meine Hände gekommen. … Gleich morgen werde ich nach Norwegen schreiben und auch Deinen Gruß ausrichten. Dort oben habe ich wirklich liebe Menschen kennengelernt. Ob man die noch einmal wiedersehen wird? …

26. 1. 43

Mein lieber, guter Junge!
… Jetzt, in diesen schweren Tagen, wo alles nach Stalingrad hinschaut, wo man so + so an die armen Menschen dort denkt, braucht man nötig ein liebes, mutiges Wort. Wir Frauen besonders, wir sind ja zu sehr mit dem Herzen in dem ganzen Krieg. Der Tommy benutzt auch fleißig die Gelegenheit, uns zu beunruhigen + uns alles mögliche zu prophezeien. Ja, wir müssen durch eine schwere Zeit hindurch, niemand kann uns helfen. Und Mut +Vertrauen muß uns hochhalten. … Siri hatte auf einem kleinen Kärtchen einen Weihnachts- + Neujahrsgruß gesandt an Ltn. Fritzchen Schmitz.* …

* Vielleicht hatte Siri Rudolfs Vornamen vergessen – das läßt auf die Unverbindlichkeit der Beziehung schließen. Vielleicht benutzte sie »Fritzchen« als Kosenamen. Oder ihr unterlief ein Lapsus: Schließlich nannte man in Norwegen die netten deutschen Soldaten ein wenig spöttisch »snille Fritz«.

Vom Gottvertrauen, das Anna viele Kriegsmonate hindurch gestützt hat, ist in ihren Briefen kaum noch die Rede. Angesichts der Katastrophe von Stalingrad – am 31. Januar bzw. am 2. Februar kapituliert dort die eingeschlossene 6. Armee – erwähnt sie zwar Gebete und Bitten um den Beistand Gottes. Gleichzeitig heißt es aber: »Niemand kann uns helfen.« Damit schließt sie auch den »Führer« ein, anders als Rudolf, der nach wie vor auf Hitler und seine »Siegeszuversicht« baut und auch nach Stalingrad der Überzeugung ist, daß Gott »keinen braven Deutschen« verläßt.

Lichtmeßtag 43

Mein lieber Rudolf!
... Heute Abend war noch mal ein Angriff, so hatten wir ihn lange nicht mehr. Der Himmel ist noch hell + rot, große Brände scheinen in Mülheim oder Köln zu sein. Und viele Bomben sind gefallen. Und Leuchtbomben, so etwas hat man noch nicht gesehen, in allen Farben, ganze Bündel. Und silbriges Zeug* fiel wie bei einem Feuerwerk. Wie viele Menschen haben wieder den Tod gefunden und wie viel Leid und Schmerz bringt so eine Stunde. Heute hatte ich Angst, es war unheimlich. Das Licht ging aus. Und man kann nichts tun. ... Mit Heinrich klappt es auch noch nicht. Ich glaube, das Bein muß doch noch abgenommen werden. Und die armen Menschen in Stalingrad. ...

4. 2. 43

Mein liebes Mütterlein!
... Hier ist es immer sehr mild ... Es sieht frühlingshaft in der Natur aus. Die Weiden bleiben den ganzen Winter über satt grün. Das Vieh war noch dauernd draußen. ... besonders kommt einem das zu Bewusstsein, wenn man an die

* Möglicherweise waren es Stanniolstreifen, die aus den britischen Bombern abgeworfen wurden, um den Radar zum Aufspüren feindlicher Flugzeuge außer Funktion zu setzen.

langen, harten aber doch schönen norwegischen Winter denkt. Dies gigantische und rätselvolle Land kann ich nicht vergessen. Hier werde ich wohl nie warm werden. ... Ich finde das platte Land mit den schnurgeraden Straßen und den vielen Kanälen langweilig. Die Menschen sind im allgemeinen auch unsympathischer als die Norweger. ... Die alten Kameraden* südlich des Ladogasees haben Verluste. Das Rgt. verlor in der vergangenen Woche zwei Offz., gute Bekannte, Uffz und eine Reihe alter, guter Kameraden, mit denen ich 39 ausgerückt bin. Sie sind nun dort, wohin wir uns oft gewünscht haben. – Stalingrad, ein Begriff für Soldaten, wieder in russischer Hand! – Es hat uns furchtbar ergriffen, aber nicht gebeugt. Die deutschen Soldaten werden weiter kämpfen, die Kameraden der 6. Armee werden uns Vorbild sein. ...

6. 2. 43

Mein lieber Rudolf!
... Was sagst Du zu Stalingrad? Man ist ganz erschüttert. Alle Welt spricht nur noch davon. So etwas hat die Welt noch nicht gesehen. Überhaupt wie jetzt der Kampf im Osten entbrannt ist, das ist fast übermenschlich! Wir wollen beten, damit das harte Ringen dort zu einem baldigen, guten Ende geführt wird. Gott sei mit unsern Soldaten. Die armen Mütter + Frauen, die in Stalingrad ihre Lieben verloren, unter welch schrecklichen Umständen sind sie zu Tode gekommen. Das kann und darf nicht umsonst gewesen sein. ...

7. 2. 43

Mein lieber, großer Junge!
... Alles ist so still, auch in der Natur seit einigen Tagen, als ob auch sie trauerte um das viele junge, heiße Blut, das die Erde trinken mußte. Heute wurde in der Kirche zu

* Die »alten Kameraden« sind diejenigen, mit denen Rudolf zuletzt in Norwegen zusammen war.

einem Gebetssturm aufgerufen. Morgen früh ist Gemeinschaftsmesse für alle Soldaten im Osten, diese Woche Requiem für die Gefallenen bei Stalingrad. Auch wir in der Heimat wollen alles tun, damit die Opfer nicht umsonst sind. …

19. 2. 43

Mein liebes Mütterlein!
… Ich lese den großen König von Franz Heyk nun zum zweiten Mal. In dieser Zeit der schweren Kämpfe im Osten, wo man vielleicht auf trübe Gedanken kommen könnte, ist es gut, wenn man zurückschaut und aus schweren Stunden großer Menschen lernen kann. …

20. 2. 43

Mein lieber, guter Junge!
… Gott sei Dank, daß Du noch da bist, daß ich Dir noch schreiben kann. … Wir gehen noch in den Keller in der Schule. Dort meint man, man wäre sicherer als zu Hause. Allerdings bei den neuen, schweren Bomben der Amerikaner ist man wohl nirgends sicher. – So sind also von Deinen alten Kameraden schon welche gefallen? Ja, der Osten hat schon viele Opfer gefordert, und es werden noch viele sich opfern müssen. Gebe Gott, daß wir Herr bleiben und den Bolschewismus niederringen. Die ernste Rede von Dr. Goebbels hast Du wohl doch gehört?* Man sieht, wie groß die Gefahr ist. Und wir wissen nicht, was die Sowjets noch alles haben. …

20. 2. 43

Liebes Mütterlein!
… Man muß heute für das nackte Leben dankbar sein, man muß sich freuen, wenn man wieder einen Tag leben durfte,

* Am 18. Februar hielt Propagandaminister Goebbels im Berliner Sportpalast die Rede mit dem berüchtigten Satz: »Wollt Ihr den totalen Krieg?« Und erntete begeisterte Zustimmung.

man darf sich keine Gedanken über die Zukunft über den Besitz machen. Du weißt doch, daß ich in Sicherheit bin, um mich brauchst Du Dir also keine Sorgen zu machen. Ich lebe recht gut hier ... Geht es mir nicht gut im Vergleich zum Schicksal vieler Kameraden, im Vergleich zu Heinrichs Los. Muß man da nicht dankbar sein. Wer heil aus diesem Oorlog kommt, der hat das große Los gezogen. ...

26. 2. 43

Mein liebes Mütterlein!
... Gott verläßt keinen braven Deutschen! Wir alle wissen, um was es geht, für was unsere Kameraden im Osten kämpfen. Wir können Gott garnicht genug danken, daß noch kein Feind unseren Heimatboden betreten hat. Wie würde es wohl aussehen, wenn der Bolschewik in Berlin wäre? Das muß man sich immer vorstellen, wenn man einmal kleinmütig wird, dann erst weiß man, was im Osten geleistet wird. ...

28. 2. 43

Mein lieber Rudolf!
... Es war trostlos, als ich gestern Morgen früh ... in Köln war. Nebel + Rauch von all den Bränden, die Straßen übersät mit Glas + Mörtel, an vielen Stellen brannte es noch. Dazwischen die Menschen mit ihren paar Habseligkeiten, die sie gerettet haben, Möbel, Wäsche, Betten, alles auf der Straße. Es ist ein Elend. ... Köln ist nun fast nur eine Trümmerstadt! Überhaupt seit ein paar Tagen macht uns der Engländer verrückt! Jeden Tag 3, 4, 5 + mehrmals Alarm ...

2. 3. 43

Mein liebes Mütterlein!
... Im Osten kommen die wütenden und unfaßbar starken Angriffe der Bolschewiken zum Stehen. Beispielloser Mut und härteste Entschlossenheit haben die Massen aufgehalten,

Gegenstöße werden gemacht. Es geht also wieder bergauf. Wir fassen neuen Mut.* …

3. 3. 43

Mein liebes Mütterlein!
… Die Kameraden aus Norge schlagen sich sehr tapfer. In einem Armeebefehl wurden sie lobend erwähnt. Der Rgt's. Kommandeur ist zum Obersten befördert worden. Einige Battr. Chefs, Oberleutnante, sind Hauptleute geworden. Hptm. Th., mein alter Chef, hat das E.K. erhalten und ist zur Sturmartillerie versetzt worden. Von den ersten Gefallenen schrieb ich Dir ja schon! Aus Norge selbst höre ich gar nichts. Ich glaube, die Briefe kommen nicht durch. Ich selbst habe fast regelmäßig geschrieben. Schade, ich wüßte gerne, wie es den Lieben im Hallingdal geht. Was mag Siri machen? Ich habe mir schon einmal gedacht, daß sie jetzt nach Deutschland kommt, wie sie es schon immer wollte. Die meldet sich bestimmt zum Arbeitseinsatz der Norweger. Die Frage ist nur, ob die Dienststelle sie freigibt.** …

6. 3. 43

Mein liebes Mütterlein!
… Ich erhielt gestern einen lieben und herzlichen Brief von meinem ehemaligen Chef, Hptm. Th. Nach wie vor ist er ein vorbildlicher und straffer Soldat und Offizier, ein prima Kerl mit ganz großen Idealen. Schade, daß ich nicht mehr mit ihm zusammenarbeiten kann. … Er schreibt von alten Kameraden, schönen u. schweren Tagen am Wolchow. Voll

* Zwischen Januar und März 1943 wurde nach »Abwehrschlachten« am Don die deutsche Südfront wiederhergestellt.

** Anfang 1943 beschloß die Quisling-Regierung, eine Arbeitspflicht für alle Norwegerinnen und Norweger im arbeitsfähigen Alter einzuführen. Widerstandskräfte befürchteten, daß damit eine Arbeitspflicht in Deutschland vorbereitet werden könnte. Unabhängig davon gab es bereits norwegische Frauen und Männer, die freiwillig zur Arbeit nach Deutschland gingen. Vgl. S. 259f.

Stolz, Freude u. Dankbarkeit berichtet er vom Kampf und Einsatzfreude der Zwoten*, die sich glänzend bewährt habe und erzählt, daß man in diesen Tagen viel von mir gesprochen habe. Na, ich sollte nicht dabei sein! Man muß halt zufrieden sein! …

4. 4. 43

Mein liebes Mütterlein!
… Gestern erhielt ich den ersten Brief aus Norwegen. Frau L. schrieb mir! Sie teilte mir mit, daß Gudrun seit Januar mit einer schweren Sepsis, die sie sich in der Fuchsfarm, wahrscheinlich durch einen Fuchsbiß, zugezogen hat im Krankenhaus liegt. Es muß böse um sie gestanden haben. Vielleicht wäre sie Ostern zu Hause. Die Mama freut sich, ihren kleinen Sonnenschein wiederzubekommen. Sie schreibt, noch sei Gudrun sehr schwach, sie müsse Ruhe haben, denn das Herz sei angegriffen. Gleich werde ich dem armen, kleinen Mädchen schreiben. Die Ärmste tut mir wirklich leid, sie muß schon sehr krank sein, sonst hätte sie mir selbst auf meinen Brief geantwortet. …

6. 4. 43

Mein lieber, guter Junge!
… Daß die kleine Gudrun so krank ist, tut mir aufrichtig leid. Da wird die Mama ja Sorge gehabt haben. Solltest Du noch schreiben, bitte sende auch einen Gruß von mir, und ich wünsche baldige Genesung. … Mit den Luftangriffen wird es … immer entsetzlicher. Das ist doch kein Krieg mehr. Die rotten ja tatsächlich die Menschen aus. Man bekommt jetzt ordentlich Angst, wenn die Sirene heult. Wie soll das werden? Wir müssen beten, daß Gott sich erbarmt! …

* Gemeint ist die zweite Batterie.

1. 5. 43

Mein liebes Mütterlein!
... Endlich lernen wir, wie wir uns als Sieger im besetzten Land zu benehmen haben, wie wir allein die Unverschämtheiten und offenen Gehässigkeiten der Bevölkerung zu entgegnen haben. Jetzt macht man allenthalben große Augen und tut erstaunt. Es wäre ja zum Lachen, wenn wir mit diesem kleinen Kroppzeug nicht fertig werden würden. ...

Am 1. Mai 1943 finden überall in den Niederlanden Streiks statt, weil entlassene Kriegsgefangene interniert werden sollen, um sie zur Arbeit nach Deutschland zu schicken. Bereits seit März 1942 versucht die deutsche Besatzungsmacht, rund 250000 Arbeitskräfte für die Arbeit in Deutschland zwangsweise zu rekrutieren, stößt aber auf Widerstand und Verweigerung. 46 Prozent der Betroffenen gelingt es, sich zu entziehen.

3. 5. 43

Liebe Mutter!
... Gestern hörte ich, daß ich zu einem Lehrgang nach Jüterbog* gemeldet bin. Vom 26. 5.–15. 6. soll der Kursus stattfinden. ...

20. 5. 43

Mein lieber Rudolf!
... Ich hatte mich schon aufgeregt, weil doch dort** die Unruhen waren. Am Dienstag kam ein zerfetzter Karton mit einigen trockenen Stielen von Tulpen an. Auch einige Blumenblätter lagen dazwischen. Schade. ...

Am 23. Mai bricht Rudolf nach Jüterbog zu einem Adjutantenlehrgang auf. Die Atmosphäre dort wirkt sich lang-

* Truppenübungsplatz südlich von Berlin.
** In den Niederlanden.

fristig auf seine Briefe aus: Die Politik nimmt einen immer größeren Raum ein. Gleichzeitig ändert sich der Ton. Er wird großspuriger, ideologischer.

8. 6. 43

Mein liebes Mütterlein!
... Wir müssen alle den Kopf oben halten, dann geht alles. Wir können uns immer wieder ein Beispiel an unserem Führer nehmen. Hast Du Goebbels und Speers Rede gehört? Das gibt wieder Mut, d. h. daran hat es bei mir nicht gefehlt. Wir müssen froh sein, wenn wir noch immer gesund sind. ...

18. 6. 43

Mein liebes, gutes Mütterchen!
... Gudrun schrieb mir einen lieben, ausführlichen Brief. Sie ist nun zu Hause, nachdem sie 18 Wochen in Drammen im Krankenhaus gelegen hat. 3mal wurde sie am Fuß, an dem sie eine kleine Wunde hatte, operiert. Es muß auf Leben und Tod gegangen sein. Die Mama freut sich sehr, ihr Töchterchen wieder zu haben. Gudrun und alle anderen lassen Dich herzlich grüßen. ...

30. 6. 43

Mein lieber Rudolf!
Ich möchte Dir mitteilen, daß ich + all unsere Verwandten heil und gesund durch die Schreckensnacht gekommen sind. In der Stadt muß es grauenhaft aussehen. Du wirst ja allerlei aus dem Radio gehört haben. Die armen, armen Menschen. Und all unsere schönen, alten Bauten. Man ist ganz aufgeregt. ...*

* Zwischen dem 16. Juni und dem 9. Juli erlebte Köln vier Großangriffe, bei denen die Innenstadt niederbrannte. Beim zweiten Angriff starben 4377 Menschen, 230000 wurden obdachlos.

2. 7. 43

Mein liebes Mütterlein!
Die Zeitungen des In und Auslandes, die gesamte Weltpresse, alle Rundfunksender befassen sich mit dem letzten schweren Terrorangriff auf Köln. Alle stempeln den Angriff auf die schöne alte Hansestadt und die Zerstörung des hohen Domes, der ein Kulturdenkmal der Menschheit war, als ein Verbrechen. Nun bin ich neugierig, was Du mir über diese schrecklichen Nachtstunden schreibst. Wie hast Du dieselben überstanden? ... Nach solcher Nachricht wird man die Sorge erst los, wenn ein Brief von zu Hause kommt. ...

5. 7. 43

Mein lieber Rudolf!
Heute erst komme ich zum Schreiben nach dieser so schlimmen Nacht. Gestern war ich, wie alle, zu aufgeregt. Denn gestern war es hier voll von Flüchtlingen + Fliegergeschädigten. ... Nein, das nimmt Ausmaße an, das ist entsetzlich. Wir haben alle Zimmer zur Verfügung gestellt. Aber die meisten wollen weiter fort. Man sah Bilder gestern, wie die Leute kamen, verstört, verletzt, schmutzig, nur fort. Im Wald haben sie übernachtet. Die ganze Schule ist belegt mit Verletzten. ... Eine Stunde dauerte der Angriff ununterbrochen. Wahnsinniges Schießen, Krachen der Bomben, Fallen von Tausenden von Brandbomben, das Brummen der Flugzeuge alles zusammen hört + sieht sich an wie das Weltende. ...

9. 7. 43

Mein lieber, lieber Junge!
... *Jede* Nacht Alarm, alle 4–5 Tage Angriff auf Köln. Du glaubst nicht, was hier los ist des Abends. Die reine Völkerwanderung, alles flüchtet aus Köln. In den Wäldern kampieren die Leute, bis weit in die Berge hinein fahren sie. Ich möchte auch wohl fort. ... Aber wohin soll man? ...

10. 7. 43

Mein liebes Mütterlein!
...Wir warten auf die Meldung, wenn der Tommy aus Sizilien hinausgeworfen ist.* Ich zweifle daran nicht. Jedenfalls weiß ich, daß jeder deutsche Soldat sein letztes hergibt. ...

13. 7. 43

Mein liebes Mütterlein!
... Ich bin gespannt, wielange der Tommy sich in Sizilien halten wird. Für mich steht es fest, daß dies Unternehmen denselben Ausgang wie damals bei Dieppe** nehmen wird. Nur mit Material gewinnt man keine Schlacht, innere Einstellung, Mut und Schneid sind ausschlaggebend! ...

15. 7. 43

Mein liebes Mütterlein!
... Nun ist das Aachener Münster auch noch Opfer verbrecherischer Angriffe geworden! Hinter all diesen Verbrechen und Morden kann nur jüdischer Haß stehen. Menschlich kann man diesen Krieg gegen offene Städte nicht mehr nennen. ...

Zum ersten Mal verwendet Rudolf das stereotype ›Argument‹ der NS-Ideologie, daß »die Juden« an allem schuld seien, auch an der Art der Kriegsführung: auf sowjetischer Seite in Gestalt der »bolschewistischen Juden«, die als »Hauptträger der kommunistischen Ideologie« gelten, auf britischer und amerikanischer Seite in Gestalt des »jüdischen Finanzkapitals«, das Churchill und Roosevelt dirigierten.

* Am 10. Juli landeten die Alliierten auf Sizilien.

** Am 18./19. August 1942 griffen britische und kanadische Truppen die französische Küste bei Dieppe an und scheiterten. Von 5 100 gelandeten Soldaten kehrten 1452 nach England zurück. Die anderen wurden getötet oder gerieten in Kriegsgefangenschaft.

20. 7. 43

Liebe Mutter!
Mein Brief ist ein einziger Wunsch. Bleib' Du mir gesund und heil, halte den Kopf oben. Der Krieg, eine notwendige Geißel Gottes ist von ihm gewollt. Wir müssen durch und müssen uns bewähren. Ich habe guten Mut und mag es auch manchmal dick kommen, man darf den Humor nicht verlieren. …

20. 7. 43

Mein liebes Mütterlein!
… Wenn auch im Augenblick hier und dort die Waffen ohne Erfolg bleiben, wenn es den Anschein hat, als ob wir einen Tiefstand erreichen, ich glaube an unseren Sieg. Der Herrgott hilft der guten Sache, hilft einem gesunden, aufrechten und strebsamen Volk. Die Wehrmacht handelt und schweigt. Sie wird das letzte Wort sprechen. … Eine Reihe Offz. des Rgt's. sind zum Osten versetzt worden, auch mein letzter Chef Obltn. H. Morgen wird unser Kommandeur Maj. Dr. S. uns verlassen. …

1. 8. 43

Mein liebes Mütterlein!
… Wir müssen durchhalten, an unseren Endsieg glauben, dann wird uns auch der Erfolg beschieden. Ich bin der Meinung, wenn wir den ungeheuerlichen Druck der Bolschewiken in diesem Sommer aushalten, den gewaltigen Stoß parieren, haben wir den Krieg gewonnen. Es muß sich beim Russen um den letzten Einsatz der letzten Reserven handeln. Er will seine Ernährungsbasen wieder in die Hand bekommen, er setzt alles daran, die Ukraine wieder zu gewinnen, sonst muß er hungern. Unvorstellbar ist die Leistung deutscher Männer im Osten! …

15. 8. 43

Mein liebes Mütterlein!
Der neue Kommandeur, der mich nun endgültig zum Adjutanten bestimmt hat, legt ein Tempo vor, das einem den Atem verschlägt. Ich sitze sage und schreibe von 7–12 und von 13^{30}–19 und dann noch von 20–22^{30} hinterm Schreibtisch. Aber trotz aller Arbeit fühle ich mich wohl. Von der Versetzung höre ich gar nichts mehr, ob das wieder daneben geht. …

Daß er eine Versetzung anstrebt, hat Rudolf in seinen Briefen bisher nicht erwähnt – wahrscheinlich hat er darüber mit seiner Mutter bei einem kurzen Heimaturlaub schon gesprochen. Daß es dabei um einen Einsatz an der Ostfront geht, steht angesichts der Siegesgewißheit, die er seit Wochen zum Ausdruck bringt, und der zugespitzten Lage außer Frage. Befremdlich ist nur, daß er den langgehegten Wunsch, »dabei« zu sein, in diesem Zusammenhang nicht formuliert.

21. 8. 43

Meine liebe Mutter!
… Von meiner Versetzung höre ich gar nichts, ich warte nur noch einige Tage, dann geht aber wieder ein Gesuch los. Unter den gegebenen Verhältnissen bleibe ich keinen Tag länger als ich eben muß. Du kennst mich ja, ich arbeite gerne, aber das Tempo geht über mein Vermögen. Täglich kommen Versetzungsgesuche rein! …

22. 8. 43

Liebes Mütterlein!
… Eine Freude hatte ich gestern. Gudrun hat mir einen ganz langen Brief geschrieben, in dem sie mich bittet, Dir ihren lb. Gruß auszurichten. Sie erkundigt sich eingehend nach Deinem Befinden. Ihr selbst geht es wieder recht gut. Es wäre ein merkwürdiges Gefühl gewesen, nach 7½ Monaten

Aufenthalt im Bett sich wieder auf die Beine zu stellen. In Gol sei alles beim alten, vor allem sei es sehr ruhig und sie wünschte, Du könntest dort oben sein und das Kriegsende abwarten. Rut's kleines Töchterchen sei oben, zu ihr sagte die kleine Inger Mama. Ihre Mutter sei täglich unterwegs um Himbeeren, Blau- und Preiselbeeren zu sammeln. …

5. 9. 43

Mein liebes Mütterlein!
… Mir geht es soweit gut, doch bin ich im Augenblick wohl etwas überarbeitet und nervös … Den Rest gab mir die Mitteilung, daß meine Versetzung wiederum hinfällig geworden ist. Womit habe ich verdient, auf so traurigem Posten stehen zu müssen. Schuften muß man Tag und Nacht, Anerkennung findet man wenig und befriedigen kann die Arbeit nicht. Na, wir müssen eben da Dienst tun, wohin wir gestellt sind. …

12. 9. 43

Mein lieber Rudolf!
… Ich kann Dich sehr gut verstehen, aber sei zufrieden, Du kommst bestimmt auch noch zum Einsatz. Vielleicht schon bald. Jetzt brauchen wir noch allerlei Soldaten. Was sagst Du nun zu Italien?* Nun müssen wir dort wieder kämpfen. Des Führer's Rede war kurz + gut! Möge Gott uns beistehen bis zu einem guten Ende! …

16. 9. 43

Liebes Mütterlein!
Sende Dir einen frohen Gruß mit einer riesig frohen Überraschung. Ich reise hier morgen ab! Ich bin zu einem 6wöchigen Kursus nach Guben b. Berlin kommandiert. Umschulung auf Sturmartl. nehme ich an. Morgen mittag,

* Am 25. Juli wurde Mussolini gestürzt, am 8. September schloß Italien einen Waffenstillstand mit den Alliierten.

also genau 20 Stunden später muß ich fahren. Ich bin in ganz toller Stimmung. Ich freue mich wie ein Kind.

Zur selben Zeit, als Rudolf die Niederlande verläßt, meldet die deutsche Besatzungsmacht nach Berlin, das Land sei »judenrein«. Bis zu diesem Zeitpunkt sind 100000 meist niederländische Juden in die Konzentrationslager in Polen deportiert worden. Wahrscheinlich hat Rudolf etwas darüber erfahren oder Szenen des Abtransports gesehen, denn selbst in ländlichen Gegenden wie Nordholland leben jüdische Frauen und Männer. In seinen Briefen fällt darüber kein Wort.

21. 9. 43

Liebe Mutter!
Nach langer ... Fahrt bin ich heute um 16³⁰ Uhr hier eingetroffen. ... Erster Eindruck gut, verträgliche, viel verlangende Vorgesetzte, kolossale Beziehungen, ganz große Protektion ... für die junge Truppe. Alles junge Leute, man wird wieder selbst jung. ...

22. 9. 43

Liebes Mütterlein!
Heute kann ich schon mehr über meine nächste Zukunft sagen. Ich bin sozusagen zur Probe hier. Nach deren Ausfall wird aus dem Kommando eine Versetzung, oder aber ich gehe zur alten Truppe zurück. ...

25. 9. 43

Mein liebes Mütterlein!
... Eingelebt habe ich mich nun schon. Der Dienst läuft. Ich bin mit der Führung des 1. Rekrutenzuges beauftragt worden. 68 junge Menschen (Jahrgang 26) sind mir anvertraut, junge Leute, denen die Begeisterung aus den Augen leuchtet, die mächtig auf Draht sind und stolz sind bei der Division G. D. zu sein. Gestern sind sie vereidigt worden.

… Mir macht meine neue Tätigkeit Spaß … Wenn ich ehrlich sein soll, vermisse ich Alis Gesellschaft. Ich hatte mich schon sehr an sie gewöhnt und nun bin ich gespannt auf ihren ersten Brief. Ich wünschte, Du hättest Gelegenheit, sie einmal kennen zu lernen. Sie ist ein feiner Kerl, ergänzt mich vollkommen. Ich könnte sie mir als meinen Lebenskamerad vorstellen. Schade, daß sie kein deutsches Mädel ist! …

Ali ist Rudolfs holländische Freundin. Im September wird sie zum ersten Mal in einem Brief erwähnt, obwohl Rudolf bereits einige Zeit mit ihr zusammen ist. Anna hat offensichtlich schon während eines Heimaturlaubs von dieser Freundin erfahren.

In der Familie hat mein Vater später nie über Ali gesprochen, keine Geschichten erzählt, keine Anekdoten zum besten gegeben. Einmal zeigte er mir allerdings einen Brieföffner mit dem Wappen von Amsterdam und erklärte, er sei ein Geschenk von Ali. So weiß ich nicht, wie er sie kennengelernt hat, wie alt sie war, wie sie mit Nachnamen hieß, was sie arbeitete, wie sie aussah. Es existieren nämlich auch keine Fotos von ihr. Dabei war diese Beziehung die ernsthafteste von seinen drei Kriegslieben. Vielleicht hat er deshalb geschwiegen.

17. 10. 43

Mein liebes Mütterlein!
… Mir geht es wirklich gut, ich bin auch zufrieden, nachdem mir der Kommandeur, der gestern meinem Unterricht und Außendienst beiwohnte, gesagt hat, daß ich versetzt werde, d. h. er hat beantragt, daß das P.A. [Personalamt] meine Kommandierung in eine Versetzung umwandelt, und ich Anfang des nächsten Jahres mit der Feldabstellung* rechnen kann. Ich habe somit noch Zeit mich da drauf vorzubereiten.

* »Feldabstellung« ist nicht identisch mit »Fronteinsatz«. Unter »Front« wurde nur die Hauptkampflinie (H.K.L.) und der sich unmittel-

... Heute schrieb mir Ali wieder einen lieben und netten Brief. Je länger ich von ihr fort bin, je mehr glaube ich zu fühlen, daß sie für mich die Richtige ist. Sie ist jung, frisch und gesund. Sie ist nicht dumm, kommt aus ordentlichem und religiösem Haus und hat viel Herz und ein gutes Gemüt. Ich glaube auch, daß sie Dir gefallen würde. Sie schreibt, daß sie mich vermißt und oft an mich denkt und hofft, mich nach dem Kriege wiederzusehen. Sie fragt nach Deinem Befinden, denn ich hatte ihr erzählt, daß Du ... krank wärest. Sie wünscht Dir eine gute Besserung! Ein Jammer, daß es wieder eine Ausländerin ist! Ihre Mutter und Geschwister wissen von unserem Briefwechsel, ich wüßte gerne, was ihr Vater dazu sagen würde. Mein Wunsch wäre es, daß Du sie einmal kennenlernen müßtest und ich Dein Urteil hören könnte. ...

Als der »Einsatz« im »richtigen« Krieg in greifbare Nähe rückt, reagiert Rudolf erstaunlich verhalten. Tatsächlich braucht er zwei Monate, bis er innerlich dazu bereit ist und die Erwartungen, die er immer mit dem »Dabeisein« verbunden hat, sich wieder einstellen.

20. 10. 43

Mein liebes Mütterlein!
... Ali hat mir wieder einen lieben Brief geschrieben. Ist es nicht merkwürdig, daß ich, kaum hatte ich sie kennengelernt, fort mußte. Es muß sich jetzt eben zeigen, ob wir zusammengehören. Die Trennung kann ja auch verbindend wirken. ...

23. 10. 43

Liebes Mütterlein!
... vergiß nie wie uns der Herrgott in dieser Not und schrecklichen Kriegszeit beschützt hat ... der Bombenterror ist an Dir und unserem Heim bisher vorbeigegangen,

bar daran anschließende Bereich verstanden. Dahinter begann das »rückwärtige Gebiet«, in dem sich ebenfalls noch »Feldeinheiten« befanden.

ich bin noch heil und unverwundet trotz des 5. Kriegsjahres, ich bin jedes Jahr in Urlaub gekommen ... wir verstehen uns nach wie vor ... Was bedrückt Dich? Es ist das Alleinsein. Dir fehlt ein Mensch, dem Du Dich ganz mitteilen kannst. Ich bedaure aufrichtig, daß ich keine Braut oder Frau habe ... die Dich ab und an aufmöbeln könnte. Ich glaube, daß Ali oder Gudrun oder Siri das fertig bringen würden, denn ich habe mir die Mädel, für die ich mich interessiert habe genau angesehen und mich auch gefragt wie sie zu Dir stehen würden. ...

12. 11. 43

Mein liebes Mütterlein!
... Ich bereite mich auf meine Hollandreise vor.* Ich werde bei Dir vorbeikommen, um Geld zu tanken, denn ich möchte die einmalige Einkaufgelegenheit nicht vorübergehen lassen. Gespannt bin ich auf Ali's Augen, wenn ich dort plötzlich aufkreuze ...

1. 12. 43

Meine liebe Mutter!
Nach glücklich beendeter Hollandreise bin ich nun hier eingetroffen und habe den ersten Kursustag,** der vielversprechend begonnen hat, schon hinter mir. ... Der Einkauf war nichtig, außer Butter konnte ich nichts bekommen. Es ist auch dort noch schlechter geworden, hinzu kommt noch die augenblickliche Stimmung die nach wie vor gegen uns ist, so daß man an Deutsche nichts mehr verkauft. Sehr viel Freude hat mir das Wiedersehen mit Ali gemacht. ... Einmal waren wir bei ihrer verheirateten Schwester eingeladen, zum zweitenmal sahen wir uns bei Familie P., bei der

* Nachdem die Versetzung ausgesprochen ist, fährt Rudolf nach Holland, um sein Gepäck zu holen und Ali wiederzusehen.

** Rudolf fährt von den Niederlanden aus direkt zu einem Kursus in der Nähe von Berlin, wo er vor seiner »Feldabstellung« noch einmal geschult und trainiert wird.

ich auch gewohnt habe und das dritte und letzte Mal waren wir zwei in Alkmaar und haben einen schönen und ruhigen Abend gehabt. Ich muß Dir gestehen, daß ich es mir sehr überlegt habe, ob ich mich nicht mit ihr verloben sollte. Ich weiß jetzt, daß sie die Richtige ist, was mich zurückgehalten hat ist 1. Deine Einwilligung, 2. mein baldiger Einsatz. Ali selbst ist zufrieden, wenn ich noch warten will, denn sie fürchtet sich vor dem Augenblick, in dem ich mit ihrem Vater sprechen werde. … Ich bin noch nie so froh gewesen! … Am Sonnabend geht der Lehrgang zu Ende, ich werde gleich nach Guben zurückfahren. …

Wie ernst es Rudolf mit Ali ist, zeigen nicht nur die Briefe an seine Mutter. Er hat sich in Guben auch die Broschüre »Der deutsche Soldat und die Frau aus fremdem Volkstum« besorgt. Dieses »Richtheft des Oberkommandos der Wehrmacht« gibt »rassische« Erläuterungen, entsprechende Verhaltensregeln und handelt auch die Möglichkeiten der Eheschließung ab. Rudolfs Broschüre stammt von 1943 und trägt einen Stempel: »Ersatz-Brigade (mot) Großdeutschland Abt. IIc«.

2. 12. 43

Mein liebes Mütterlein!
Will Dir heute die versprochenen Photos schicken, die Ali für Dich und mich besorgt hat und mit Freude mir geschenkt hat. … Mit meinen Gedanken bin ich noch stets in H. Ali ist zu nett … Ich bin sehr froh und glücklich, in ihr einen Menschen gefunden zu haben, der mich versteht und lieb hat. Wirst Du uns Deinen Segen geben? …

14. 12. 43

Mein liebes Mütterlein!
… Die Liebe zu Ali und das Wissen um ihre Gegenliebe machen mich zu einem frohen und glücklichen Menschen. … Ich hoffe, Du hast nichts gegen unsere guten Gefühle

Richtheft des Oberkommandos der Wehrmacht

und freust Dich mit mir. Ich wünschte, Du könntest baldmöglich Ali kennenlernen. Wir haben schon hin und her überlegt, wie man das anstellen könnte. Ali schreibt in ihrem gestrigen Brief: »Eerst moet de oorlog afgelopen zijn en dan komt onze tijd.« So möchte ich auch sagen. … Ich soll Dich von ihr grüßen und ich würde mich freuen, wenn Du ihr einen Gruß schicken würdest … Alles in Allem gesehen fühle ich mich wohl, und dies Gefühl wird wohl noch eine Steigerung erfahren, wenn ich raus komme. Darauf freue ich mich ganz besonders. …

17. 12. 43

Meine liebe Mutter!
… Mir fällt gerade eine lustige Begebenheit ein. Alis kleinste Schwester, Fineken, die zum Herbst zum ersten Mal zur Schule ging, war seit langer Zeit, lange bevor Ali und ich bekannt wurden, meine Freundin. Ich hatte ihr kleines Herz dadurch gewonnen, daß ich ihr schon mal eine Rolle Drops usw. zugesteckt hatte. Davon weiß nun Ali und sie sieht nun eines Tages, wie Fineken mit einer Schachtel spielt, die sie … von mir bekommen hat. Auf ihre Frage, von wem sie denn diese schöne Schachtel habe, bekommt sie die kurze und ernste Antwort: »Von ihm!« »Wie, von ihm, wen meinst Du damit?« »Na, von meinem Soldat, dem kleinen Leutnant!« Du kannst Dir Ali's lustige Augen vielleicht vorstellen. …

15. 1. 44

Mein lieber, guter Junge!
… nun mußt Du wohl alles richten für's Ausrücken. Hoffentlich bekommst Du noch Post, ehe Du fort kommst. Dann wird es ja lange Zeit dauern, ehe wir voneinander hören. Ich glaube, ich kann dann gar nicht so froh sein, wenn ich Dich im Einsatz weiß. Dann muß ich noch mehr für Dich beten. Für die Mutter ist es das schlimmste Gefühl, das Kind in Gefahr zu wissen und ihm nicht helfen zu können. …

16. 1. 44

Mein lieber Rudolf!
… Nun beginnt Dein ernstester Lebensabschnitt. Möge Gott geben, daß Du ihn glücklich überstehst.[142] … Viel Soldatenglück …

Anna verläßt Köln im August 1944 und geht zusammen mit Verwandten nach Mitteldeutschland – dort gibt es keine Bombenangriffe. Die Briefe, die sie zwischen Januar und August 1944 mit Rudolf gewechselt hat, nimmt sie mit. Zuerst lebt sie in Saalfeld, dann in Bad Liebenwerda, einer Kleinstadt nordöstlich von Leipzig. Als dort am 22. April 1945 die Rote Armee einmarschiert, vernichtet sie alle Briefe und Fotos von der Ostfront. Bis auf zwei …

Im Felde, den 3. 9. 44

Meine liebe Mutter!
… Von Herzen wünsche ich Dir Gottes reichen und gnädigen Segen. Möge Dich der Herrgott stark machen, Dich durch alle Unbilden und Gefahren der Kriegszeiten führen und uns ein Wiedersehen in Gesundheit und Zufriedenheit schenken. … Ali müßte ab und zu Dich besuchen können! Gestern Abend erhielt ich ihren lieben Brief vom 16. 8. Sie hatte 2 Wochen Ferien. … In einem kleinen, ruhigen Dörfchen haben sie im See gesegelt und geschwommen. … Eine nette kleine Geschichte erzählte sie von ihrem Schwesterchen Fineke. F. hatte bei P.s zufällig mein Bild gesehen, war nach Hause gestürmt und hatte gerufen: »Ali, Ali ich habe meinen Soldaten gesehen, der mir vor einem Jahr schon mal snoepjes … geschenkt hat.« Ali ist ganz aufgeregt gewesen und hat dann abends Fineke … ausgefragt und erfahren, daß es sich nur um mein Bild gehandelt hat. Die Geschwister fragen oft, ob noch Post von mir kommt. Sie haben wohl nicht erwartet, daß wir uns treu bleiben. Ich glaube, sie stehen jetzt alle auf unserer Seite. Auch in Alis Heim macht man sich Sorgen um die Invasion.* Sie könnte ja auch leicht in Mitleidenschaft gezogen werden. … Mir geht es ausgezeichnet. Ich bin gesund und habe weiterhin guten Mut. Der Bolschewik kommt nicht

* Am 17. September 1944 versuchten britisch-kanadische Einheiten eine Luftlandung bei Arnheim, Nijmwegen und Eindhoven, die aber fehlschlug. Tatsächlich dauerte es noch sieben Monate, bis die Niederlande am 4. Mai 1945 von kanadischen Truppen besetzt wurden.

nach Ostpreußen. Heute wurde wohl in den Frontberichten etwas über unseren Einsatz gesagt. ... Wir Frontsoldaten haben alle guten Mut, wir lassen uns nicht unterkriegen. Am Ende siegt das gläubige Herz. Wir nehmen gerne alle Opfer auf uns, um die Heimat vor asiatischen Horden, blutgierigen und rachsüchtigen Juden zu retten. Wir halten bis die Himmleraktion* Ersatz schafft und die neuen Waffen kommen, die die Welt aufhorchen lassen. Diese werden eine Wende in der Kriegsführung herbeiführen. Traurig ist das Geschehen, der Verrat in Rumänien.** So dankt ein Land unsere Opfer, Blutopfer für die Freiheit der Bewohner. Es ist ein Jammer, wenn man hört, wie eine Stellung nach der anderen verloren geht, für die wir kämpften und uns tagelang mühten. Manches Kameradengrab wird wieder durch Russen beschmutzt und geschändet werden. »Wir werden es aber trotz allem schaffen!« Land und Leute*** sind freundlich. Das arme Volk hat eine große Angst vor den Beglückungen der Russen, die sie bereits kennengelernt haben. Die Söhne des Landes kämpfen in unseren Reihen. ...

Gründonnerstag, den 29. 3. 45

Liebes Mütterlein!
Nach schweren Tagen kann ich Dir wieder einen Gruß senden und Dir mitteilen, daß ich noch heil und den Umstän-

* Im Herbst 1944 wurde das sogenannte Himmler-Wlassow-Abkommen geschlossen. Der russische General Wlassow, der 1942 in deutsche Kriegsgefangenschaft geraten war, entschloß sich, zur Beseitigung des stalinistischen Systems mit Deutschland zusammenzuarbeiten. Zu diesem Zweck stellte er – unterstützt von Himmler – im Herbst 1944 zwei Infanterie-Divisionen und weitere militärische Verbände aus »Ostarbeitern« und russischen Kriegsgefangenen zusammen, die offiziell unter dem Oberbefehl der Wehrmacht standen.

** Nach dem sowjetischen Vorstoß im August 1944 stellte Rumänien den Kampf gegen die Sowjetunion ein und gewährte den deutschen Truppen freien Abzug. Daraufhin wurde Bukarest von der deutschen Luftwaffe bombardiert, und Rumänien erklärte Deutschland den Krieg.

*** Vermutlich schreibt Rudolf diesen Brief in Litauen.

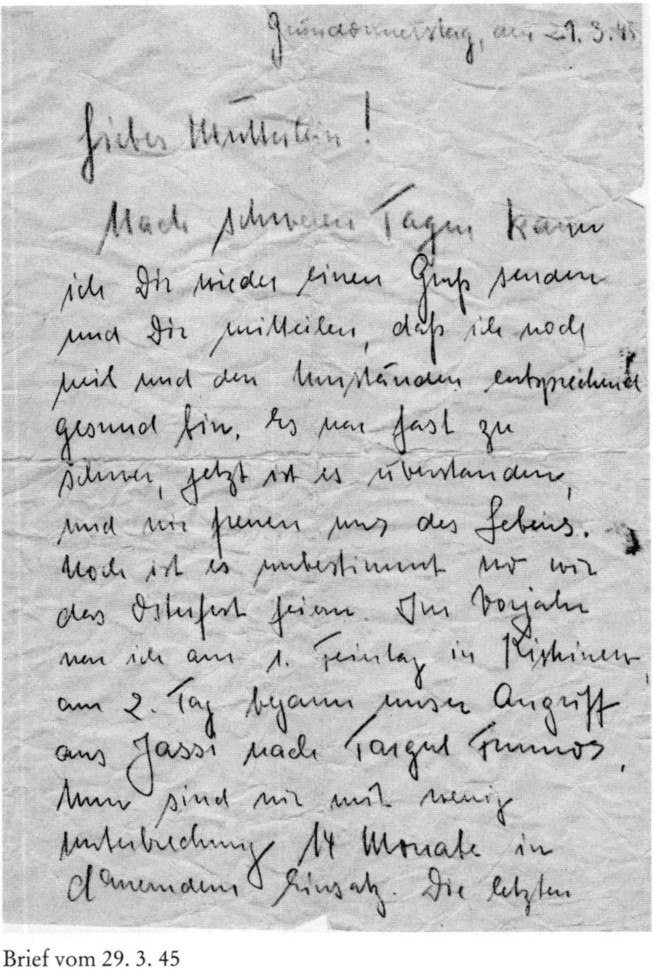
Gründonnerstag, am 29. 3. 45

Liebes Mütterlein!

Nach schweren Tagen kann ich Dir wieder einen Gruß senden und Dir mitteilen, daß ich noch heil und den Umständen entsprechend gesund bin. Es war fast zu schwer, jetzt ist es überstanden, und wir freuen uns des Lebens. Noch ist es unbestimmt wo wir das Osterfest feiern. Im Vorjahr war ich am 1. Feiertag in Kishinew, am 2. Tag begann unser Angriff aus Jassi nach Targul Fumos. Nun sind wir mit wenig Unterbrechung 11 Monate in dauerndem Einsatz. Die letzten

Brief vom 29. 3. 45

den entsprechend gesund bin. Es war fast zu schwer, jetzt ist es überstanden, und wir freuen uns des Lebens. Noch ist es unbestimmt wo wir das Osterfest feiern. Im Vorjahr war ich am 1. Feiertag in Kishinew, am 2. Tag begann der Angriff aus Jassi nach Targul Fumos. Nun sind wir mit wenig Unterbrechung 11 Monate in dauerndem Einsatz. Die letz-

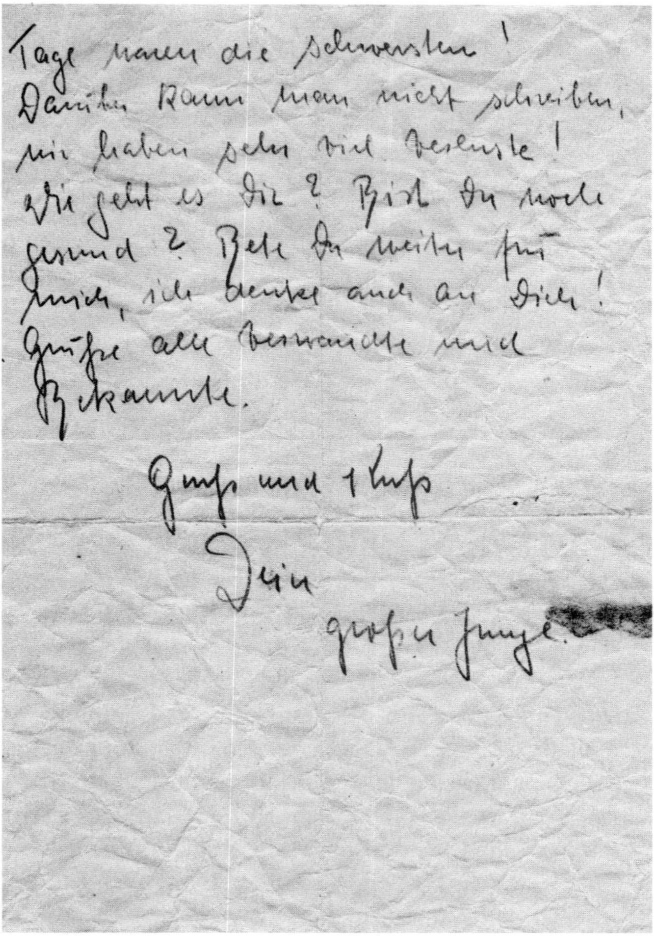
Tage waren die schwersten!
Darüber kann man nicht schreiben,
wir haben sehr viel Verluste!
Wie geht es Dir? Bist Du noch
gesund? Bete Du weiter für
mich, ich denke auch an Dich!
Grüße alle Verwandte und
Bekannte.

Gruß und 1 Kuß
Dein
großer Junge.

ten Tage waren die schwersten! Darüber kann man nicht schreiben, wir haben sehr viel Verluste! Wie geht es Dir? Bist Du noch gesund? Bete Du weiter für mich, ich denke auch an Dich! Grüße alle Verwandte und Bekannte. Gruß und Kuß Dein großer Junge.

Über die letzten Kriegstage berichtet einer von Rudolfs Vorgesetzten, ein Hauptmann Winkler, später in seinen Erinnerungen:

»26. 4. 1945. Die ganze Nacht bemühte ich mich ... um Verstärkung für uns, es war aber nichts zu machen. Am Morgen hatte selbst ich die Nase voll. Ich hatte gehört, daß der Feind schon hinter uns gelangt ist. Oblt. Haller war verschwunden, Oblt. Schmitz und viele Leute verwundet. Ich nahm den Rest meiner Leute zusammen und versuchte, nach hinten durchzukommen. ... Wir halten uns erst links und müssen über ein offenes Gelände, hier pfeift es aus allen Knopflöchern ... Ich sehe über die Böschung, wenige Meter vor mir fast zum Greifen nahe sitzen die ersten Russen. Leise winke ich meine Leute ran. Dann geht es mit lautem Hurra in den Feind hinein. ... Ich springe vornweg hinunter nach dem Strand, was uns in den Weg kommt, wird niedergemacht ... Hier hat sich der Gegner über uns verschanzt. Mit Handgranaten, einer Masse M. Pi. und anderen Waffen pfeffert er in uns rein ... Dann sind wir durch. ... kommen ... zur eigenen Linie ... marschieren ... zur Division, die in der Nähe liegt. ... Damit ist für mich dieser Krieg zu Ende. ... Ich führte die letzte Art. Abt. der Div. G. D. Dann fuhr ich ab in die Etappe. Nach 2 Tagen landete ich in Stuthof. Hier werden wir am Abend desselben Tages auf eine Kampffähre verladen und werden in der Nacht nach Hela gebracht. Hier werden wir schon am nächsten Morgen ohne Aufenthalt auf hoher See auf ein großes Hilfslazarettschiff verladen. Ich habe leider den Namen des Kastens vergessen. Es war ein 20000 Tonner der Südafrika-Linie. Wir kamen in eine 1. Klasse-Kabine ... Mit mir zusammen waren u. a. Martineck und Schmitz. Um 19 Uhr ging die Reise los. Wir fuhren im Geleit. Wir hatten fast 5000 Personen an Bord. So fuhren wir 2 Tage und kamen über Bornholm nach Kopenhagen ... In Kopenhagen machten wir uns selbst auf den Weg, denn hier wurde nichts mehr unternommen. Wir hatten gehört, daß in Otter in Norddänemark G. D. Teile liegen sollten ... Wir fuhren durch Seeland, setzten nach Fühnen über und fuhren dann von Fridricia nach Arhus. Hier wurden wir in ein Lazarett aufgenommen, denn wir konnten ohne Pflege nicht mehr weiter. ... Martineck und Schmitz blieben hier. ...«[143]

Der Feldpostbrief vom 29. März 1945 war der letzte, den Anna von ihrem Sohn bekommen hat. Danach hörte sie monatelang nichts mehr von ihm. Und so wie ein letzter Brief sieht dieser kurze Gruß auch aus: ein paar Mal gefaltet, zerknittert, an den Rändern eingerissen. Wahrscheinlich trug Anna ihn immer bei sich. Diesen Brief konnte sie nicht vernichten wie die anderen Briefe, deren Besitz ihr zu riskant erschien. Das letzte Lebenszeichen ihres Sohne hielt sie fest, es verband sie mit ihm trotz seines Schweigens.

Ich habe diesen Brief erst vor wenigen Monaten entdeckt. Er befand sich nämlich nicht im Briefkonvolut, sondern lag in einer kleinen Schachtel, in der ganz persönliche Dinge aufbewahrt sind, die einmal meiner Großmutter gehört haben: eine Kinderlocke meines Vaters zu Beispiel. Bis heute hebt meine Mutter diese Schachtel mit großem Respekt auf. Deshalb wollte sie mir auch den Brief zuerst nicht übergeben. Erst das Argument, ohne dieses letzte Lebenszeichen fehle dem Briefkonvolut der Schlußpunkt, überzeugte sie. Aber gezögert hat sie bis zuletzt.

Die beiden Briefe, die von Rudolfs 16monatigem Einsatz an der Ostfront erhalten geblieben sind, stehen in einem schroffen Gegensatz. Der erste zeigt den schreibfreudigen, detailversessenen 30jährigen, der vom Bericht über die Urlaubswochen seiner holländischen Freundin und die Erlebnisse ihrer kleinen Schwester nahtlos zu Propaganda-Phrasen übergehen kann, mit denen er seine ganze Verachtung, seinen ganzen Haß auf die Gegner formuliert. Daß er das Feindbild von den »asiatischen Horden« und den »blutgierigen, rachsüchtigen Juden« in der kriegerischen Konfrontation dringend braucht, um sich zu motivieren, ist mit Händen greifbar.[144] Ob sein Haß ihn auch dazu treibt, sich an der kriegsrechtswidrigen Vernichtung dieses Feindes zu beteiligen? Erschießungen von sowjetischen Kriegsgefangenen sind auch für die Division Großdeutschland in diesem Zeitraum nachgewiesen.[145] Wenn ich den September-Brief meines Vaters lese, muß ich davon ausgehen, daß er dabei mitgemacht hat. Vorstellen kann ich es mir immer noch nicht.

Der zweite Brief zeigt einen zu Tode erschöpften Soldaten, der endlich in der Realität angekommen ist und nichts anderes will, als seiner Mutter ein Lebenszeichen zu gehen. Einen Moment lang versucht er, sich an ›bessere‹ Zeiten, an eine erfolgreiche Schlacht zu erinnern, aber dann gibt er diesen Versuch rasch wieder auf.

Sechs Monate liegen zwischen diesen beiden Briefen. Tatsächlich hat mein Vater fünfeinhalb Jahre gebraucht, um zu begreifen, was Krieg bedeutet. Bis zuletzt haben weder seine zerstörte Heimatstadt noch die Angst seiner Mutter vor Bombenangriffen, weder die toten, verwundeten, vermißten Kameraden noch die Leere und die Monotonie des militärischen Alltags ihm klargemacht, was Krieg bedeutet. Und welche Rolle er als deutscher Soldat in einem Krieg wie diesem gespielt hat, das hat er wohl sein ganzes Leben lang nicht begriffen – oder begreifen wollen.

Obwohl ihm in Norwegen 1942 klar war, daß es eigentlich nur darum gehen konnte, durchzukommen, kehrte er zwei Jahre später noch einmal zum Ausgangspunkt zurück. Als der »Einsatz« an der Ostfront begann, stand für ihn wieder der Wunsch nach Bewährung, die Neugier auf Abenteuer, die Lust auf Steigerung des Lebensgefühls im Vordergrund. Tatsächlich hat er in den 16 Monaten an der Ostfront Orden und Anerkennung bekommen, wurde zum Oberleutnant befördert und mit dem E.K. I ausgezeichnet. Tatsächlich hat mein Vater sich bis an die Grenzen ausgelebt, bis an die Grenzen von Leben und Tod. Und was hat er verloren durch diesen Krieg? Durch *diesen* Krieg?

Am Ende

Mai 1945: Der Krieg ist aus

Wie Rudolf sich in den ersten Wochen nach der Kapitulation der Wehrmacht fühlt, darüber kann nur spekuliert werden, denn aus dieser Zeit gibt es keine Dokumente. Sicher ist er zu Tode erschöpft und gleichzeitig erleichtert, weil er der russischen Kriegsgefangenschaft entkommen ist. Sicher hat er Angst um sein verletztes Bein, das nicht heilen will und dessen Amputation immer wieder droht. Sicher ist er besorgt um seine Mutter, die noch Monate später nicht in Köln eingetroffen ist.*

Als er im Sommer aus Dänemark in das deutsche Kriegsgefangenen-Lazarett in Lüdenscheid verlegt wird, setzt der Briefwechsel zwischen Mutter und Sohn wieder ein. Zwischen September und Dezember 1945 schreiben sich die beiden 42 Briefe bzw. Karten. Und die lassen ahnen, was in Rudolfs »gläubigem Herzen« vorgeht, das bis zuletzt auf den Endsieg und die Wunderwaffe vertraut hat und von Feindbildern besetzt war.

Eine Tagebuchnotiz** von Anna wirkt wie ein Auftakt dazu. Am 15. Mai 1945 schreibt sie: »Ob mein Junge noch

* Anna kam erst Anfang November 1945 aus Bad Liebenwerda, ihrem Evakuierungsort, zurück. Am 28. Mai war sie aufgebrochen, aber der 600 Kilometer weite Weg nach Hause erwies sich wegen der katastrophalen Transportbedingungen und der unklaren politischen Verhältnisse als extrem schwierig. Außerdem wurde Anna unterwegs schwer krank und konnte einige Zeit nicht weiter.

** Von April bis November 1945 führte Anna ein Tagebuch, in dem sie den Einmarsch der Roten Armee, das Kriegsende und ihre Rückkehr nach Köln beschrieb. Die stichwortartigen Notizen sind vermutlich in kurzen Ruhepausen entstanden. Sie drehen sich um Probleme wie Ernährung, Gepäck, Transportmöglichkeiten, geben aber auch lebt, wie wird er das bittere Ende des Krieges aufgenommen haben. Er war *kein* Nationalsozialist, es war ihm heilige Pflicht, fürs Vaterland zu kämpfen.« Damit erteilt Anna ihrem Sohn die Absolution in Sachen Nationalsozialismus und liefert gleichzeitig ein Motiv für sein Handeln, auf das sich später die meisten berufen werden: den Dienst fürs Vaterland, die »heilige Pflicht«, der man sich nicht entziehen konnte.

In Rudolfs Briefen finden sich keine derartigen Grundsatzerklärungen. Weil er dem Nationalsozialismus nicht abschwören will oder kann? Oder weil er sich gar nicht als Nationalsozialist fühlt? Jedenfalls ist die NS-Ideologie, die seit Jahren weite Teile seines Weltbilds beherrscht, mit dem Kriegsende nicht verschwunden. In den Lazarett-Briefen klingt sie immer wieder durch, und sei es nur in Wendungen wie »ein deutsches Mädel« oder »eine deutsche Frau«.

Gleichzeitig dokumentieren die Briefe genau, wie für den 31jährigen nach und nach eine Welt zusammenbricht. Zuerst konstatiert er noch gelassen, daß ihn der Krieg verändert hat: »Ernste, schwere Stunden werden nie vergessen werden können, sie haben ihren Niederschlag in einem ernsteren Lebensbild gefunden.« Dann besinnt er sich auf die Religion und versucht, aus ihr eine Orientierung abzuleiten. Am ersten Adventssonntag schreibt er nach dem Besuch einer Messe an seine Mutter: »Die Predigt hatte als Grundgedanken das ›sursum corda‹*, das wir jetzt in den Nöten, Wirren und Sorgen eines verlorenen Krieges nicht vergessen und übersehen dürfen. Der alte Gott lebt und regiert trotz aller Sünde, allen Gewalttätigkeiten und Raub

Nachricht vom Aufbau der Verwaltung, vom erstaunlich undramatischen Kontakt mit den russischen Besatzern – und am 25. September vom ersten Lebenszeichen, das Anna von Rudolf erhielt.

* »Sursum corda« (lateinisch) bedeutet »Erhebet die Herzen«. Diese Aufforderung spricht der Priester während der katholischen Messe, und die Gemeinde antwortet mit »Wir haben sie beim Herrn«. Ein Gebet, das ermutigen und stärken soll und zur Frömmigkeit auffordert.

und Totschlag. Er will uns zeigen, daß wir ein hohes Ziel haben und nicht nach irdischen Gütern streben.« Worauf Rudolf das »Sündenregister« bezieht, bleibt unklar. Vielleicht denkt er dabei an Krieg und Nationalsozialismus, wahrscheinlich aber an die chaotische Nachkriegszeit, in der das »Streben nach materiellen Gütern« überlebensnotwendig ist und nicht selten mit »Gewalttätigkeit«, »Raub« und »Totschlag« durchgesetzt wird.

Aber so sehr sich Rudolf bemüht, den Glauben an den »alten Gott« wiederzubeleben: Schon wenige Tage später zeigt sich, daß er das »hohe Ziel« nicht mit seiner eigenen Lebenssituation in Einklang bringen kann. »Wenn man hört, daß Köbes H. eine Praxis* eröffnet hat, dann könnte man über das eigene Geschick heulen. Manchmal bin ich richtig überdrüssig, weil man keinen Weg in eine bessere Zukunft sieht.« Als der Krieg ihn daran hinderte, im zivilen Leben voranzukommen, konnte er sich damit trösten, daß er für das Vaterland, für eine »bessere Zukunft« und für »kommende Geschlechter« kämpft. Nun ist diese »bessere Zukunft« in tausend Stücke zerbrochen. Damit wiegt der Verlust an Lebenszeit und Lebensenergie doppelt so schwer – und die Verzweiflung ist doppelt so groß.

Am 21. Dezember 1945 wird Rudolf aus dem Heer entlassen, bekommt 80 Reichsmark und kann wenige Tage später gehen. Bitter schreibt er seiner Mutter : »Noch gestern sind alle Ärzte, San.Dienstgrade [Sanitätsdienstgrade], Schwestern und Patienten aus der Wehrmacht entlassen worden. Der Abschied ist also genommen, und von einem Lebensjahrzehnt, von einer großen Zeit, blieb nichts übrig als einige Medaillen und das Soldbuch, was wir auch noch abgeben sollten. Ich habe es mir als Erinnerungsstück zurückgehalten. Diesen Abschied, oft herbeigewünscht, hatte man sich anders vorgestellt.« Kein Gedanke daran, daß die »große

* Ein Bekannter hat eine Arztpraxis eröffnet.

Zeit« eine Katastrophe war und darin der Grund liegt, daß ihm nichts bleibt. Anna stößt ins selbe Horn: »... auch ich hätte mir den Abschied von diesem ernsten + harten Lebensabschnitt anders vorgestellt! Wie mag es nun werden? Ich denke, solange Ihr noch im Lazarett seid, wird man Euch gut verpflegen! Das ist doch das Wenigste, was man Euch antun kann, nachdem Ihr so viele Jahre für's Vaterland Eure Pflicht getan habt!«

Nichts bleibt Rudolf von den letzten zehn Jahren: Keine Ehre, keine Anerkennung, kein Sinn. Um die Erinnerung muß er kämpfen. Selbst die zuverlässige Verbindung nach Norwegen reißt ab. Da werden Briefe hin- und hergeschickt, aber sie erreichen die Adressaten nicht. Rudolf leidet unter Verlustgefühlen, Trauer, Orientierungslosigkeit – zum Nachdenken über die »große Zeit« bringt dieses Lebensgefühl ihn allerdings nicht.

Nach Hause zurückgekehrt, verwendet er alle Energie darauf, Stützpfeiler einzuziehen, an denen er sich wieder aufrichten und neu orientieren kann. Im Februar 1946 beginnt er, in einer Apotheke zu arbeiten, obwohl seine Verwundung ihm immer noch zu schaffen macht. Aber er muß Geld verdienen. Im Winter 1946/47 nimmt er ein Pharmaziestudium in Braunschweig auf. Er schließt also – vermutlich aus pragmatischen Gründen – die begonnene Ausbildung ab, obwohl er während des Krieges beschlossen hatte, auf Medizin umzusatteln. Im August 1947 heiratet er die hübsche, blonde, zwölf Jahre jüngere Sprechstundenhelferin, die bei seinem Arzt arbeitet – meine Mutter. Zehn Monate später wird das erste Kind geboren, meine ältere Schwester. 1949 macht er Examen und kehrt nach Köln zurück. In drei Jahren hat er es also geschafft, sich ein bürgerliches Leben aufzubauen und damit nachzuholen, was ihm bisher entgangen war. Und auch die politisch-ideologische Leere der Nachkriegsmonate füllt sich: Rudolf kehrt in die Arme der katholischen Kirche und der christlichen Weltanschauung zurück. Mit dem Entnazifizierungsverfahren hakt er das NS-Kapitel endgültig ab. Im April 1946 füllt er den Fragebogen der Militärregierung aus, der detailliert nach Mitgliedschaften in einer der vielen NS-Vereinigungen fragt. Bei »Reichsarbeitsdienst« schreibt er »ja«, in allen anderen Rubriken »nein«, kein Mitglied. Zwei Jahre später, am 7. April 1948, bekommt er vom Entnazifizierungs-Hauptausschuß in Köln seine »Entlastung«: Er wird als »politisch unbelastet« eingestuft.

Nun ist bekannt, daß auf Fragebögen, in Entlastungsgutachten, bei Anhörungen und Prozessen während der Entnazifizierungsverfahren viel gelogen wurde. Ich habe also die Aussagen meines Vaters überprüft. Sie sind richtig. Er war nirgendwo Mitglied – sieht man vom Arbeitsdienst ab, zu dem er sich freiwillig gemeldet hatte. Später wurde diese »Ungebundenheit« für ihn zum Argument, mit dem er seine angebliche Distanz zum NS-System begründete.

Nachkriegs-Geschichten (2): Der »richtige« Krieg

Fünf Jahrzehnte nach Kriegsende, in seinen letzten Lebensjahren, begann mein Vater, mir vom »richtigen« Krieg zu erzählen. Dazu mußte ich allerdings zwei Voraussetzungen erfüllen: Explizites Interesse und die Bereitschaft, wirklich zuzuhören. Denn attackieren und verurteilen lassen wollte sich mein Vater nicht mehr.

Neugierig auf seine Erfahrung mit dem »richtigen« Krieg war ich schon in unserer Debatten-Zeit gewesen. Als ich bei der Lektüre der Feldpostbriefe feststellte, daß ausgerechnet die Briefe von der Ostfront fehlten, war diese Neugier sofort wieder da. Was hatte er damals erlebt, was hatte er davon seiner Mutter geschrieben? Hing vielleicht ihre Entscheidung, diese Briefe beim Einmarsch der Roten Armee zu vernichten, damit zusammen?

Nach so vielen Jahre wußte mein Vater nicht mehr viel über diese Briefe zu sagen. Wahrscheinlich habe er Beruhigendes geschrieben, erklärte er, nach dem Motto: Mir geht es gut, ich bin gesund, deine Briefe habe ich bekommen, das sei schließlich das Wichtigste gewesen. Und wenn er Zeit hatte, habe er die Natur und die Landschaft geschildert, wie er das vorher auch getan habe. Tatsächlich stellten sich diese Bilder beim Erzählen sofort ein: Dann schwärmte er von der Theiß, einem wilden Gebirgsfluß in den Karpaten, und von einem idyllisch blühenden Obstgarten in Rumänien, in dem eine Zeitlang sein mobiles Büro untergebracht war.[146] Auf der Ladefläche eines Lkw waren Bänke und ein Tisch montiert, erklärte er, und dort habe er als Adjutant des Kommandeurs die Schreibarbeiten erledigt und auch geschlafen. Um den Obstgarten herum gab es natürlich einen Zaun, wegen der Rumänen, die freundlich, aber ziemlich aufdringlich gewesen seien.

Und was hatte er vom »richtigen« Krieg geschrieben?[147] Nichts, erklärte mein Vater sehr bestimmt. »Ich konnte ihr doch nicht schildern, wie wir im Schützenloch liegen, plötzlich rumst es fürchterlich und der Kamerad neben mir ist getroffen. Seine Brust war aufgerissen, man konnte das Herz sehen, es schlug noch. Oder hätte ich ihr schreiben sollen: Wir hatten unser Geschütz postiert und standen gerade hinter einer Scheune, also in Deckung. Auf einmal ein Krachen, und dem Kameraden neben mir flog der Kopf weg, abgerissen von einem kleinen, sehr schnellen Geschoß, das durch die Scheune durchgeschlagen war. Durchmesser vielleicht zehn Zentimeter.« Diese Wendung wiederholte sich immer wieder: Nach einer knappen Schilderung einer tödlichen Verwundung und eigener Todesgefahr kam mein Vater zum Waffentechnischen. Vielleicht war das seine Strategie, um die Erinnerung auszuhalten. Allerdings gab es kein Anzeichen dafür, daß es ihm schwer fiel, diese Erinnerungen auszuhalten. Er zeigte nicht einmal, daß sie ihn berührten.

Später kam mein Vater noch einmal auf seine Mutter zurück. Nein, er habe ihr nichts von solchen Situationen schreiben können. Das hätte ihre Sorge um ihn nur gesteigert, und sie brauchte doch selbst Trost und Zuspruch, wegen des ständigen Fliegeralarms und der schweren Bombenangriffe. »Ich fand diese Situation viel schlimmer als die Front«, erklärte er. »In meinem letzten Urlaub mußte ich einmal mit in den Luftschutzkeller. Da habe ich die ganze Zeit gedacht: Vielleicht kommst du hier nicht mehr lebend raus. An der Front, da hatte man eine Waffe und konnte sich wehren, wenn's drauf ankam.« Die Möglichkeit zu handeln verringerte die Angst. Hatte er denn an der Front keine Angst?

Doch, er hatte Angst gehabt. Im sogenannten »Ostpreußen-Kessel« zum Beispiel, als die Rote Armee die letzten deutschen Truppen von allen Seiten eingeschlossen hatte und Richtung Ostsee trieb. Das war ein »fieser« Krieg, erzählte mein alter Vater und erinnerte sich genau, daß sie keine Munition mehr hatten und aus der Luft versorgt werden mußten. Da habe er Angst bekommen. Vor der russischen Kriegsgefangenschaft.

Das war das einzige Mal, daß er über Angst sprach. Nicht über die Angst von dem Tod, sondern über die Angst vor »dem Russen«. Das Feindbild, über Jahre verinnerlicht, in den letzten Kriegsmonaten reaktiviert und zum Haß gesteigert, zeigte seine Wirkung. Es mobilisierte nicht nur die letzten Kampfenergien, sondern erlaubte gleichzeitig, Angstgefühle zuzulassen, vielleicht sogar anderen gegenüber zu artikulieren. Diese Angst vor »dem Russen« lebte noch jahrelang fort und wurde, befördert durch das politische Klima des Kalten Krieges, bruchlos an die nächste Generation weitergegeben. Ich erinnere mich sehr genau an meine kindliche Angst vor »dem Russen«, der nach meiner Vorstellung praktisch vor der Tür stand: 1956 während des Ungarn-Aufstands, 1961 beim Mauerbau und während der Kuba-Krise.

Festzuhalten bleibt: Knapp fünfzig Jahre später konnte mein Vater über die Schrecken des Krieges reden. Allerdings nur aus einer Opfer-Perspektive. Daß er als deutscher Soldat qua Definition zur Seite des Aggressors gehörte, daß er und seine Kameraden Täter waren, die töteten, mordeten, Mord möglich machten – über diese Seite des Schreckens sprach er nicht. Er sprach nur über das, was ihm und seinen Kameraden zugefügt wurde, daß sie Verletzungen, Traumatisierungen, Tod ausgesetzt waren. Was sie anderen zugefügt hatten, davon war auch jetzt keine Rede. Statt dessen wiederholte er ständig den Satz: »Wir waren immer anständig.« Ein Satz, der sich – glaubt man dem Historiker Wolfram Wette – allerdings nur auf die Einstellung zum Krieg und auf das Binnenverhältnis unter den (deutschen) Soldaten bezog. »Anständig« bedeutete zum Beispiel: Man ließ einen Kameraden nicht im Stich, oder man drückte sich nicht vor Gefahren. Den Gegnern gegenüber war es zur selben Zeit möglich, ohne Gesetz und humane Orientierung zu agieren.[148] Wie stark diese ›Moral‹ nachwirkte, zeigt eine andere Erinnerung meines Vaters, von der er ungefragt und wiederholt erzählte. Da ging es um einen verwundeten Kameraden, der die anderen angefleht hatte, als sie sich zurückziehen mußten: »Nehmt mich mit, nehmt mich mit.« Das war eine Stimme, die mein Vater nicht vergessen konnte. Da empfand er Mitleid, Ohnmacht, vielleicht auch Schuldgefühle, weil er sich selbst gerettet und nach dem Ehrenkodex nicht »anständig« gehandelt hatte.

Gefühle tauchten in den Berichten über die Schrecken des Krieges selten auf. Mein Vater erzählte sachlich, ja nüchtern, nicht ein einziges Mal sagte er: »Es war entsetzlich« oder: »Dieses Bild hat mich bis in meine Träume verfolgt.« Er hatte seine Soldaten-Lektion gut gelernt: Gefühle haben in solchen Situationen keinen Platz, weil sie – im Sinne der Kriegslogik – handlungsunfähig machen. Selbst der Haß muß kontrollierbar sein!

Das Wegdrängen der Gefühle aber hatte Folgen. Wo von Todesangst nicht die Rede sein kann, gibt es offenbar wenig Möglichkeit, von ihrer Kehrseite zu berichten, von Mut, von Erfolg, von Begeisterung, von Stolz ... Tatsächlich hat sich mein Vater mir gegenüber nie als Held präsentiert. Dabei konnte er – in militärischen Kategorien gedacht – einiges vorweisen: das Eiserne Kreuz, den Rang eines Oberleutnants, die Zugehörigkeit zu einer Eliteeinheit. War er darauf nicht mehr stolz? Konnte und wollte er das nach dem Krieg nicht zeigen? Mir gegenüber nicht zeigen? Ich habe sein GD-Ärmelband, seine Orden, die er wie Schmuckstücke aufbewahrte, erst in den letzten Jahren entdeckt – Teil meines Alltags wie die Andenken aus Norwegen waren sie nie.

Was mein Vater da unter Verschluß gehalten hatte, wurde mir klar, als ich die Reaktionen von Kriegsveteranen erlebte. Wenn ich ihnen erzählte, er sei bei Großdeutschland gewesen, erntete ich – unabhängig davon, ob ich es mit einem Ewig-Gestrigen zu tun hatte oder mit einem nachdenklichen Zeitgenossen – anerkennendes Nicken und Bemerkungen wie: »Alle Achtung!« Auf meine Nachfrage erklärten sie: Großdeutschland, das sei eine Division gewesen! Immer eingesetzt, wo es hart herging! Heldengeschichten würden mich nicht beeindrucken, wehrte ich ab. Bis einer der Nachdenklichen grundsätzlich wurde: Man müsse – und damit meine er auch mich – einfach anerkennen, was diese Männer geleistet hätten. Was sie ausgehalten hätten. Was ihnen abverlangt worden sei.

Ich will meine Reaktion auf diese Belehrung nicht verschweigen: Einen Moment lang war ich stolz auf meinen Vater. Aber dann wehrte ich wieder ab. Ich konnte doch nicht stolz auf meinen Soldaten-Vater sein! Damit wiederholte ich genau das Muster, das er vorgemacht hatte: Er war schließlich selbst nicht stolz darauf, was er im Militär erreicht hatte – jedenfalls zeigte er es mir nicht. Warum sollte ich also stolz sein? Zumal dieses Gefühl meinen Einsichten diametral entgegenstand. Ich konnte und kann militärische

Leistung nicht von ihrem Kontext trennen, in dem sie stattfindet. Ich konnte und kann nicht das eine bewundern und das andere verurteilen!

Vater – Tochter (3): Neugier und Nähe

Um die Vater-Tochter-Geschichte zu Ende zu erzählen, muß ich noch einmal zurück in die Zeit, bevor mein Vater über seine Erlebnisse aus dem »richtigen« Krieg gesprochen hat.

Als mein Vater mit 78 Jahren seinen Herzinfarkt bekam, wußte ich sofort: Die Zeit, die jetzt noch bleibt, will ich mit meinem Vater leben – und nicht ohne ihn, wie bisher. Ich will Zeit mit ihm verbringen und von ihm alles wissen, über seine Geschichte, über die Familie, über die Vorfahren. Nur: Wie sollte das nach der langen Distanz funktionieren? Mir kam die Idee, ihn nach Anna, seiner Mutter, meiner Großmutter auszufragen, die schon viele Jahre tot war. Wer konnte über sie am besten Auskunft geben? Kein anderer als mein Vater. Er war sofort bereit. Als hätte er darauf gewartet.

Es wurde ein spannendes Wochenende. Viele Stunden saßen wir zusammen, und mein Vater erzählte. Als ich hochzufrieden mein Tonband zusammenpackte, fragte er plötzlich, ob ich die Feldpostbriefe haben wolle. Ich war überrascht, erfreut – und mißtrauisch. Reichte es zuzuhören, ohne zu urteilen und zu verurteilen, um sein Vertrauen wiederherzustellen? Denn daß er mir vertraute, war unübersehbar. Schließlich übergab er mir ein schwieriges Kapitel seiner Biografie – ausgerechnet mir. Was erwartete er? Was sollte ich seiner Meinung nach mit den Briefen tun?

Ich schob die Fragen beiseite und beschloß, mich einfach zu freuen. Als ich später zu lesen begann, folgte ich dem Lustprinzip, sprang hin und her, kehrte aber immer wieder zum Norwegen-Kapitel zurück. Es interessierte mich am meisten, außerdem berührte es den Punkt, an dem das distanzierte Vater-Tochter-Verhältnis begonnen hatte: die gemeinsame Norwegen-Reise. Womit ich nicht gerechnet hatte, war die Nähe, die sich bei der Lektüre einstellte. Ich hatte das Gefühl, in das Herz dieses jungen Mannes zu schauen, der später mein Vater wurde. Ich war berührt von der vertrauten Beziehung zu seiner Mutter und entsetzt über das Ausmaß von Kontrolle und gegenseitiger Abhängigkeit. Ich war belustigt über sein naives, unbeholfenes Verhalten Frauen gegenüber. Ich war erschrocken über seine politischen Anschauungen, angewidert von seinen Nazi-Parolen … Nein, sachlich und distanziert konnte ich mit diesen Briefen nicht umgehen. Aber urteilen und verurteilen? Das war nicht so einfach. Das setzte Kenntnisse voraus und viele Recherchen.

Als ich einige Zeit später mit meinem Vater zusammensaß und in den Briefen las, war es verblüffend einfach, zu fragen, zu antworten, zuzuhören, auch mit heiklen Punkten umzugehen. Denn die tauchten schneller auf, als mir lieb war. Schon nach kurzer Zeit wurde meinem Vater bewußt, wie deutlich seine damaligen Gedanken und Gefühle aus den Briefen sprachen. Damit hatte er nicht gerechnet. »Das ist ja richtig intim«, meinte er einmal zögernd und schaute mich fragend an. »Das macht die Lektüre doch so spannend«, ermunterte ich ihn. Er nickte vorsichtig, schaute mich noch einmal an – dann las er weiter. Als wir auf seine Phantasien über die »Germanen« und ihr norwegisches »Stammland« stießen – unverhohlene Versatzstücke der NS-Rassenideologie –, konnte ich einfach fragen: »Hast du das damals wirklich geglaubt?« Er war verlegen, aber die Antwort lag bereit und mußte nur abgerufen werden: »Der Verrückte hat uns damals doch alle eingewickelt.« Damit war die Sache für ihn klar: Ein anderer, nämlich Hitler, war verantwortlich, mit ihm, Rudolf, war nur etwas geschehen.

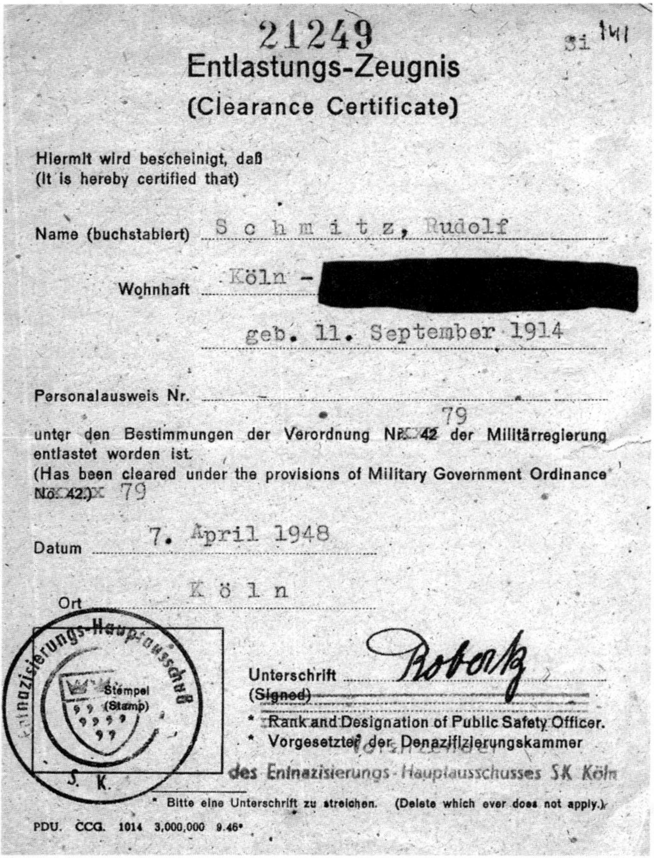
21249 Si 141

Entlastungs-Zeugnis

(Clearance Certificate)

Hiermit wird bescheinigt, daß
(It is hereby certified that)

Name (buchstabiert) S c h m i t z, Rudolf

Wohnhaft Köln - [redacted]

geb. 11. September 1914

Personalausweis Nr. –

unter den Bestimmungen der Verordnung Nr. 42 79 der Militärregierung entlastet worden ist.
(Has been cleared under the provisions of Military Government Ordinance No. 42.) 79

Datum 7. April 1948

Ort K ö l n

Entnazifizierungs-Hauptausschuß S. K.
Stempel (Stamp)

Unterschrift (Signed)
* Rank and Designation of Public Safety Officer.
* Vorgesetzter der Denazifizierungskammer
Vorsitzender des Entnazisierungs-Hauptausschusses SK Köln

* Bitte eine Unterschrift zu streichen. (Delete which ever does not apply.)

PDU. CCG. 1014 3,000,000 9.46*

Rudolfs Entnazifizierungsurkunde

Er war nicht etwa hereingefallen, dann wäre er verantwortlich, nein, er war eingewickelt worden. Etwas Passiveres kann man sich kaum vorstellen. »Du warst damals ziemlich begeistert von diesen Ideen«, fragte ich noch einmal nach. »Aber ein Nazi war ich nicht«, erklärte er. »Ich war auch nirgendwo Mitglied.« Und dann ergänzte er: »Ich hatte allerdings auch Glück. Ich mußte nirgendwo eintreten.« Mehr würde er dazu nicht sagen, das war klar. Er distanzierte sich, er hatte eine Erklärung zur Hand – und er konnte darauf verweisen, daß er nirgendwo Mitglied gewesen war. Das war schließlich in der Nachkriegszeit das wichtigste Argument, um sich »entlastet« zu fühlen. Und damit war das Thema für ihn erschöpfend behandelt.

Manchmal gelang es meinem Vater, sich meinen Fragen zu entziehen, zum Beispiel, wenn es um Frauen ging. Als ich wissen wollte, ob er mit Siri eine Liebesbeziehung hatte, fragte er zurück: »Muß ich darauf antworten?« Nein, er mußte nicht. Schließlich war nicht zu übersehen, daß er verlegen wurde ... Ich wandte mich wieder den Briefen zu, da sagte er plötzlich: »Mit Siri hatte ich ein Fisternöll.« Welch wunderbar uneindeutige Antwort! Das rheinische Mundartwort »Fisternöll« spielt förmlich mit der Uneindeutigkeit. Bedeutete sein Satz: Er hatte eine Beziehung? Wie weit ging diese Beziehung? Fragen, die ich meinem alten katholischen Vater nicht stellen konnte. Ich muß es doch auch nicht wissen, sagte ich mir ... Und wenn er in Norwegen ein Kind gezeugt hatte? Das erschien mir zwar absurd, aber unmöglich war es nicht. Schließlich leben dort mehr als 10000 Menschen mit einem deutschen Besatzer-Vater. Viele Männer haben ihre Vaterschaft lange verleugnet, manche verleugnen sie bis heute. Vielleicht war mein Vater einer von ihnen?

Da war sie wieder, meine alte Skepsis. Und meine alte These: Wer schweigt, hat etwas zu verbergen. Mein Vater bemerkte meinen Rückfall in die alten Denkmuster zum Glück nicht. Die Atmosphäre zwischen uns blieb offen – für neue Fragen, für neue Begegnungen.

Ich gab meiner alten Skepsis nach und begann nachzurecherchieren, was er erzählt und geschrieben hatte. Gesagt habe ich ihm davon nichts – es hätte ihn vermutlich gekränkt. Die Anfrage beim ehemaligen Document Center in Berlin ergab: keine Unterlagen über NS-Mitgliedschaften. Seine Entnazifizierungsakte bestätigte das. Eine Anfrage beim Lebensborn-Register,* das beim norwegischen Reichsarchiv in Oslo liegt, fiel ebenfalls negativ aus. Es gab also keine norwegische Halbschwester, keinen norwegischen Halbbruder. Nun suchte ich nach Menschen, die meinen Vater während seiner beiden Norwegen-Jahre gekannt hatten. Ich fuhr noch einmal an die Orte, an denen mein Vater in Norwegen gelebt hatte, und versuchte mir anhand des alten Fotoalbums vorzustellen, wie es dort früher ausgesehen hatte. In Gol muß es schön gewesen sein, als es dort noch bäuerlich und untouristisch zuging. Im Tal eine liebliche Landschaft – und darüber das Fjell und das grandiose Hochgebirge. Auch die Umgebung von Voss beeindruckte mich, und die Stadt Bergen war eine richtige Entdeckung!

Ich wollte meinem Vater von meinen Reisen und Begegnungen erzählen, aber dann zögerte ich. Er würde fragen, warum ich auf seinen Spuren unterwegs sei. Ich versuche, dich zu verstehen – würde er diese Erklärung akzeptieren? Dann hatte ich zu lange gewartet. Seine Kräfte ließen nach, und der Krieg und Norwegen interessierten ihn plötzlich nicht mehr. Jetzt erzählte er von seiner Kindheit, von seinem Vater, über den er zum ersten Mal unverstellt sprach, verschämt und doch voller Haß. Erst mit 84 Jahren konnte er sich eingestehen, daß er diesem Mann negative Gefühle entgegengebracht hatte. Ich konnte ihn gut verstehen, mit dem Wissen, das ich aus den Briefen hatte.

Zuletzt fragte ich meine Geschwister nach »ihrem« Vater und welche Rolle für sie sein Krieg, sein Soldatsein, sein Norwegen spielte. Es war nicht ihr Thema, stellte ich fest, die Auseinandersetzung mit diesem Teil seines Lebens war ihnen nicht wichtig. Aber dann hörte ich von meinen Neffen, daß mein Vater ihnen immer wieder vom Krieg erzählt hatte, auch von der Ostfront, auch davon, wie er dort

* In den norwegischen Lebensborn-Akten sind alle Vaterschaften deutscher Männer verzeichnet, die während der Besatzung zustande kamen und von den norwegischen Müttern oder von den Männern selbst gemeldet wurden.

gekämpft hatte. Der Jüngere kannte Opas Orden ganz genau. Wenn er zu Besuch bei den Großeltern war, hatte er sie sich immer wieder angesehen. Und der Ältere erzählte, er kenne sich gut mit Opas Kriegsgeschichte aus. Er habe schon als Schüler das dicke, dreibändige »Erinnerungswerk GD« aus Opas Bücherschrank durchgelesen. »Und als Opa gesehen hat, daß ich mich dafür interessiere, hat er mir das Ärmelband von GD geschenkt«, ergänzte der mittlerweile 30jährige mit unüberhörbarem Stolz. Ich war verblüfft. Ich kannte meinen Neffen als einen mutigen jungen Mann, der gegen Neonazis demonstrierte und laut widersprach, wenn einer mit rechtsradikalen Argumenten daherkam! Aber das spielte bei der Rezeption von Großvaters Geschichte offensichtlich keine Rolle. Ich staunte auch über meinen Vater. Er hatte also seine Erfahrungen mit dem »richtigen« Krieg an die Enkel weitergegeben – die männlichen Enkel. Vielleicht war er der Meinung, daß Geschichten von Tod und Kampf, Angst und Tapferkeit nichts für Frauen waren? Hatte ich – als Frau – deshalb die Briefe bekommen, als Dokumente, die Auskunft über Beziehungen und Gefühle geben? Vielleicht waren es auch nur der Zeitpunkt und die Gelegenheit: Die beiden Enkelsöhne waren im rechten Moment zur Stelle, um seine Erzählungen zu hören und im Gedächtnis aufzubewahren.

Inzwischen ist mein Vater gestorben. Und ich bin immer noch nicht fertig mit seiner Geschichte und unserer Beziehung. Dabei ist er der Mensch, den ich mittlerweile am besten kenne. Aber wirklich verstehen kann ich ihn immer noch nicht. »Man muß einen Menschen in seinem eigenen Kontext beurteilen«,[149] hat der Soziologe Dan Bar-On einmal gesagt, als er damit begann, Kinder von Nazi-Tätern zu interviewen. Ein wichtiger und kluger Satz, der zugleich etwas Unmögliches verlangt. Angewandt auf meinen Vater, bedeutet er: Auseinandersetzung mit seinen Männlichkeitsvorstellungen, seiner Mutterbindung und seiner Vaterlosigkeit, seinem wenig entwickelten Kritikvermögen und seiner religiös geprägten Schicksalsgläubigkeit, seiner Sehnsucht nach Freiheit, seinem Temperament …

Sicher: Ich habe viel begriffen beim Durchschreiten dieser Räume, habe verstanden, warum mein Vater so und nicht anders gedacht, gehandelt, gefühlt hat. Mir ist zum Beispiel klar geworden, welch enormen Stellenwert das Militär damals für einen jungen Mann hatte – ganz anders als zum Beispiel für meine Freunde, deren Bundeswehrzeit ich in den siebziger Jahren miterlebt habe. Ich habe genauer verstanden, wie nationalsozialistisches Denken in einen Kopf geraten konnte, der auf der Suche war, der sich befreien wollte von den festen Kategorien, in die er hineingeboren und hineinerzogen wurde – der aber gleichzeitig feste Kategorien brauchte. Ich kann heute ein Stück weit nachvollziehen, daß Krieg auch so erlebt werden konnte: als Auszug aus dem Elternhaus, als Befreiung von den Bindungen und Verpflichtungen, die einem dort auferlegt wurden, als Hinausgehen in die Welt, als Erlebnis der Fremde, als Stärkung des eigenen Selbstbewußtseins … alles Möglichkeiten, die bei meinem Vater eine Rolle gespielt haben und die in dem Satz mitklingen, der mich immer und immer wieder aufgeregt hat: »Das war die schönste Zeit meines Lebens.« Mir ist schließlich klargeworden, warum dieser Satz besonders auf seine beiden Norwegenjahre zutrifft: Dort erlebte mein Vater Befreiung, Stärkung und Aufwertung. Die Natur und die Menschen steigerten diese Erfahrung noch – und es gab kaum etwas, was sie beeinträchtigte. Widerstand und Ablehnung erlebte er nur am Rande, und wenn sie ihm begegneten, blendete er sie aus. Für Angst und Schrecken gab es in »seinem« Norwegen keinen Anlaß.

Das Bedürfnis, Kampf, Gefahr und Todesnähe zu erleben, die Extremsituationen also, die den »richtigen« Krieg ausmachen – dieses Bedürfnis kann ich nach wie vor nicht nachvollziehen. Ich verstehe den Wunsch nach Herausforderung und Bewährung. Aber in Verbindung mit Krieg und mit dem Töten anderer Menschen erscheint er mir einfach pervers. Was ich nicht verstehen kann, ist die Übernahme der NS-Ideologie: die Aufteilung der Menschen in gute und böse, schwarz und weiß, in rassereine Norweger auf der einen, »russische Untermenschen« und »rachsüchtige, blutgierige Juden« auf der anderen. Ich kenne die Funktion dieser Bilder und weiß, was ihre Erfinder damit bezwecken, aber wie man an diese Bilder glauben kann und sich von ihnen stimulieren läßt – das kann ich nicht begreifen. Das ist auch der Punkt, an dem ich meinem Vater gegenüber das Verständnis verweigere.

Was Norwegen und die deutsche Besatzung angeht, ist mir vor allem eins klar geworden: Es macht einen großen Unterschied, ob ich von den Frauen und Männern in Norwegen spreche oder von Norwegen als Land, als Staat. Auf der politischen, militärischen, ökonomischen Ebene war die deutsche Besatzung eine Katastrophe, eine Niederlage, eine Demütigung, die mit wirtschaftlicher Ausbeutung, politischer Entmündigung und brutaler Unterdrückung einherging. Im alltäglichen Leben stellte sich die Besatzung für viele Menschen anders dar – wohlgemerkt nicht für alle. Für einen, den die Gestapo im KZ Grini einsperrte, oder für eine, die wegen ihrer jüdischen Wurzeln über die schwedische Grenze fliehen mußte, war die deutsche Besatzung lebensgefährlich. Für die Frauen und Männer, die in den Wäldern lebten und die britische Invasion vorbereiteten, war sie unerträglich. Für einen Parteigänger von Nasjonal Samling war sie eine Karrierechance. Aber sie alle waren nicht das, was man »die Mehrheit der Bevölkerung« nennt.

Die Menschen, denen mein Vater begegnete, waren zuerst skeptisch und brachten sich in Sicherheit. Dann schauten sie genauer hin und sammelten Erfahrungen mit deutschen Soldaten. Und als diese positiv ausfielen, öffneten sie ihr Haus und ihre Herzen. Gewisse Grenzen hielten sie aufrecht, und als der König abgesetzt wurde, war das für sie ein Schock. Trotzdem nutzten sie die Chance, die ihnen die Besatzungsmacht bot, um Geld zu verdienen oder Neues kennenzulernen. Und dazu gehörten die deutschen Soldaten und ihre Beziehungen nach Deutschland. Diese Menschen waren vielleicht politisch naiv – trotzdem waren sie realistisch. Und so sind sie durch diese fünf Kriegsjahre gekommen, ohne großen Schaden. An der Unrechtmäßigkeit der deutschen Besatzung ändert das nichts.

Was ich mir von meinen Vater bis zuletzt gewünscht habe: Daß er irgendwann begreift, welche Rolle er in diesem Krieg gespielt hat, in Norwegen, in den Niederlanden und an der Ostfront. Daß er darüber nachdenkt und spricht. Daß er einmal sagt: Da habe *ich* mich geirrt. Da habe *ich* mich falsch verhalten. Und daß er damit für sein Handeln, sein Denken, sein Fühlen die Verantwortung übernimmt – und sie nicht ständig an andere delegiert. In den letzten Jahren seines Lebens hat er sich manchmal geschämt, wenn es um den Krieg ging. Aber er hat sich für die falschen Dinge geschämt, für ein »Fisternöll«, für eine Liebesbeziehung. Nicht für rassistische Arroganz, nicht für unsensibles Besatzerverhalten, nicht für die Zerstörung und Vernichtung von Leben. »Hätte es etwas geändert zwischen uns und unseren Vätern«, fragt die Publizistin Cora Stephan, »wenn sie irgendwann gesagt hätten: Es war schrecklich. Ich habe Schreckliches erlebt. Ich habe Schreckliches nicht verhindern können. Ich habe Schreckliches getan.«[150] Es hätte etwas geändert. Sie wären menschlicher gewesen, weil sie gezeigt hätten, daß sie Fehler machen, schreckliche, grausame Fehler, daß sie schwach sind und manchmal Angst haben.

Immerhin: In den letzten Jahren seines Lebens konnte mein Vater über den Schrecken des Krieges sprechen – wenn auch in seltsam verbogener Form. Und manchmal sagte er aus ganzem Herzen: »Hoffentlich gibt es keinen Krieg mehr.« Diesen Satz werde ich nie vergessen.

Anhang

Literatur

Alle ungedruckten Quellen, die in Text und Fußnoten zitiert werden, liegen im Militärarchiv Freiburg, die entsprechenden Hinweise sind mit dem Kürzel BA-MA [Bundesarchiv Militärarchiv] versehen.

Zweiter Weltkrieg/Nationalsozialismus/Auseinandersetzung der Zweiten Generation

Hannah Arendt: Eichmann in Jerusalem. Ein Bericht von der Banalität des Bösen. Reinbek 1978

Gabriele von Arnim: Das große Schweigen. Von der Schwierigkeit, mit den Schatten der Vergangenheit zu leben. München 1989

Rudolf Augstein: Das ist eine Schande. Rudolf Augstein über Pius XII. und den Holocaust. In: Der Spiegel, 43/1997, S. 92–107

Dan Bar-On: Die Last des Schweigens. Gespräche mit Kindern von Nazi-Tätern. Frankfurt–New York 1993

Omer Bartov: Hitlers Wehrmacht. Soldaten, Fanatismus und die Brutalisierung des Krieges. Reinbek bei Hamburg 1995

Christel Beilmann: Eine katholische Jugend in Gottes und dem Dritten Reich. Briefe, Berichte, Gedrucktes 1930–1945, Kommentare 1988/89. Wuppertal 1989

Klaus von Bismarck: Aufbruch aus Pommern. Erinnerungen und Perspektiven. München–Zürich 1992

Michael Burleigh: Die Zeit des Nationalsozialismus. Eine Gesamtdarstellung. Frankfurt am Main 2000

Die Väter. Kursbuch, Heft 140. Berlin 2000

Die Wehrmachtberichte 1939–1945. Band 1: 1. September 1939 bis 31. Dezember 1941. München 1985

Hansferdinand Döbler: Kein Alibi. Ein deutscher Roman. Berlin–Frankfurt am Main–Wien 1980

Max Domarus: Hitler. Reden 1932–1945. Kommentiert von einem deutschen Zeitgenossen. München 1965. 4 Bände

Anita Eckstaedt: Nationalsozialismus in der zweiten Generation. Psychoanalyse von Hörigkeitsverhältnissen. Frankfurt am Main 1989

Jürgen Engert (Hg.): Soldaten für Hitler. Berlin 1999

Hans-Jürgen Eitner: Hitlers Deutsche. Das Ende eines Tabus. Gernsbach 1991

Niklas Frank: Der Vater. Eine Abrechnung. München 1987

Jörg Friedrich: Der Brand. Deutschland im Bombenkrieg 1940–1945. München 2002

Karin Friedrich: Zeitfunken. Biographie einer Familie. München 2000

Elke Fröhlich (Hg.): Die Tagebücher des Joseph Goebbels. Im Auftrag des Instituts für Zeitgeschichte. Teil 2, Band 4. München–New Providence–London–Paris 1995

Sebastian Haffner: Geschichte eines Deutschen. Erinnerungen 1914 bis 1933. München 2000

Werner Kindt (Hg.): Die deutsche Jugendbewegung 1920–1933. Düsseldorf–Köln 1974

Norbert und Stephan Lebert: Denn du trägst meinen Namen. Das schwere Erbe der prominenten Nazi-Kinder. München 2000

Georg Lilienthal: Der Lebensborn e.V. Ein Instrument nationalsozialistischer Rassenpolitik. 2. Auflage, Frankfurt am Main 1993

Maria von Maltzan: Schlage die Trommel und fürchte dich nicht. Erinnerungen. Berlin 1998

Thomas McGuirl, Remy Spezzano: Geschichte der Panzergrenadierdivision »Großdeutschland«. An der Ostfront 1942–1944. Utting o. D.

Kurt Meyer: Geweint wird, wenn der Kopf ab ist. Annäherungen an meinen Vater »Panzermeyer«, Generalmajor der Waffen-SS. Freiburg–Basel–Wien 1998

Alexander und Margarete Mitscherlich: Die Unfähigkeit zu trauern. Grundlagen kollektiven Verhaltens. München 1967

Martin Moll: Führer-Erlasse 1939–1945. Edition sämtlicher überlieferter, nicht im Reichsgesetzblatt abgedruckter, von Hitler während des Zweiten Krieges schriftlich erteilter Direktiven aus den Bereichen Staat, Partei, Wirtschaft, Besatzungspolitik und Militärverwaltung. Stuttgart 1997

Tilmann Moser: Politik und seelischer Untergrund. Frankfurt am Main 1993
Die Schrecken sind tief eingelagert. Ein Gespräch mit dem Psychotherapeuten Tilmann Moser über die Nachwirkungen von Nationalsozialismus und Krieg in Psychotherapien. In: Psychologie heute, 10/1995
Tilmann Moser: Dabei war ich doch sein liebstes Kind. Eine Psychotherapie mit der Tochter eines SS-Mannes. München 1997
Tilmann Moser: Dämonische Figuren. Die Wiederkehr des Dritten Reiches in der Psychotherapie. Frankfurt am Main 1996

Ulla Roberts: Spuren der NS-Zeit im Leben der Kinder und Enkel. Drei Generationen im Gespräch. München 1998
Gabriele Rosenthal (Hg.): Der Holocaust im Leben von drei Generationen. Familien von Überlebenden der Shoah und von Nazi-Tätern. Edition psychosozial, Gießen 1997

Horst Scheibert: Panzer-Grenadier-Division Großdeutschland und ihre Schwesterverbände: Panzer-Korps Großdeutschland, Panzer-Grenadier-Divisionen: Brandenburg, Führer-Begleit-Division, Führer-Grenadier-Division Kurmark. Utting o. J.
Wolfgang Schmidbauer: Ich wußte nie, was mit Vater ist. Das Trauma des Krieges. Reinbek bei Hamburg 1998
Ilse Schmidt: Die Mitläuferin. Erinnerungen einer Wehrmachtsangehörigen. Berlin 1999
Dorothee Schmitz-Köster: »Deutsche Mutter, bist du bereit …« Alltag im Lebensborn. 3. Auflage, Berlin 2003
Christian Schneider, Cordelia Stillke, Bernd Leineweber: Das Erbe der Napola. Versuch einer Generationengeschichte des Nationalsozialismus. Hamburg 1996
Joachim Schröder: Die gestohlenen Jahre. Erzählgeschichten und Geschichtserzählungen im Interview: Der Zweite Weltkrieg aus der Sicht ehemaliger Mannschaftssoldaten. Tübingen 1992
Peter Sichrovsky: Schuldig geboren. Kinder aus Nazifamilien. Köln 1987
Spiegel special: Der Bombenkrieg gegen die Deutschen. Hamburg 2003
Alexander Stahlberg: Die verdammte Pflicht. Erinnerungen 1932 bis 1945. Berlin–Frankfurt am Main 1987

Klaus Theweleit: Männerphantasien. Frauen, Fluten, Körper, Geschichte. Frankfurt am Main 1977

Barbara Vogt-Heyder: Barbarische Phantasien. In: Die Zeit, Nr. 18, 23. März 1986

Lore Walb: Ich, die Alte – ich, die Junge. Konfrontation mit meinen Tagebüchern 1933–1945. Berlin 1997

Harald Welzer, Sabine Moller, Karoline Tschuggnall: »Opa war kein Nazi«. Nationalsozialismus und Holocaust im Familiengedächtnis. Frankfurt am Main 2002

Dörte von Westernhagen: Die Kinder der Täter. Das Dritte Reich und die Generation danach. München 1987

Wolfram Wette: Die Wehrmacht. Feindbilder, Vernichtungskrieg, Legenden. Frankfurt am Main 2002

Norwegen/Norwegen im Zweiten Weltkrieg

Wolfgang Benz, Gerhard Otto, Anabella Weismann (Hg.): Kultur – Propaganda – Öffentlichkeit. Intentionen deutscher Besatzungspolitik und Reaktionen auf die Okkupation. Berlin 1998

Robert Bohn, Jürgen Elvert (Hg.): Kriegsende im Norden. Vom heißen zum kalten Krieg. Stuttgart 1995

Lars Borgersrud: Overlatt til svenske myndigheter. De norske krigsbarna som ble sende til Sverige i 1945. Telavåg 2002

Rut Brandt: Freundesland. Erinnerungen. Hamburg 1992

Das norwegische Widerstandsmuseum. Norges Hjemmefrontmuseum. (Museumskatalog) 3. Auflage, Oslo 1985

Ebba D. Drolshagen: Nicht ungeschoren davonkommen. Das Schicksal der Frauen in den besetzten Ländern, die Wehrmachtsoldaten liebten. Hamburg 1998

Jürgen Elvert: Europa und der Norden. Die Geschichte der wechselseitigen Fehlwahrnehmung im 19. und in der ersten Hälfte des 20. Jahrhunderts. In: Robert Bohn, Jürgen Elvert (Hg.): Kriegsende im Norden, S. 339–374

Josef Focks: Kriegskinder des Zweiten Weltkrieges in Norwegen und Dänemark. Wer sind die Väter? Erfahrungen aus einer 13jährigen Sucharbeit. Vortrag auf dem 7. Historikertreffen des Vereins Fantom, Berlin 29. Oktober 2002

Tore Gjelsvik: Norwegian Resistance 1940–1945. London 1979
Hermann Günther: Neue Heimat in Norwegen. Geschichte der deutschen Einwanderung vom Mittelalter bis zur Gegenwart. Herrenalb 1961

Terje Halvorsen: Zwischen London und Berlin: Widerstand und Kollaboration in Norwegen 1940–45. In: Robert Bohn, Jürgen Elvert, Hain Rebas, Michael Salewski (Hg.): Neutralität und totale Aggression. Nordeuropa und die Großmächte im Zweiten Weltkrieg. Stuttgart 1991, S. 337–353
Johannes Martin Hennig, Berit Nøkleby (Red.): Ein tysk soldats dagbok frå krigen i Nord-Norge. Oslo 2002
Bernd Henningsen, Janine Klein, Helmut Müssener, Solfrid Söderlind (Hg.): Wahlverwandtschaft. Skandinavien und Deutschland 1800–1914. Berlin 1997
David L. Hoggan: Der unnötige Krieg. 1939–1945. »Germany must perish«. Tübingen 1974
Walther Hubatsch: »Weserübung«. Die deutsche Besetzung von Dänemark und Norwegen 1940. Studien und Dokumente zur Geschichte des Zweiten Weltkrieges. 2. Auflage, Göttingen–Berlin–Frankfurt am Main 1960

Veslemøy Kjendsli: Kinder der Schande. Berlin 1988

Stein Ugelvik Larsen (Hg.): Meldungen aus Norwegen. Berichte der Sipo / Gestapo an das Reichssicherheitshauptamt 1940–1945. Unveröffentlichtes Manuskript
Hans-Dietrich Loock: Quisling, Rosenberg und Terboven. Zur Vorgeschichte und Geschichte der nationalsozialistischen Revolution in Norwegen. Stuttgart 1970
Einhart Lorenz: Exil in Norwegen. Lebensbedingungen und Arbeit deutschsprachiger Flüchtlinge 1933–1943. Baden-Baden 1992

Klaus A. Maier, Horst Rohde, Bernd Stegemann, Hans Umbreit: Die Errichtung der Hegemonie auf dem europäischen Kontinent. In der Reihe: Das deutsche Reich und der Zweite Weltkrieg. Hg. vom Militärgeschichtlichen Forschungsamt. Band 2. Stuttgart 1979, S. 212–231.
Frank Meyer: Norwegen: Nationalsozialistische Revolution von oben. In: Wolfgang Benz, Johannes Houwink ten Cate, Gerhard

Otto (Hg.): Anpassung Kollaboration Widerstand. Kollektive Reaktionen auf die Okkupation. Berlin 1996, S. 43–69

Martin Moll: Kapitulation oder heroischer Endkampf in der »Festung Norwegen«? Die Entscheidung für ein friedliches Ende der deutschen Okkupation Dänemarks und Norwegens im Frühjahr 1945. In: Robert Bohn, Jürgen Elvert: Kriegsende im Norden. Stuttgart 1995, S. 43–83

Martin Moll: Zwischen Weimarer Klassik und nordischem Mythos. In: Wolfgang Benz, Gerhard Otto, Anabella Weismann (Hg.): Kultur – Propaganda – Öffentlichkeit. Berlin 1998, S. 189–223

Odd Nansen: Von Tag zu Tag. Ein Tagebuch. Hamburg 1949

Henrik S. Nissen: Scandinavia during the Second World War. Minneapolis–Oslo–Bergen–Tromsø 1983

Kåre Olsen: Vater: Deutscher. Das Schicksal der norwegischen Lebensbornkinder und ihrer Mütter von 1940–heute. Frankfurt am Main 2002

Friedrich Wilhelm Rediess: SS für ein Großgermanien. III. Folge: Schwert und Wiege. Oslo 1943

Werner Rings: Leben mit dem Feind. Anpassung und Widerstand in Hitlers Europa 1939–1945. München 1979

Kåre Olav Solhjell: Krigsaar i Hallingdal 1940–1945. Aal 1995

Kåre Olav Solhjell, Friedrich Traphagen: Fra krig til fred. Fokus paa Snasaa og Nord-Troendelag. Aal 2002

Evi Weissteiner: Der Lebensborn in Norwegen. Innsbruck 2001 (Dissertation)

Briefe/Feldpostbriefe/Tagebücher

Heinrich Böll: Briefe aus dem Krieg. 1939–1945. Hg. von Jochen Schubert. Köln 2001

Ortwin Buchbender, Reinhold Sterz: Das andere Gesicht des Krieges. Deutsche Feldpostbriefe 1939–1945. C. H. Beck München 1982

Martin Doerry: Mein verwundetes Herz. Das Leben der Lilli Jahn 1900–1944. Stuttgart–München 2002

Konrad Elmshäuser und Jan Lokers (Hg.): »Man muß hier nur hart sein«. Kriegsbriefe und Bilder einer Familie (1934–1945) Bremen 1999

1944. Westdeutscher Verlag Opladen–Wiesbaden 1998

Peter Jahn, Ulrike Schmiegelt, Deutsch-russisches Museum Berlin-Karlshorst (Hg.): Foto Feldpost. Geknipste Kriegserinnerungen 1939–1945 (Katalog). Berlin 2000

Hedda Kalshoven: Ich denk so viel an Euch. Ein deutsch-holländischer Briefwechsel 1920–1949. München 1995

Walter Kempowski: Das Echolot. Ein kollektives Tagebuch Januar und Februar 1943. München 1993

Walter Kempowski: Das Echolot. Ein kollektives Tagebuch. Barbarossa '41. München 2002

Erich Kuby: Mein Krieg. Aufzeichnungen aus 2129 Tagen. München 1977

Herta Lange, Benedikt Burkard (Hg.): Abends wenn wir essen fehlt uns immer einer. Kinder schreiben an die Väter 1939–1945. Reinbek bei Hamburg 2000

Klaus Latzel: Tourismus und Gewalt. Kriegswahrnehmung in Feldpostbriefen. In: Hannes Heer, Klaus Naumann (Hg.): Vernichtungskrieg. Verbrechen der Wehrmacht 1941–1944. Hamburg 1995

Klaus Latzel: Deutsche Soldaten – nationalsozialistischer Krieg? Kriegserlebnis – Kriegserfahrung 1939–1945. 2. Auflage, Opladen 2000

Klara Löffler: Aufgehoben. Soldatenbriefe aus dem Zweiten Weltkrieg. Eine Studie zur subjektiven Wirklichkeit des Krieges. Regensburger Schriften zur Volkskunde. Hg. von K. Köstlin und Klara Löffler. Band 9. Bamberg 1992

Liselotte Orgel-Purpur: »Willst Du meine Witwe sein?« Eine deutsche Liebe im Krieg. Briefwechsel zwischen Liselotte Purpur und Kurt Orgel. Berlin 1995

Willy Peter Reese: Mir selber seltsam fremd. Die Unmenschlichkeit des Krieges. Russland 1941–44. Hg. von Stefan Schmitz. München 2003

Isa Schikorsky: Kommunikation über das Unbeschreibbare. Beobachtungen zum Sprachstil von Kriegsbriefen. In: Wirkendes Wort, 42. Jahrgang, Heft 2/1992

Andreas Wojak (Hg.): Briefe aus Ostfriesland: »Wir werden auch weiterhin unsere Pflicht tun«. Kriegsbriefe einer Familie in Deutschland 1939–1945. Bremen 1996

Belletristik

Ulla Berkéwicz: Engel sind schwarz und weiß. Frankfurt am Main 1992
Heinrich Böll: Das Vermächtnis. In: Heinrich Böll Werke, Romane und Erzählungen I, 1947–1952, Köln 1987, S. 364–457
Gerd Brantenberg: Am Pier. München 1993

Liane Dirks: Vier Arten meinen Vater zu beerdigen. Köln 2002

Joe Fiorito: Die Stimmen meines Vaters. Berlin 2000

Trygve Gulbranssen: Und ewig singen die Wälder. München 1936 (481.–490. Tausend)
Trygve Gulbranssen: Das Erbe von Björndal. München 1936 (381. bis 390. Tausend)

Ulla Hahn: Unscharfe Bilder. München 2003
Knut Hamsum: Victoria. Die Geschichte einer Liebe. München o. J.

Siegfried Lenz: Stadtgespräch. Hamburg 1963

Monika Maron: Pawels Briefe. Eine Familiengeschichte. Frankfurt am Main 1999
Christoph Meckel: Suchbild. Über meinen Vater. Düsseldorf 1980

Nelleke Noordervliet: Der Name des Vaters. München 1995

Jens Eric Petersen: Die Tiroler in Narvik. Berlin 1991

Bernhard Schlink: Der Vorleser. Zürich 1995
Margit Schreiner: Nackte Väter. Zürich 1997

Uwe Timm: Am Beispiel meines Bruders. Köln 2003

Bernward Vesper: Die Reise. Romanessay. Hg. von Jörg Schröder. Jossa 1977

Herbjørg Wassmo: Das Haus mit der blinden Glasveranda. München 1984
Herbjørg Wassmo: Der stumme Raum. München 1985
Herbjørg Wassmo: Gefühlloser Himmel. München 1987
Herbjørg Wassmo: Der lange Weg. Dokumentarroman aus dem Krieg 1945. München 1995
Dieter Wellershoff: Der Ernstfall. Innenansichten des Krieges. Köln 1995

Anmerkungen

1 Im Konvolut befinden sich insgesamt: 32 Briefe aus der Arbeitsdienstzeit (April bis September 1935), 172 aus der Zeit des Wehrdienstes (November 1935 bis September 1937), 72 Briefe aus der Zeit des 1. Einsatzes in der Eifel (»Westwall«) (September 1939 bis Januar 1940), 86 Briefe, die zwischen Groß Born (Truppenübungsplatz in Hinterpommern) und zu Hause gewechselt wurden (Februar bis Juni 1940), 463 Briefe aus Norwegen bzw. nach Norwegen (Juni 1940 bis Oktober 1942), 26 Briefe aus Bergen (Truppenübungsplatz in der Lüneburger Heide) bzw. nach Bergen (Oktober 1942), 161 Briefe aus den Niederlanden bzw. in die Niederlande (November 1942 bis September 1943), 43 Briefe aus Guben (Truppenübungsplatz in der Niederlausitz) bzw. nach Guben (September 1942 bis Januar 1943), 2 Briefe von der Ostfront (September 1944 und März 1945), 42 Briefe von und nach Lüdenscheid (Lazarett) (September bis Dezember 1945).

2 Mein Vater besaß keine eigene Kamera, sondern bat andere um Aufnahmen, bestellte Abzüge ihrer Fotos und kaufte regelmäßig Ansichtskarten. Im Fotoalbum finden sich Aufnahmen von Landschaften und Städten, von Norwegerinnen und Norwegern (allein oder zusammen mit deutschen Soldaten), von deutschen Soldaten in der Freizeit und bei militärischen Aktivitäten (Scharfschießen, Patrouille, Ordensverleihung), von zerstörten Schiffen und von Kriegsgräbern.

3 Der Lebensborn war eine SS-Organisation, die 1935 gegründet wurde, um die Zahl der »rassisch wertvollen« Kinder zu erhöhen. Dazu richtete sie (zuerst in Deutschland, später auch in Österreich, Norwegen, Frankreich, Belgien und Luxemburg) Entbindungsheime ein, in denen vor allem unverheiratete Frauen ihre Babies auf die Welt bringen konnten – unter dem Deckmantel der Verschwiegenheit. Aufgenommen wurden allerdings nur solche Frauen, die »arisch«, gesund und »erbgesund« waren und einen ebensolchen Kindesvater nachweisen konnten. Das bis heute kolportierte Gerücht, im Lebensborn seien blonde junge

Frauen von SS-Männern geschwängert worden, um auf diese Weise »rassisch« hochwertigen Nachwuchs zu züchten, entspricht nicht der Wirklichkeit. Vgl. Dorothee Schmitz-Köster: »Deutsche Mutter, bist Du bereit«; Georg Lilienthal: Der Lebensborn e.V.

4 Feldpostbriefe unterlagen der Zensur. Die Feldpostprüfstellen machten Stichproben und kontrollierten Briefe auf »geheimzuhaltende Nachrichten« und »Nachrichten zersetzenden Inhalts«. Bei positivem Befund wurde der Absender angezeigt und verfolgt. Wie häufig das vorkam, ist nicht bekannt. Ortwin Buchbender und Reinhold Sterz haben rund 50 000 Feldpostbriefe untersucht und kommen zu dem Schluß, daß »die Masse der Soldaten ihre Meinung und Ansicht erstaunlich offen und unbefangen äußerte« (Vgl. Ortwin Buchbender/Reinhold Sterz: Das andere Gesicht des Krieges. S. 24). Nicht unterschätzt werden darf allerdings die Rolle der Selbstzensur. Sie begann bereits beim Adressaten: Dem Vater oder dem Bruder zum Beispiel teilten die Absender eher ungeschminkte Tatsachen über das Kriegsgeschehen mit als der Ehefrau oder der Mutter (vgl. Dörte von Westernhagen: Die Kinder der Täter. S. 47–54).

5 Auch Feldpostbriefe aus Norwegen sind bisher nicht veröffentlicht. Die zahlreichen Publikationen der letzten Jahre legen den Schwerpunkt nach wie vor auf Briefe und Fotos von der Ostfront. Eine Ausnahme sind u. a. die Feldpostbriefe von Heinrich Böll, die zu einem großen Teil von der Westfront stammen.

6 Vgl. S. 265 und S. 298.

7 Vgl. Omer Bartov: Hitlers Wehrmacht. S. 273.

8 Über Charakter und Folgen dieser Fragen schreiben Schneider, Stillke und Leineweber: »Es gehört zu den Eigenheiten der Generationendynamik der alten Bundesrepublik, daß das charakteristische Schweigen über die Nazi-Zeit keineswegs nur das Resultat eines Ausweichens der Alten vor den Fragen ihrer Kinder … war. … die erste politisch artikulierte, rebellische Generation (fand) … keine Form der Frage, die wirklich eine Antwort ermöglicht hätte. Das Schweigen wurde dadurch zementiert, daß der Wunsch nach politischer Aufklärung den Gestus der Anklage annahm.« Vgl. Christian Schneider u. a.: Das Erbe der Napola. S. 16f.

9 Mit der Rolle des Schweigens und seinen Auswirkungen auf die zweite Generation haben sich Psychologen vor allem in ihrer Arbeit mit Holocaust-Opfern beschäftigt. Dabei fanden sie heraus,

welche fatalen Auswirkungen der Versuch von Eltern hat, ihre schrecklichen Erfahrungen vor ihren Kinder geheimzuhalten (Erzeugen von Schuldgefühlen, Minderwertigkeitskomplexen etc.). Bei Kindern von Nazi-Tätern, deren Väter ebenfalls schwiegen, lassen sich ähnliche Empfindungs- und Verhaltensweisen feststellen. Vgl. Anita Eckstaedt: Nationalsozialismus in der zweiten Generation; Dan Bar-On: Die Last des Schweigens.

10 Vgl. Cora Stephan: Das Schweigen der Männer. In: Kursbuch 140. S. 107.

11 Vgl. Dörte von Westernhagen: Die Kinder der Täter. S. 66.

12 Vgl. Christoph Meckel: Suchbild. Über meinen Vater. S. 134.

13 Vgl. Dörte von Westernhagen: Die Kinder der Täter. S. 9 und S. 67.

14 Vgl. Kurt Meyer: Geweint wird, wenn der Kopf ab ist. S. 208. Seit den achtziger Jahren sind einige Interview- und Porträt-Bände erschienen, in denen Kinder von Nazi-Tätern vorgestellt und ihre Auseinandersetzung bzw. Nicht-Auseinandersetzung mit dem Vater thematisiert werden. Hier kommen nicht nur ›kritische‹ Söhne und Töchter zu Wort, sondern auch solche, die sich ungebrochen in eine Traditionslinie mit ihrem Vater stellen oder andere, denen es (scheinbar) gelingt, ihren Vater als ganz normalen Vater zu sehen.

15 Ein Richtkreis-Unteroffizier II hat – zusammen mit einem »R I« und dem Batterietruppführer – die Aufgabe, die Position zu vermessen und auf einer Karte festzuhalten, wie die Geschütze einer Batterie [=Kompanie] ausgerichtet werden sollen. Ein Richtkreis gehört zur Zieleinrichtung des Geschützes und ist ein spezielles Fernrohr, das man um 360 Grad drehen kann. Ob Anna all diese Abkürzungen und militärischen Termini kennt, ist fraglich. Erklärt werden sie in den Briefen nicht.

16 Zitiert nach Walther Hubatsch: Weserübung. S. 226.

17 In Feldpostbriefen aus dem Zweiten Weltkrieg finden sich häufig Begriffe und Wendungen der Propaganda. Vgl. Ortwin Buchbender und Reinhold Sterz: Das andere Gesicht des Krieges. S. 25–34; Omer Bartov: Hitlers Wehrmacht. S. 222.

18 Die Vorstellung von einer germanischen Völkergemeinschaft, zu der – unter deutscher Führung – Norwegen, Schweden, Dänemark, Holland »und eventuell weitere Gebiete« gehören, war natürlich keine Erfindung der Propaganda, sondern tauchte in Alfred Rosenbergs und Adolf Hitlers Ideologiehorizont auf. Für Hitler war der »großgermanische Staat« eine konsequente Fort-

führung des »großdeutschen Reiches«. Vgl. Hans-Dietrich Loock: Quisling, Rosenberg und Terboven. S. 263–270.

19 Am 26. Juni 1935 wurde der Arbeitsdienst (RAD), der bis dahin freiwillig war, für alle männlichen Jugendlichen zwischen 18 und 25 Jahren zur Pflicht. Der »Ehrendienst am deutschen Volke« sollte soziale Unterschiede aufheben und gleichzeitig vermitteln, daß der eigentliche Sinn von Arbeit nicht im Verdienst liegt, sondern in der Gesinnung, mit der sie geleistet wird.

20 Als alleinerziehende Mutter delegierte Anna die Männlichkeitserziehung ihres Sohnes an die Institutionen, die traditionell für diesen Part zuständig sind: vor allem an das Militär, in der NS-Zeit kam der Arbeitsdienst hinzu. Die Grundlagen für eine solche Männlichkeitserziehung waren allerdings längst gelegt, durch Rudolfs Mitgliedschaft in einer Jugendgruppe (vgl. dazu S. 98–106) oder durch seine Lektüre. Er hatte zum Beispiel Heinz Steguweits »Jüngling im Feuerofen« (1932) gelesen, ein Buch, das den Ersten Weltkrieg als männliche Bewährungsprobe verherrlicht.

21 Auf die Beziehung zwischen katholischer Kirche und NS-Regime wird an anderer Stelle genauer eingegangen (vgl. S. x). Hier sei bereits darauf verwiesen, daß zwischen beiden Seiten durchaus Gemeinsamkeiten und Parallelen existierten, z. B. in ideologischen Kernpunkten (Antibolschewismus) oder in der Struktur der Jugendorganisationen. Katholische und nationalsozialistische Organisationen waren beide nach dem Führerprinzip aufgebaut, veranstalteten Aufmärsche und Kundgebungen, hatten Fahnen und Banner, sangen Bekenntnislieder. Außerdem bauten beide auf einer vergleichbaren Mentalität auf: Man war gläubig, einsatzbereit, treu und gehorsam. Vgl. Christel Beilmann: Eine katholische Jugend in Gottes und dem Dritten Reich.

22 Anfang März 1935 war die Wehrmacht ins entmilitarisierte Rheinland einmarschiert und hatte linksrheinische Garnisonen errichtet: ein offener Bruch des Versailler Vertrags, einer der vielen Schritte, mit denen die Nationalsozialisten den Krieg vorbereiteten.

23 Vgl. S. 94–97.

24 Vgl. Anmerkung 15.

25 Zwischen dem 30. Juni und 2. Juli 1934 ermordete die SS mindestens 85 SA-Führer, unter ihnen den SA-Chef Ernst Röhm, dessen Homosexualität bekannt war. Röhm war der letzte innerparteiliche Widersacher Hitlers. Er hatte eine »zweite Revolution« gefordert und den Aufbau eines Heeres, dessen Kern die SA bil-

den sollte. Hitler favorisierte statt dessen Berufssoldaten der Reichswehr.

26 Seit dem 15. September 1935 galten die »Nürnberger Gesetze«, nach denen unter anderem Eheschließungen und außerehelicher Geschlechtsverkehr zwischen Juden und »Deutschblütigen« als »Rassenschande« unter Strafe gestellt wurden. Seit Juli 1933 gab es bereits ein »Gesetz zur Verhütung erbkranken Nachwuchses«, das erlaubte, »genetisch minderwertige Personen« auch gegen ihren Willen zu sterilisieren. Und sie wurden sterilisiert!

27 Vgl. den Text des Schlagers »Ich schreibe meiner Mutter einen Brief«, S. 41.

28 Über den Zusammenhang zwischen guten und schlechten Frauen, schmutziger Sexualität und faschistischer Ideologie vgl. Klaus Theweleit: Männerphantasien.

29 Die Mobilmachung der norwegischen Armee erfolgte erst am 11. April und auf eine so umständliche und unentschlossene Art und Weise, daß sie zum Mißerfolg führen mußte. Vgl. Frank Meyer: Norwegen: nationalsozialistische Revolution von oben. S. 48.

30 Das »rassische« Motiv für den Überfall auf Norwegen wird von der Forschung zuweilen in Frage gestellt (vgl. Frank Meyer: Norwegen: Nationalsozialistische Revolution von oben. S. 67). In meinen Augen hat dieses Motiv – auch im Hinblick auf die massiven Interventionen Hitlers zugunsten Quislings, des Vorsitzenden der norwegischen Nazi-Partei Nasjonal Samling (NS) – eine hohe Plausibilität.

31 In Paragraph 1 der Kapitulationsurkunde heißt es: »Die gesamten norwegischen Streitkräfte legen die Waffen nieder und werden sie während der Dauer des gegenwärtigen Krieges nicht wieder gegen das Deutsche Reich oder dessen Verbündete ergreifen.« Vgl. Walther Hubatsch: »Weserübung«. S. 549.

32 Nasjonal Samling war eine Minderheitspartei, ihr bestes Wahlergebnis erzielte sie in den dreißiger Jahren: Damals bekam sie zwei Prozent der Stimmen.

33 Über Bräuer nahmen Hitler, Martin Bormann (seit 1933 praktisch Chef des Parteibüros der NSDAP, später Leiter der Reichskanzlei und Hitlers Sekretär), Alfred Rosenberg (Leiter des Außenpolitischen Amtes der NSDAP) und Erich Raeder (Oberbefehlshaber der Seekriegsleitung) Einfluß auf die Verhandlungen in Norwegen. Raeders Argumente und Interventionen bei Hitler hatten maßgeblichen Einfluß auf dessen Entscheidung, Norwegen und Dänemark zu besetzen.

34 Vgl. Frank Meyer: Norwegen: Nationalsozialistische Revolution von oben. S. 57f.

35 Tore Gjelsvik und Ebba Drolshagen sprechen von 150000 bis 200000 Personen, die »für die Deutschen arbeiteten« – ohne deren Tätigkeiten genauer zu beschreiben. Ich vermute, daß die Zahl höher lag. Vgl. Tore Gjelsvik: Norwegian Resistance. S. 5. Ebba Drolshagen: Nicht ungeschoren davonkommen. S. 135. Drolshagen verweist darauf, daß die Deutschen vor allem im ersten Kriegsjahr »abenteuerlich hohe Löhne« zahlten. Vgl. S. 85.

36 Vgl. »Richtlinien für das Verhalten im persönlichen Verkehr mit der norwegischen Bevölkerung« des Oberkommandos der Wehrmacht (OKW), erlassen zum Norwegenfeldzug April 1940. Zitiert nach: Kameraden. Unabhängige Zeitschrift für alte und junge Soldaten, Juni 2000.

37 Das Reich, Ausgabe 2, 2. Juni 1940. Die Wochenzeitung »Das Reich« erschien seit dem 26. Mai 1940 in Berlin und lehnte sich in der Aufmachung und im Stil an den alten liberalen Journalismus an. Tatsächlich informierte sie gründlicher und detaillierter als andere Zeitungen, war aber, wie der Schriftsteller Dieter Wellershoff in seinem Buch »Der Ernstfall« schreibt, das »Intelligenzblatt des Propagandaministeriums«. Und: »Jeder wußte selbstverständlich, daß ›Das Reich‹ keine unabhängige Zeitung war.« (S. 56) Im »Reich« schrieben viele bekannte Autoren und Publizisten, zu den freien Mitarbeitern gehörten u. a. Peter Bamm, Gerd Gaiser, Manfred Hausmann, Ernst Schnabel und Benno von Wiese.

38 Zu den Aufgaben zählten Befestigung und Sicherung von 21000 Kilometern Küstenlinie, Wiederherstellung und Sicherung von Straßen und Eisenbahnlinien, Besetzung und Ausbau strategisch wichtiger Punkte, Organisation des militärischen Alltags (Unterkünfte, Verpflegung, Nachschub, Training etc.). Außerdem wurde Nordnorwegen im Herbst 1940 zum Aufmarschgebiet für den Krieg gegen die Sowjetunion.

39 Im Tätigkeitsbericht der 69. Infanteriedivision, zu der Rudolfs Regiment gehörte, heißt es über die allgemeine Situation der Division und über Gol im besonderen: »Ende Mai waren die Kämpfe abgeschlossen und der größte Teil der Division in Norwegen eingetroffen. ... Die neu in Norwegen ankommenden Truppenteile blieben längere Zeit in und um Gol liegen, da die Eisenbahn nur von Oslo bis Nesbyen fahren konnte. Für die Division wurde später ein Unterkunftsbereich festgelegt, der im

Norden über den Sognefjord hinaus, im Süden bis Haugesund und im Osten bis Gol reichte. In diesem großen Bereich gibt es außer Wasserwegen als Verkehrsweg nur die Bergenbahn, die Straße Bergen – Norheimsund – Kvandal – Kinsarvik – Gol und die Straße Gol – Laerdal. Die Eisenbahn war bis Ende Juni unbrauchbar. Sie ist außerdem nur für den Personenverkehr vorgesehen und war nach Wiederinbetriebnahme durch die Wehrmachttransporte aller Art überlastet. Die Straße Norheimsund – Gol ist schmal und weist erhebliche Steigungen auf. Von Kvandal nach Kinsarvik ist eine Fähre eingesetzt, die nur einmal am Tag fährt. Die Strecke zwischen Fossli und Geilo führt über das Hochgebirge und ist von November bis Ende Mai unpassierbar. Für die Straße Gol – Laerdal gilt dasselbe. Als Ersatz für diese Straße gibt es einen etwa 100 km weiteren Weg, der über Fagerne und Leira führt.« Vgl. BA-MA RH 26-69/34.

40 Im Kriegstagebuch der 69. Infanterie-Division ist am 2. Juli 1940 vermerkt: »A.R.169, ohne die in Deutschland abgestellte IV. Abt., ist vollständig im Raum der Div. eingetroffen.« Vgl. BA-MA RH 26-69/2.

41 Vgl. »Regelung des Dienstbetriebs« (5. 6. 40) BA-MA RH 26-69/5.

42 Der Loreleyfelsen am Mittelrhein war der Sage nach Sitz der langhaarigen blonden Loreley, die mit ihrem Gesang die Schiffer an dieser gefährlichen Stelle des Flusses ins Unglück lotste.

43 Vgl. BA-MA RH 26-69/38, 69.Div. 1b, Beiträge zum Kriegstagebuch 20. 4. 40–6. 9. 40.

44 Ähnliche Gefühle erlebten andere Soldaten auch an anderen Kriegsschauplätzen. Von seinem Einsatz in Griechenland schrieb Albert Frey, Kommandeur in der Waffen-SS, er sei in »Arkadien« gewesen, er habe eine Reise in ein »Traumland« gemacht. Fritz von Schulenburg, stellvertretender Oberpräsident der Provinz Schlesien und an der Vorbereitung des Attentats vom 20. Juli 1944 beteiligt, notierte im Juli 1941 in seinem Tagebuch, der Rußland-Feldzug sei für ihn »wie ein Geschenk«, nun erlebe er den Osten, Rußland, »wonach ich immer Sehnsucht hatte«. Vgl. Kurt Meyer: Geweint wird, wenn der Kopf ab ist. S. 185 und 171.

45 Diese Charakterisierung entnahm Rudolf offenbar den »Richtlinien für Norwegen« (siehe Dokument), die deutschen Soldaten auf dem Transport nach Norwegen ausgehändigt wurden. Darin heißt es unter anderem: »Der Norweger ist äußerst freiheitsliebend und selbstbewußt. Er lehnt jeden Zwang und jede Unter-

ordnung ab. Er hat keinen Sinn für militärische Zucht und Autorität.« Vgl. »Richtlinien für das Verhalten im persönlichen Verkehr mit der norwegischen Bevölkerung«.

46 Rudolf plädierte offenbar dafür, auch deutsche Frauen, die Bekanntschaft mit einem deutschen Soldaten schließen wollten, durch Scheren der Haare zu demütigen und zu stigmatisieren. Hintergrund sind vermutlich seine Erinnerungen an Begegnungen mit jungen Frauen während seines Wehrdienstes. Vgl. S. 57. Daß norwegischen Frauen, die eine Beziehung zu einem deutschen Soldaten eingingen, bereits zu Beginn der Besatzung das Scheren ihrer Haare angedroht wurde und es möglicherweise auch dazu kam, ist bisher nicht bekannt. Ebba Drolshagen (Nicht ungeschoren davonkommen) berichtet vor allem über Scheraktionen am Ende des Krieges und nach Kriegsende.

47 In einem Fernschreiben vom 4. Juni (an Gruppe XXI) wurde die Absicht bekundet, »zu Lasten dienstlicher Mittel Offizieren, Beamten und Offz.-Anwärtern norw. Sprachunterricht zu erteilen«. Vgl. BA-MA RH 26-69/3.

48 Vgl. dazu S. 102–105.

49 In der gesamten Korrespondenz ist dies der einzige direkte Hinweis auf Zensur, d. h. auf eine Kontrolle bei der Feldpost. In anderen Briefen merkt Rudolf an, er dürfe nicht ausführlicher schreiben (Militärgeheimnis) bzw. es gebe Themen, über die er lieber spreche als schreibe. Ärger über lange Postlaufzeiten und Veränderungen der Feldpostnummern wird häufiger geäußert.

50 Vgl. BA-MA RH 26-69/6.

51 In diesem Brief spiegeln sich offensichtlich die neusten Einschätzungen der militärischen Lage wider, die Rudolf im Offiziersanwärterlehrgang vermittelt wurden. Interessant daran sind die wohlwollende Haltung gegenüber Rußland, die sich 11 Monate später ins Gegenteil verkehren wird, und die positive Beurteilung Italiens und Frankreichs, denen tüchtige Soldaten attestiert werden.

52 Zum ersten Mal ist in den Briefen von einem Bombenabwurf und nicht nur von Fliegeralarm die Rede. Die Bomben fielen in ländliches Gebiet jenseits des Kölner Stadtrands.

53 Zitiert nach Jörg Friedrich: Der Brand. S. 70.

54 Tatsächlich war die Kriegführung gegen die Zivilbevölkerung eine neue schreckliche Qualität des Zweiten Weltkriegs, die von deutscher und später auch von britischer und amerikanischer Seite praktiziert wurde. Der britische General Arthur Harris

räumte zum Beispiel ein, daß das Bombardement der militärisch bedeutungslosen Stadt Pforzheim im Februar 1945 von jener Art gewesen sei, »die man gemeinhin mit dem Begriff bewußter Terrorangriff belegt«. Vgl. Spiegel special: Der Bombenkrieg gegen die Deutschen. S. 45.

55 Die Ungeziefer-Metapher spielte auch in der Propaganda der Nationalsozialisten eine Rolle. Sie dient dazu, Vernichtung und Ausrottung zu legitimieren.

56 In dieser Reihung erscheinen die toten Kameraden nicht nur als Helden, die ihr Leben für »Führer und Vaterland« gegeben haben und die in der Logik des Systems Achtung und Respekt verdienen. Sie werden vielmehr in die Nähe von Märtyrern und christlichen Heiligen gerückt, die verehrt werden und von denen man Beistand und Stärkung erbitten kann.

57 Omer Bartov weist darauf hin, daß ein quasireligiöser Glaube an »den Führer« eine wichtige Rolle für die Motivation und Kampfbereitschaft der Soldaten spielte und ein zentraler Bestandteil der NS-Ideologie war. Vgl. Omer Bartov: Hitlers Wehrmacht. S. 179–189.

58 Zitiert nach Christel Beilmann: Eine katholische Jugend in Gottes und dem Dritten Reich. S. 65 ff.

59 Im Reichskonkordat wurde u. a. Bekenntnisfreiheit, selbständige Regelung kirchlicher Angelegenheiten, Schutz des kirchlichen Eigentums und katholischer Organisationen garantiert. Die Mitgliedschaft in politischen Parteien oder die Tätigkeit für Parteien wurde für Geistliche und Ordensleute ausgeschlossen. Kirchliche Organisationen mußten sich auf religiöse, kulturelle und karitative Aufgaben beschränken. Der Vatikan erhoffte sich einen gewissen Schutz vor der Gleichschaltung und rechtfertigte seinen Schritt außerdem mit dem Antibolschewismus der Nationalsozialisten. Aber es war nicht zu übersehen, daß das NS-Regime durch das Konkordat aufgewertet und der Widerstand oppositioneller Katholiken gelähmt wurde. Außerdem zeigte sich bereits im Herbst 1933, daß sich das Deutsche Reich nicht an das Abkommen halten würde. In den folgenden Jahren mußte das katholische Verbands- und Pressewesen Einschränkungen und Verbote hinnehmen. 1937 wurden katholische Geistliche wegen angeblicher Devisen- und Sittlichkeitsvergehen angeklagt. Die Enzyklika »Mit brennender Sorge«, mit der Papst Pius XI. 1937 gegen die Konkordatsverletzung protestierte, konnte die zahlreichen Verhaftungen und Ausweisungen katholischer Geist-

licher nicht stoppen. Seit 1942 wurden Mönche und Nonnen aus ihren Klöstern vertrieben und Priesterseminare aufgelöst.

60 Vgl. Kurt Meyer: Geweint wird, wenn der Kopf ab ist. S. 102 und 190.

61 Die deutschen Bischöfe im »Martinusblatt«, 17. 9. 1939. Zitiert nach Rudolf Augstein: Das ist eine Schande. S. 106.

62 Vgl. Michael Burleigh: Die Zeit des Nationalsozialismus. S. 304. Und Christel Beilmann: Eine katholische Jugend in Gottes und dem Dritten Reich. S. 324 ff.

63 Zitiert nach Christel Beilmann: Eine katholische Jugend in Gottes und dem Dritten Reich. S. 213.

64 Vgl. S. 98 ff. Tatsächlich wurde Neudeutschland (ND) zunächst in seiner Arbeit eingeschränkt (Verbot, öffentlich aufzutreten, Beschränkung auf den kirchlichen Raum) und 1939, als die Hitlerjugend zur Staatsjugend erklärt wurde, verboten.

65 Vgl. S. 91.

66 Später erklärte mein Vater immer wieder, seine Mitgliedschaft in ND habe ihn davor bewahrt, in die Hitlerjugend einzutreten. Vermutlich war es vor allem sein Alter, das ihn davor bewahrt hat. Obligatorisch war die HJ- und BDM-Mitgliedschaft für Mädchen und Jungen ab Jahrgang 1922 – Rudolf war acht Jahre älter. In seinem Umfeld scheint es allerdings üblich gewesen zu sein, sich einer NS-Organisation anzuschließen. Auf Fotos, die meinen Vater zusammen mit Schulkameraden auf einem Klassenausflug zeigen, ist er der einzige Nicht-Uniformierte! Von den sechs abgebildeten jungen Männern des Abiturienten-Jahrgangs tragen zwei eine SA-Uniform, einer eine HJ-Uniform, einer eine SS-Uniform. Die Uniform des Fünften ist nicht eindeutig identifizierbar.

67 Vgl. Bernd Henningsen u. a.: Wahlverwandtschaft, S. 113–127.

68 Stalheim wurde später ein Kinderheim des Lebensborn. Vgl. S. 330, Anmerkung 3.

69 Den Kern der deutschen Lebensreformbewegung bildeten Naturheilkunde, Vegetarismus, Antialkoholismus, Freikörperkultur. Im weiteren Umfeld bewegten sich andere kulturelle und soziale Reformbewegungen wie Siedlungs- und Gartenstadtbewegung, Reformpädagogik, Volkshochschulen, Kunstgewerbe- und Tanzreform, Sexual- und Ehereform etc. Vgl. Bernd Henningsen u. a.: Wahlverwandtschaft. S. 397–400.

70 Der Gründer der »Deutschen Jungenschaft« Eberhard Koebel, genannt tusk, startete zum Beispiel im Sommer 1927 mit einer

Freischargruppe zu einer Großfahrt nach Schweden und lebten im Anschluß daran mehrere Monate als Rentierhirte bei einer Nomadenfamilie.

71 Vgl. Bernd Henningsen u. a.: Wahlverwandtschaft. S. 144.

72 Vgl. Friedrich Wilhelm Rediess (Hg.): SS Für ein Grossgermanien. S. 8f.

73 Vgl. Ebenda, S. 19.

74 In Analogie zum »1000jährigen Reich« versteht Rudolf die »1000jährige Freiheit der Germanen« vermutlich als Variante der Idee von »Großgermanien«. Diese Zukunftsvision vertrat vor allem Alfred Rosenberg, und Hitler griff sie gelegentlich auf. Großgermanien wurde dabei als Reich skizziert, in dessen Zentrum das großdeutsche Reich (mit Österreich, Sudetenland) stehen sollte, und dem sich die »germanischen Brudervölker« – Norweger, Schweden, Finnen, Dänen, Niederländer ... – freiwillig zuordneten. Vgl. Jürgen Elvert: Europa und der Norden. S. 359–363.

75 Im Bericht über eine Besprechung des Wehrmachtbefehlshabers mit dem Reichskommissar heißt es: »Wir Deutsche wollen uns nicht weiter mit deutschfeindlichen und englandhörigen Elementen abgeben, sondern in klarer, straffer Führung unter rücksichtsloser Brechung jeden Widerstandes unser Ziel durchführen ... Aufgaben der Sicherheitspolizei bestehen darin, deutschfeindliche Elemente zu erforschen und zu bekämpfen ... Nur ein Teil der politischen Feinde ist emigriert. Der große Teil ist noch hier, um im öffentlichen Leben getarnt seine deutschfeindlichen Tätigkeiten fortzusetzen ... Als Gegner sind Juden (5000) zu nennen ... Freimaurer (10000) ... die kommunistische Partei ist aufgelöst. Arbeiterpartei (47 %) steht dem Kommunismus nahe. Kirchliche Stellen haben bisher relativ wenig gestört.« Anlage zum Kriegstagebuch der Division. Vgl. BA-MA RH 26-69/6.

76 SOE steht für Special Operations Executive. Die ihr angehörende Kompanie Linge war eine Agenten- und Sabotage-Gruppe für große Aktionen und bestand aus rund 300 gut ausgebildeten norwegischen Freiwilligen, die von Großbritannien aus in Norwegen eingesetzt wurden.

77 Zu diesen Gruppen gehörte unter anderem die international agierende Wollweber-Gruppe, die auch in Norwegen aktiv war. Sie hatte insgesamt rund 200 prosowjetisch eingestellte Mitglieder, die nur zum Teil der Kommunistischen Partei angehörten.

Bis 1942 führte die Wollweber-Gruppe rund 50 Sabotage-Aktionen durch.

78 Milorg enstand auf Initiative einer Gruppe von Zivilisten und Offizieren und war von der Exilregierung als ihr militärisches Machtinstrument in Norwegen anerkannt. Am Kriegsende hatte Milorg in Norwegen rund 40000 Mitglieder.

79 Die »Deutsche Arbeitsfront« war mit 25 Millionen Mitgliedern (1942) die größte Massenorganisation im Deutschen Reich. Diese Einheitsorganisation von Arbeitgebern und Arbeitnehmern, die nach Zerschlagung der Gewerkschaften gegründet worden war, sollte »durch Bildung einer wirklichen Volks- und Leistungsgemeinschaft, die dem Klassenkampfgedanken abgeschworen hat«, die Interessen »aller schaffenden Deutschen« wahrnehmen und alle Bereiche der nationalsozialistischen Wirtschafts- und Sozialpolitik beeinflussen.

80 Vor der deutschen Besatzung lebten in Norwegen rund 1800 Juden. Etwa der Hälfte von ihnen gelang die Flucht nach Schweden. 780 (oder 760, die Zahlen stimmen in der Literatur nicht überein) wurden verhaftet und deportiert. Nur 25 (oder 22) von ihnen haben den Holocaust überlebt.

81 Vgl. Ebba Drolshagen: Nicht ungeschoren davonkommen. S. 86.

82 Im Kriegstagebuch Nr. 3 der 69. Infanterie-Division heißt es am 25. 9. 1940: »19.00 Rede des Reichskommissars für Norwegen Terboven, in der bekannt gegeben wird a) das norwegische Königshaus wird nicht nach Norwegen zurückkehren. b) Die Regierung Nygaardsvold ist abgesetzt. c) Der Storting wird seiner Funktionen enthoben. d) Sämtl. norweg. Parteien ausser der Bewegung National-Samling werden aufgelöst. e) Berufung eines kommissarischen Reichsrates. Auf Grund der durch diese politische Neuordnung möglichen Unruhen wird die Wach-Komp. in erhöhte Alarmbereitschaft gesetzt. Im Territorialbereich treten jedoch keine besonderen Nachwirkungen der Rede auf ausser geringfügigen Vorkommnissen. 19.00 Erster Umzug der National Samling Partei in Bergen. Bevölkerung verhält sich auch hier zurückhaltend und passiv.« Vgl. BA-MA RH 26-69/4.

83 »Richtlinie für den Dienst der Truppen im besetzten Gebiet nach Abschluß der Operationen« vom 5. 7. 1940. Vgl. Kriegstagebuch Nr. 3, Stab 69. Infanterie-Division 11. 6. 40–7. 5. 40, BA-MA RH 26-69/4.

84 Im Kriegstagebuch der 69. Infanterie-Division heißt es am 1. 11. 1940: »Maßnahmen der Gruppe zur geistigen Betreuung im

Winter. Es erhalten je 50 Mann ein Radio, je Kp. [Kompanie] ein Koffergrammophon, je 10 Mann die Deutsche Zeitung in Norwegen.« Vgl. BA-MA RH 26-69/4.

85 Am 18. 12. 1940 heißt es im Kriegstagebuch: »Das Weihnachtsschiff des Reichskommissars »Castor« trifft mit 35000 l Bier und 15000 l Schnaps in Bergen ein.« Vgl. BA-MA RH 26-69/36 Kriegstagebuch der 69. Inf. Div. Anfang April 1940–31. 5. 1941.

86 Vgl. BA-MA RH 26-69/7, Anlage 95 zum Kriegstagebuch der 69. Infanterie-Division.

87 Vgl. BA-MA RH 26-69/7, Anlage 5 zu 69. Div. Ia Nr.20/41. – Der norwegische Lokalhistoriker Kåre Olav Solhjell hält die Anwesenheit eines (echten) englischen Agenten in Gol zu diesem Zeitpunkt für unwahrscheinlich. Er geht davon aus, daß lediglich ein Verdacht bestand.

88 Vgl BA-MA RH 26-69/4.

89 Vgl. Bernd Henningsen u. a.: Wahlverwandtschaft. S. 447–449.

90 Vgl. Das Reich 13. 10. 1940, S. 2.

91 Gründe für dieses Verhalten der norwegischen Bevölkerung gab es viele: Sie bewegten sich zwischen Neugier und Interesse, Anpassung und Resignation, Zustimmung und der Fähigkeit, einerseits von Vorteilen zu profitieren und andererseits Distanz zu wahren. Vielleicht wirkte auch eine alte Tradition weiter. Viele Jahrzehnte war Deutschland ein wichtiger Bezugspunkt für Norwegen: in der Wirtschaft, in der Ausbildung (für Ingenieurberufe), in der Sprache (an höheren Schulen und Universitäten war Deutsch die vorherrschende Fremdsprache) und in der Literaturrezeption (vgl. Martin Moll: Zwischen Weimarer Klassik und nordischem Mythos. In: Wolfgang Benz u. a.: Kultur – Propaganda – Öffentlichkeit S. 200 f. und 222). Seit 1918 verschob sich die politische, wirtschaftliche und kulturelle Orientierung Norwegens zwar in Richtung Großbritannien, aber ältere Norwegerinnen und Norweger erinnerten sich gut an die vielfältigen Beziehungen zwischen Norwegen und Deutschland.

92 Über Siri, die aus Bergen stammte und die mein Vater 1942 in Voss kennenlernte, seinem zweiten Stationierungsort in Norwegen, vgl. S. 223 ff.

93 Vgl. S. 186.

94 Vgl. Tätigkeitsbericht der 69. Infanterie-Division vom 26. 8. bis 3. 10. 1940. BA-MA RH 26-69/34.

95 Vgl. Tätigkeitsbericht der 69. Infanterie-Division für den Oktober 1941, BA-MA RH 26-89/9.

96 Am 14. März 1941 wurde sogar ein Territorialbefehl (Nr. 17) zum Thema Soldatenheime, Lagerheime, Kantinen erlassen. Dort heißt es: »Der Oberbefehlshaber A.O.K. Norwegen hat die Mitnahme von weiblichen Personen norwegischer Staatsangehörigkeit in deutsche Soldatenheime oder ähnliche Einrichtungen, in denen deutsche Helferinnen zur Aufsicht, Bedienung oder sonstwie zur Betreuung von Soldaten eingesetzt sind, verboten. ... Auch im übrigen ist aus abwehrmäßigen Gründen bezüglich des Betretens militärischer Kantinen und Gemeinschaftsräume durch Norweger und Norwegerinnen größte Zurückhaltung geboten.« BA-MA RH 26-69/64.

97 Am 28. Dezember 1941 stand im Wehrmachtsbericht: »Britische Seestreitkräfte versuchten am 27. Dezember eine handstreichartige Unternehmung an zwei entlegenen Punkten der NORWEGISCHEN KÜSTE. Nach kurzen heftigen Gefechten mit den örtlichen Wachmannschaften des Heeres und der Kriegsmarine wurden die britischen Landungstrupps vertrieben. ... Deutsche Kampfflugzeuge versenkten aus einem flüchtenden Kriegsschiffsverband einen Zerstörer und beschädigten einen Kreuzer sowie einen weiteren Zerstörer. In Luftkämpfen und durch Flakartillerie wurden zehn feindliche Bomber abgeschossen. Bei Annäherung des Feindes wurde das deutsche Vorpostenboot ›Föhn‹ durch zahlreiche britische Bomber angegriffen. Das Vorpostenboot schoß ein feindliches Flugzeug ab und ist dann in heldenmütigem Kampf gegen das überlegene Feuer eines britischen Kreuzers und mehrerer Zerstörer verlorengegangen.« In: Die Wehrmachtberichte 1939–1945 Band 1, S. 757f.

98 Vgl. S. 94–97.

99 In »Berichten über die innere Lage Norwegens« der 69. Infanterie-Division heißt es am 8. 2. 42: »Das Verhalten gegenüber der Wehrmacht ist meist unverändert ablehnend. Besonders Schulkinder fallen durch ihr freches Benehmen gegen Soldaten auf. Der Grund ist in der Propagandatätigkeit der Lehrer zu suchen. ... 23. 4. 42 ... Während im allgemeinen über korrektes, aber kühles Verhalten der Bevölkerung gegenüber Wehrmachtsangehörigen berichtet wurde, ist ... vereinzelt eine Verschlechterung der Haltung festzustellen, die sich ... im verstärkten Boykott gegenüber Norwegerinnen, die mit Wehrmachtsangehörigen verkehren, äußert.« BA-MA RH 26-69/25.

100 Im Januar 1940 erließ Hitler einen Befehl in Sachen Geheimhaltung, der es auch Offizieren erschwerte, Zusammenhänge zu

durchschauen. Darin hieß es unter anderem: »Keine Dienststelle und kein Offizier dürfen von einer geheimzuhaltenden Sache mehr erfahren, als für die Durchführung ihrer Aufgabe unbedingt erforderlich ist.« Zitiert nach Martin Moll: Führer-Erlasse 1939–1945, hier laufende Nummer 10/1940.

101 Vgl. S. 94–97.

102 An diesem Tag wurden in Telavåg zwei Beamte der Sicherheitspolizei erschossen. In Rudolfs Briefen findet sich kein Wort über diese Vorgänge und auch kein Hinweis darauf.
In den »Meldungen aus Norwegen« heißt es in der Meldung Nr. 39 vom 16. 5. 1942: »Im Kampf mit von England abgesetzten Agenten sind am 26. 4. 42 in Tellevaag auf der Insel Sotra zwei Beamte der Sicherheitspolizei gefallen und wurde ein Beamter durch einen Schuß in die Schulter verwundet. Ein Agent wurde erschossen und ein anderer schwer verletzt. ... Da ein großer Teil der Einwohnerschaft Tellevaags Englandfahrern laufend Unterstützung gewährt hatte, wurden sämtliche Personen der Insel ... als Geiseln festgenommen und ihre Häuser niedergebrannt.« (S. 776)
An anderer Stelle berichten die »Meldungen aus Norwegen« von den Reaktionen der Bevölkerung im nahen Bergen. »Man sprach von Barbarei und erwähnte, dass die Deutschen keinen Grund hätten, über den Bolschewismus und dessen Greueltaten zu berichten, denn das, was hier vor sich ginge, sei noch schlimmer und stelle eine Kulturschande dar, zu der nur Barbaren fähig wären.« (S. 775) Vgl. Meldungen aus Norwegen. Berichte der Sipo/Gestapo an das Reichssicherheitshauptamt.
Propagandaminister Josef Goebbels notierte aus diesem Anlaß in seinem Tagebuch: »Die Norweger haben sich vorgestellt, dass wir es für alle Zukunft nur bei Drohungen bewenden ließen. Jetzt haben sie erfahren, dass man im Kriege auf das Leben des einzelnen, besonders wenn es den Feinden gehört, nicht allzu viel Rücksicht zu nehmen gewohnt ist. Hoffentlich werden diese Exekutionen ihre positiven Folgen in der Haltung der norwegischen Bevölkerung haben. Wenn sie uns nicht lieben lernen will, so soll sie uns wenigstens fürchten.« Vgl. Goebbels-Tagebücher Teil II, Bd. 4, S. 241.

103 In seiner Reichstagsrede vom 26. April 1942 erläuterte Hitler ausführlich die (vermeintliche) Verbindung zwischen jüdischer und bolschewistischer Herrschaft, bejubelte die Leistungen der Wehrmacht im Winter 41/42, drohte England mit neuen Luftangriffen und benannte schließlich sein Hauptanliegen: seine Er-

nennung zum obersten Gerichtsherrn durch den Reichstag. Vgl. Max Domarus: Hitler. Reden 1932–1945, Band 4, S. 1865–1876.

104 Unter der norwegischen Bevölkerung kursierten seit Ostern immer wieder Gerüchte über eine britisch-alliierte Invasion in Norwegen und über die Rückkehr des Königs aus dem Exil. Als mögliche Zeitpunkte galten der Nationalfeiertag am 17. Mai oder der 9./10. Juni, der Tag der norwegischen Kapitulation 1940. Vgl. Meldungen aus Norwegen, Nr. 38.

105 Auf welche »Umstände« sich Rudolf bezieht, ist unklar. Das norwegische »Krigens Dagbok« vermerkt für den 21. Mai 1942 die Hinrichtung von 15 jungen Männern in Trandum (Militärakademie nördlich von Oslo, von den Nationalsozialisten als Gefängnis genutzt). Am 22. Mai wurden Lehrer in Oslo verhaftet. Beide Ereignisse geschahen aber weit weg von Rudolfs Einsatzort.

106 Rudolf bezieht sich auf eine Passage in Friedrich Nietzsches: Also sprach Zarathustra. Dort heißt es: »Du bist jung und wünschest Dir Kind und Ehe. Aber ich frage Dich: bist du ein Mensch, der ein Kind sich wünschen d a r f? Bist du der Siegreiche, der Selbstbezwinger, der Gebieter der Sinne, der Herr deiner Tugenden? … Oder redet aus deinem Wunsche das Thier und die Nothdurft? Oder Vereinsamung? Oder Unfriede mit Dir? Ich will, daß dein Sieg und deine Freiheit sich nach einem Kinde sehne. … Über dich selbst sollst du hinausbauen. Aber erst mußt du mir selber gebaut sein, rechtwinklig an Leib und Seele.« Vgl. Friedrich Nietzsche: Kritische Studienausgabe, Hg. von Giorgio Colli/Mazzino Montinari, Berlin–New York 1999, Band 4, S. 90.

107 Nach einer 1942 in Kraft getretenen Heiratsverordnung waren Eheschließungen zwischen deutschen Soldaten und Frauen aus »germanischen Nachbarvölkern« (zum Beispiel Norwegen und Holland) zwar erlaubt, gleichzeitig wurden aber hohe Hürden errichtet, um solche Eheschließungen zu erschweren.Vgl. Ebba Drolshagen: Nicht ungeschoren davonkommen. S. 127.

108 Mit diesem positiven Denken, das man auch Anpassung nennen kann, unterschied sich Rudolf von anderen, die an der Sinnlosigkeit ihres Kriegseinsatzes verzweifelten. Heinrich Böll, der selbst von diesem Gefühl gefangen war, hat es nicht nur in seinen Feldpostbriefen immer wieder aufgeschrieben, sondern auch in der Erzählung »Das Vermächtnis« literarisch verarbeitet: »Da standen die Männer jeden Morgen an ihrem MG oder ihrem

Granatwerfer, übten, übten im Dünensand, übten diese Griffe, die sie schon gar nicht mehr beherrschten, weil sie sie zu lange geübt hatten. Sie kannten fast jedes Sandkörnchen persönlich. Und jeden Morgen dasselbe, und nachts dasselbe und immer nur als einzigen Gegner das Meer ...« Vgl. Heinrich Böll: Das Vermächtnis. S. 388.

109 In der Literatur finden sich viele Hinweise auf dieses Motivationsgeflecht und darauf, daß der Wunsch, »dabei« zu sein, viele junge Männer damals beherrschte. Vgl. zum Beispiel Hansferdinand Döbler: Ein Alibi. Ein deutscher Roman; Erich Kuby: Mein Krieg. Aufzeichnungen aus 2129 Tagen; Kurt Meyer: Geweint wird, wenn der Kopf ab ist. S. 171; Dörte von Westernhagen: Die Kinder der Täter. S. 47. Klaus von Bismarck schreibt in seinem Buch »Aufbruch aus Pommern«: »Die Soldatenzeit war nicht für alle, wohl aber für die meisten, nach wie vor eine hohe Zeit ihre Lebens.« Vgl. S. 172.

110 Vgl. S. 261 f.

111 In Norwegen gab es keine Wehrmachtsbordelle wie in anderen besetzten Ländern.

112 Vgl. BA-MA RH 20-20/329.

113 Die Braunen Schwestern gehörten zur Schwesternschaft der Nationalsozialistischen Volkswohlfahrt (NSV). Wie viele Schwestern der beiden Schwesternorganisationen in Norwegen gearbeitet haben, konnte ich nicht ermitteln.

114 Vgl. S. 330 f.

115 1935 führte die »Reichsanstalt für Arbeitsvermittlung und Arbeitslosenversicherung« in Deutschland Arbeitsbücher ein, um Arbeitsmarkt und Arbeitskräfte zu kontrollieren. Seit Juni 1938 konnte jeder Deutsche befristet zu »Aufgaben besonderer staatspolitischer Bedeutung« herangezogen werden. Mit Kriegsanfang wurden die letzten Freizügigkeiten abgeschafft, damit alle Zivilisten für den »Arbeitseinsatz im Interesse der Kriegswirtschaft« mobilisiert werden konnten. Um einer Beschäftigung in Munitionsfabriken oder anderen Rüstungsbetrieben aus dem Weg zu gehen, meldeten sich viele Frauen als Nachrichtenhelferin oder Stabshelferin bei der Wehrmacht, als Krankenschwester in Lazaretten oder als Helferinnen des Roten Kreuzes.

116 Vgl. Ilse Schmidt: Die Mitläuferin. Die Autorin beschreibt ihre Arbeit und ihr Leben als Marine-Stabshelferin in Paris, Belgrad und Rowno und ihre viele Jahre später beginnende Auseinandersetzung mit diesem Teil ihrer Lebensgeschichte.

117 Da die norwegische Bevölkerung als »rassisch hochwertig« eingestuft wurde, waren Kinder aus deutsch-norwegischen Beziehungen sehr willkommen. Deshalb begann der Lebensborn schon wenige Monate nach der Besetzung des Landes, norwegische Mütter mit deutschem Kindesvater materiell zu unterstützen und Entbindungs- und Kinderheime aufzubauen. Am Kriegsende gab es in Norwegen zehn Lebensborn-Heime. Vgl. Dorothee Schmitz-Köster: »Deutsche Mutter, bist du bereit«; Georg Lilienthal: Der Lebensborn e.V.; Kåre Olsen: Vater: Deutscher.

118 Ob dieses Verbot auf Wehrmachtbestimmungen zurückzuführen ist (die Ehefrau eines in Norwegen stationierten Soldaten darf nicht im besetzten Land leben) oder auf aktuelle Beschlüsse, die in den letzten Monaten des Krieges festlegten, daß Frauen und Kinder »guten Blutes« »heim ins Reich« zu schicken sind, konnte nicht geklärt werden.

119 Vgl. Ebba Drolshagen: Nicht ungeschoren davonkommen. S. 93 bis 95.

120 Zitiert nach Ebba Drolshagen: Nicht ungeschoren davonkommen. S. 58.

121 Nach den Recherchen von Josef Focks hatten 30 bis 40 Prozent der deutschen Männer Feldwebeldienstgrade, 45 bis 55 Prozent Mannschaftsdienstgrade. Fünf Prozent waren Offiziere, zehn Prozent SS-Angehörige. Vgl. Josef Focks: Kriegskinder des Zweiten Weltkrieges in Norwegen und Dänemark.

122 Vergewaltigungen kamen selten vor und wurden hart bestraft.

123 Norwegerinnen und Däninnen galten als »rassisch verwandte Personen der germanischen Völker«. Vgl. Friedrich Wilhelm Rediess: SS für ein Großgermanien III. Folge Schwert und Wiege. S. 19.

124 Mein Vater wußte über dieses Thema gut Bescheid. Noch als 80jähriger erinnerte er sich daran, daß Beziehungen zwischen deutschen Soldaten und norwegischen Frauen von Vorgesetzten gern gesehen wurden und daß Schwangere zur Geburt in spezielle Heime gehen konnten. Er wußte, daß »Stalheim« ein Lebensborn-Heim war und daß Mütter mit ihren Kindern nach Deutschland geschickt wurden, um sie zu schützen, wie er meinte. Er wußte nämlich auch, daß die Norwegerinnen es schwer hatten, wenn sie ein Kind von einem Deutschen bekamen. Darüber hat er in seinen Briefen nie geschrieben!

125 Zitiert nach Kåre Olsen: Vater: Deutscher. S. 132.

126 Ebenda. S. 135.

127 In einem Richtheft des Oberkommandos der Wehrmacht von 1943 mit dem Titel »Der deutsche Soldat und die Frau aus fremdem Volkstum« heißt es: »Heiraten mit Ausländerinnen sind den Soldaten, Mannschaften wie Offizieren, verboten ... in Ausnahmefällen (werden) neuerdings Eheschließungen zugelassen mit arischen Personen der germanischen Nachbarvölker Hollands, Norwegens, Dänemarks und Schwedens sowie mit rassisch verwandten Fläminnen und Finninnen, falls diese außer ihrer arischen auch ihre germanische Abkunft nachweisen können. Es wird aber aus den im weiteren ersichtlichen Gründen an diese Frauen ein besonders strenger Maßstab gelegt. Der Führer hat sich die Entscheidung über alle derartigen, auf dem Dienstwege einzureichenden Anträge persönlich vorbehalten.« Vgl. S. 8. Diese Broschüre befand sich unter den Militärpapieren, die mein Vater bis an sein Lebensende sorgfältig aufbewahrte.

128 Frauen, die eine Beziehung mit einem deutschen Soldaten hatten, wurden nach dem Krieg zu Sündenböcken gemacht. Sie wurden beschimpft und erniedrigt, vielen wurden die Haare geschoren, manche wurden vom Mob mit Hakenkreuzen bemalt, halb entkleidet und geschoren durch die Straßen getrieben. Zwischen drei- und fünftausend Frauen wurden viele Monate lang interniert, das größte der neun Lager, die speziell für die sogenannte »Deutschenhuren« eingerichtet waren, befand sich auf der Insel Hovedøya im Oslofjord. Einige Frauen verloren ihre norwegische Staatsbürgerschaft, andere wurden einfach nach Deutschland abgeschoben. Vgl. Ebba Drolshagen: Nicht ungeschoren davonkommen. S. 159–165.

129 Im Sommer 1945 war bei jeder siebten Heirat in Norwegen der Bräutigam ein Deutscher. Vgl. Ebba Drolshagen: Nicht ungeschoren davonkommen. S. 162.

130 Schätzungen gehen davon aus, daß die Zahl um ein Drittel höher liegt. Manche Mütter hielten den deutschen Kindesvater geheim, gaben zum Beispiel einen anderen Mann als Vater an oder meldeten die Schwangerschaft nicht beim Lebensborn, so daß ihre Kinder dort nicht registriert wurden.

131 «Besonders wertvolle Kinder« brachte der Lebensborn nach Deutschland, um sie dort unter entsprechenden politisch-ideologischen Vorzeichen aufwachsen zu lassen. Gleichzeitig sollte ihr »gutes Blut« später dazu beitragen, das »rassisch« verbesserungsbedürftige deutsche Volk »aufzunorden«.

132 Vgl. Veslemøy Kjendsli: Kinder der Schande.

133 Der »Norges Krigsbarnforbund« wurde von Betroffenen im Februar 1986 gegründet und hatte 1998 ca. 600 Mitglieder. Vgl. Evi Weissteiner: Der »Lebensborn in Norwegen«. S. 388–393. Im Gründungsjahr wurde in Norwegen ein neues Adoptionsgesetz verabschiedet, das den Anspruch auf Auskunft über die leiblichen Eltern festschreibt.

134 Vgl. Kåre Olsen: Vater: Deutscher. S. 296–308.

135 Vgl. S. 345, Anmerkung 104.

136 Zitiert nach: Das norwegische Heimatfrontmuseum (Museumskatalog) Abschnitt 41 (ohne Seitenzahl).

137 Teilnehmer sind Außenminister Joachim von Ribbentrop, Hermann Göring, Großadmiral Karl Dönitz, Generalfeldmarschall Wilhelm Keitel, als engster militärischer Berater Hitlers Generaloberst Alfred Jodl, der Chef der Reichskanzlei Hans-Heinrich Lammers und Martin Bormann als Hitlers Sekretär.

138 Über die Zahl der Verfahren und der Strafen existieren unterschiedliche Angaben. Auf den Internet-Seiten des norwegischen Außenministeriums (Norwegen im Zweiten Weltkrieg) heißt es: Rund 46000 Personen wurden wegen Landesverrats bestraft, davon ca. 18000 mit Freiheitsstrafen, ca. 28000 mit Bußgeldern (Vermögensabgaben bis zu einem Drittel) und Verlust der Staatsbürgerrechte. 45 Todesurteile wurden ausgesprochen, 37 vollstreckt. Den Schriftsteller Knut Hamsun versuchte man in einem Prozeß zum Geisteskranken zu stempeln. Schließlich mußte er wegen seiner NS-Mitgliedschaft und wegen Kollaboration 325000 Kronen Strafe zahlen. Nach Ebba Drolshagen (Nicht ungeschoren davonkommen. S. 217) wurden 92805 Menschen wegen Landesverrats angeklagt, 37150 Verfahren aufgrund der Beweislage eingestellt. Daraus ergibt sich eine Zahl von 55655 Personen, die in der einen oder anderen Form bestraft wurden.

139 Vgl. zum Beispiel den Bericht von »Winkler/Fulda«, in dem Rudolf auch namentlich erwähnt wird. BA-MA RH 41/699.

140 Die Auswahl aus den folgenden Briefen rückt das Thema Norwegen ins Zentrum, berücksichtigt aber auch wichtige Erfahrungen in den Niederlanden, Rudolfs militärische »Arbeit« und die zentralen Ereignisse des Kriegsgeschehens.

141 Zitiert nach Max Domarus: Hitler. Reden 1939 bis 1945. Band 4, S. 1969f.

142 In den ersten drei Rußland-Jahren, von Juni 1941 bis Juni 1944, hatte der Infanterist eine durchschnittliche »Lebensdauer« von

zweieinhalb Monaten. Danach dürfte die »Lebensdauer« noch kürzer gewesen sein. Unmittelbar übertragbar auf die Artillerie sind diese Zahlen nicht, sie zeigen aber, wie tödlich die Ostfront war. Vgl. Hans-Jürgen Eitner: Hitlers Deutsche. S. 460.

143 Vgl. Winkler/Fulda, BA-MA RH 41/699 S. 8f.

144 Bartov geht davon aus, daß Ende 1944 noch zwei Drittel aller Soldaten an Hitler glaubten und nur so zu erklären ist, daß sie bis zum letzten Atemzug kämpften. Vgl. Omer Bartov: Hitlers Wehrmacht. S. 217f.

145 Vgl. Omer Bartov: Hitlers Wehrmacht. S 135 und 142.

146 Sein Vorgesetzter Winkler erwähnt in seinen Erinnerungen an die Division Großdeutschland im April 1944 einen Obstgarten, in dem er einen Beobachtungsposten einrichtete und »ruhige Tage« hatte. Vgl. BA-MA RH 41/699, S. 15.

147 In seinen Gesprächen mit »Mannschaftssoldaten« des Zweiten Weltkriegs hat Hans Joachim Schröder festgestellt, daß »nahezu alle ... nur ungern oder zögernd in offener, konkreter Form von den Schrecken des Krieges« sprachen. Vgl. Hans Joachim Schröder: Die gestohlenen Jahre. S. 317.

148 Vgl. Wolfram Wette: Die Wehrmacht. S 179.

149 Vgl. Dan Bar-On: Die Last des Schweigens. S. 355.

150 Vgl. Cora Stephan: Das Schweigen der Männer. In: Die Väter. Kursbuch, 140, S. 110.

Bildnachweis

Bundesarchiv, Koblenz Plak 3/47/2: S. 107.
Deutsches Historisches Museum, Berlin: S. 211.
Alle anderen Abbildungen sind aus dem Privatarchiv der Autorin.